高等职业教育“十四五”系列教材



Qiche Chuandong Xitong Jianxiu

# 汽车传动系统检修

于 慧 狄 勇 主 编
张筱青 裴宝浩 聂义凤 副主编

人民交通出版社股份有限公司
北 京

## 内 容 提 要

本书以工作过程为导向，采用项目教学方式组织内容，以汽车手动变速器、自动变速器故障检修为主，无级变速器、双离合变速器检修为辅，详细介绍了汽车传动系统的组成、结构、工作原理、常见故障及诊断流程、部件检修方法及具体操作步骤等。

本书可作为高职院校汽车类专业的教材，也可供相关岗位培训参考。

**图书在版编目(CIP)数据**

汽车传动系统检修/于慧，狄勇主编. —北京：人民交通出版社股份有限公司，2022.12(2025.6 重印)

ISBN 978-7-114-18385-0

Ⅰ.①汽… Ⅱ.①于… ②狄… Ⅲ.①汽车—传动系—车辆检修—高等职业教育—教材 Ⅳ.①U472.41

中国版本图书馆 CIP 数据核字(2022)第 251942 号

**书　　名**：**汽车传动系统检修**
**著 作 者**：于　慧　狄　勇
**责任编辑**：李佳蔚
**责任校对**：孙国靖　宋佳时
**责任印制**：张　凯
**出版发行**：人民交通出版社股份有限公司
**地　　址**：(100011)北京市朝阳区安定门外外馆斜街 3 号
**网　　址**：http://www.ccpcl.com.cn
**销售电话**：(010)85285911
**总 经 销**：人民交通出版社股份有限公司发行部
**经　　销**：各地新华书店
**印　　刷**：北京科印技术咨询服务有限公司数码印刷分部
**开　　本**：787×1092　1/16
**印　　张**：12.5
**字　　数**：285 千
**二维码资源字数**：49 千
**版　　次**：2022 年 12 月　第 1 版
**印　　次**：2025 年 6 月　第 2 次印刷
**书　　号**：ISBN 978-7-114-18385-0
**定　　价**：42.00 元

# 前言

QIANYAN

汽车传动系统检修是汽车机电维修工作岗位的典型工作任务，是现代汽修高技能人才必备的技能，也是高职汽车类专业的核心课程，本书结合汽车专业人才培养及技术革新需求来进行编写，采用最新的教育理念，打破了传统教材的章节体例，以岗位实际工作项目为切入点，明确学习目标，勾勒学习脉络。在学习过程中，以学习目标为主线，按照"提出任务—任务目标—相关知识—任务实施"的任务驱动模式设计教学过程，以任务将知识、技能及素质要求等方面有机结合，体现了工学结合的课程特色，让学生经历完整的工作过程，通过在真实工作情境中的实践学习，帮助学生形成对工作的认识和经验，从而培养学生的综合能力。

本书以二维码的形式，嵌入大量案例、动画、视频、答疑等信息化资源，读者通过手机扫码即可进行自学和巩固，同时配有用于实训任务考核的任务工单。本书主要培养学生对汽车传动系统结构及原理的认识等知识能力；利用现代诊断仪器和检测设备进行传动系统综合故障诊断分析，零部件检测及维修更换等专业能力；同时使学生更好地适应汽车机电维修工岗位需求。

本书通过8个学习项目，使学生不仅能掌握传动系统基本知识，而且能掌握实际工作岗位中的常见故障及诊断方法，达到汽车机电维修工、汽车维修接待员等相关技术和服务岗位的职业能力需求。本书的参考学时为60~86学时，建议采用理论实践一体化教学模式，各章的参考学时见下表。

**学时分配表**

| 情　境 | 课程内容 | 学　时 |
|---|---|---|
| 项目一 | 汽车传动系统维护 | 4~6 |
| 项目二 | 离合器打滑故障检修 | 4~6 |

续上表

| 情　境 | 课程内容 | 学　时 |
|---|---|---|
| 项目三 | 手动变速器挂挡困难故障检修 | 14～20 |
| 项目四 | 自动挡汽车无法正常换挡故障检修 | 18～26 |
| 项目五 | 无级变速器加速冲击故障检修 | 4～6 |
| 项目六 | 双离合自动变速器跳挡故障检修 | 8～10 |
| 项目七 | 万向传动装置异响故障检修 | 4～6 |
| 项目八 | 驱动桥过热故障检修 | 4～6 |
| 课时总计 | | 60～86 |

本书由烟台职业学院于慧、狄勇担任主编，烟台职业学院张筱青、裴宝浩和吉林省集安市职业教育中心聂义凤担任副主编，参加编写的还有烟台君通华达汽车销售有限公司闫磊、润华汽车控股有限公司陈安庆。本书具体编写分工如下：狄勇编写了前言、项目一、项目二，于慧编写了项目三、项目四，张筱青编写了项目五、项目六，裴宝浩编写了项目七、知识拓展，聂义凤编写了项目八、学习测试，闫磊、陈安庆编写了任务工单。

本书在编写过程中得到了各大汽车品牌4S店售后服务部、汽车修理厂以及润华汽车集团、车拉夫汽车科技有限公司等的大力支持，在此表示衷心感谢。

由于编者水平和经验有限，书中难免有欠妥和错误之处，恳请读者批评指正。

**编　者**

**2022年8月**

# 目录

MULU

# 项目一 汽车传动系统维护

**【企业场景对接】**

在4S店售后车间，按照维护工单的要求，熟练完成整车维护操作中针对传动系统部分的清洁、检查、补给、润滑、紧固和调整等操作，要求操作熟练、仔细，同时不影响其他系统的正常工作；在维护过程中接受车主的咨询，就该车传动系统在组成结构、各总成作用、布置特点、类型等方面向客户做系统全面的介绍；并简明扼要地解释离合器、变速器、传动轴等部件的工作原理、日常维护的注意事项等，与客户交流态度和蔼，论述思路清晰。

**【岗位能力对接】**

工作岗位技能标准与专业课程融合对接，本项目教学内容与汽车维修技师岗位能力要求中对应的模块及职业技能要求如下。

| 工作领域 | 工作任务 | 职业技能 |
|---|---|---|
| 汽车机电维修工岗 | 工作安全与作业准备 | 安全注意事项 |
| | | 工具和设备的使用注意事项 |
| | 汽车变速器系统维护 | 自动变速器的检查维护 |
| | | 手动变速器的检查维护 |
| | | 离合器检查维护 |
| | | 驱动轴万向节检查维护 |
| | | 差速器检查维护 |

## 任务1 汽车传动系统认知

### 提出任务

一辆大众迈腾轿车来店进行维护，其行驶里程为12000km，维修接待员登记后将工单交给你，请你为该车进行基本维护，重点检查其传动系统，并完成工单的填制。同时解答客户提出的问题，简明扼要地解释离合器、变速器、传动轴等部件的工作原理、日常维护注意事项等，最后就迈腾轿车（前置前驱类）传动系统的特点向客户做整体介绍。

## 任务目标

通过本任务的学习，达到以下目标：

◎ 熟练辨认不同类型的汽车传动系统；
◎ 分辨传动系统的基本布置形式及特点；
◎ 快速找出传动系统各部件的实车位置；
◎ 辨认传动系统各部件的主要特性；
◎ 系统熟练地介绍汽车传动系统的作用、形式等相关内容；
◎ 具有与客户顺畅交流和深入讲解汽车传动系统的能力。

## 相关知识

### 一 汽车行驶基本原理

1. 驱动力的产生

汽车行驶的条件是其车轮的转动，图 1-1 为汽车动力传递路线图。

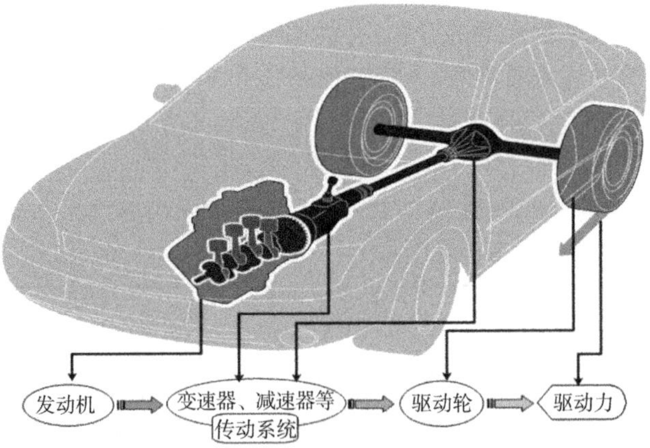


图 1-1 汽车动力传递路线

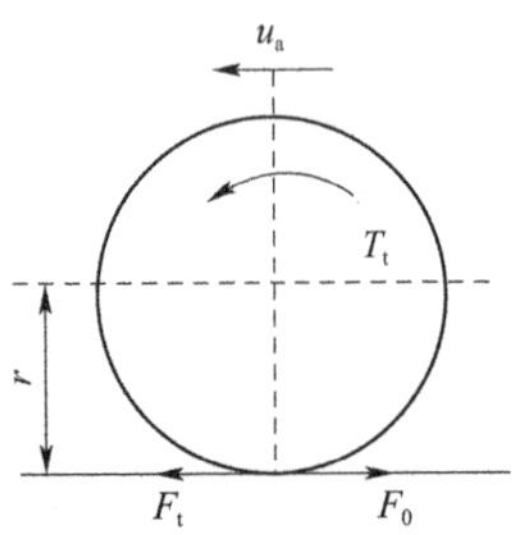


图 1-2 驱动轮受力分析图
$u_a$-车速；$r$-车轮半径；$T_t$-驱动转矩；$F_t$-驱动力；$F_0$-圆周外力

如图 1-2 所示，发动机输出的转矩经传动系统传到驱动轮上，形成作用于驱动轮上的驱动转矩 $T_t$，根据驱动轮受力分析可知，该力矩作用在车轮上，使车轮外侧（胎面）对路面产生一个圆周外力 $F_0$，同时地面给车轮反向作用力 $F_t$，这个力就是驱动汽车前进的驱动力。

2. 汽车的行驶阻力

汽车行驶时，会受到各种阻力的作用，计算公式如下：

$$\sum F = F_f + F_w + F_j + F_i \tag{1-1}$$

式中，$F_f$为滚动阻力；$F_w$为空气阻力；$F_j$为加速阻力；$F_i$为坡度阻力。

在上述各种阻力中，滚动阻力和空气阻力在任何行驶条件下都是存在的。

(1)滚动阻力 $F_f$。车轮滚动时，轮胎与路面产生的变形以及轮胎与轮面间的摩擦、车轮轴承内部的摩擦所形成的阻力称为滚动阻力，如图1-3所示。

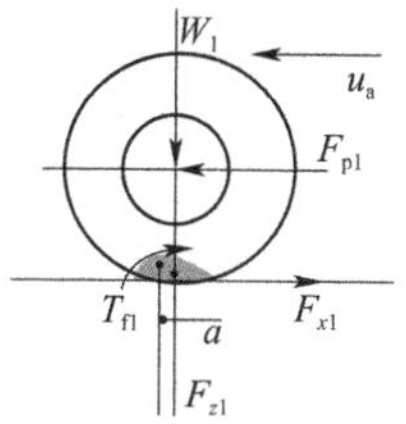


图1-3　滚动阻力

$W_1$-车轮法向载荷；$F_{p1}$-车轮中心推力（驱动力）；$F_{x1}$-车轮对地面的作用力；$a$-压缩过程中前部距车轮中心的距离；$F_{z1}$-车轮对地面的法向支撑力

(2)空气阻力 $F_w$。汽车行驶时，车身表面与空气相互摩擦，车身前部受迎面空气的压力，尾部出现真空，产生压力差，由此形成的阻力称为空气阻力，如图1-4所示。现代汽车的风阻系数一般在0.3～0.5之间。

(3)坡度阻力 $F_i$。汽车上坡时，还必须克服总重力沿坡道方向的分力，其方向与汽车行驶方向相反，如图1-5所示。

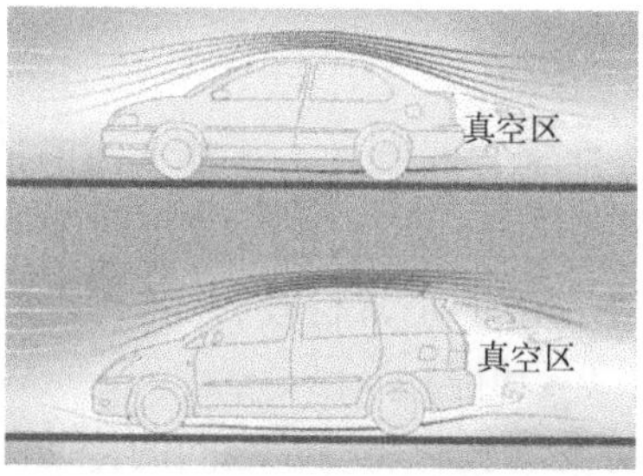


图1-4　空气阻力

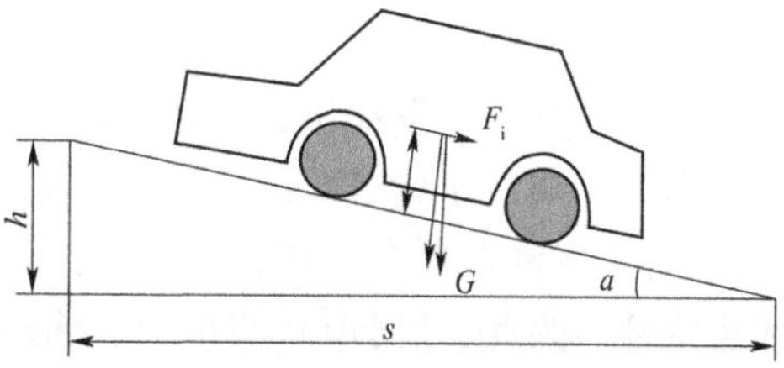


图1-5　坡度阻力

$G$-汽车总重力；$h$-坡道高度；$s$-坡道长度；$a$-坡道角度

(4)加速阻力 $F_j$。汽车加速行驶时，需要克服汽车加速运动时由质量引起的惯性力，这就是加速阻力 $F_j$。汽车的质量包括平移质量和旋转质量两部分，加速时平移质量产生惯性力，旋转质量产生惯性力偶矩。为了计算方便，用系数 $\delta$ 作为计入旋转质量惯性力偶矩后的汽车旋转质量换算系数，得出汽车加速阻力计算公式如下。

$$F_j = \delta m \frac{du}{dt} \tag{1-2}$$

式中，$F_j$ 为汽车加速阻力；$\delta$ 为汽车旋转质量转换系数；$m$ 为汽车质量；$du/dt$ 为行驶加速度。

3. 汽车行驶的基本条件

综上所述，汽车运动的前提是有足够的驱动力克服总阻力，当阻力增加时，汽车的驱动力也必须随之增加，驱动力与阻力达到一定范围内的平衡，式(1-3)为汽车的驱动力平衡方程。

$$F_t = F_f + F_w + F_i + F_j \tag{1-3}$$

式中，$F_t$ 为汽车驱动力；$F_f$ 为汽车滚动阻力；$F_w$ 为空气阻力；$F_i$ 为坡度阻力；$F_j$ 为加速阻力。

要想汽车正常起步并行驶，必须满足式(1-4)，也就是汽车的驱动条件，其是汽车行驶的必要条件。

$$F_t \geqslant F_f + F_w + F_i \tag{1-4}$$

同时,地面的切向反作用力不得大于附着力,如式(1-5),否则会发生驱动轮滑转,这就是汽车的附着条件。

$$F_t \leqslant F_\varphi \tag{1-5}$$

汽车行驶的驱动-附着条件是汽车行驶的充分和必要条件:

$$F_f + F_w + F_i \leqslant F_t \leqslant F_\varphi \tag{1-6}$$

驱动力 $F_t$ 的最大值取决于发动机最大的转矩和传动系统的传动比,同时实际发出的驱动力还受到轮胎与路面之间的附着性能(即包括各种条件的路面情况)的限制。汽车只有在这些综合条件的限制中与各个因素达到平衡,才能够顺利地运动。

## 二 汽车传动系统的作用及组成

由前面的分析得出:汽车行驶的前提是其驱动车轮转动,负责传递动力、使汽车发挥行驶功能的装置就是汽车传动系统。在整个动力传递的过程中,汽车传动系统的传动比、机械效率、性能等因素对汽车行驶起着重要的作用。

### 1.汽车传动系统的作用

汽车传动系统是从发动机到驱动轮之间所有动力传递装置的总称。其基本作用是将发动机的动力传给驱动车轮,保证汽车具有减速、变速、倒车、中断动力、轮间差速和轴间差速等功能,同时与发动机配合工作,保证汽车在各种工况条件下的正常行驶,并具有良好的动力性和经济性。为此,任何形式的传动系统都必须具有以下功能。

(1)接通或中断动力的传递。在汽车起步前,必须将发动机与驱动轮之间的传动路线切断,以便起动发动机。在变换传动系统传动比挡位(换挡)以及对汽车进行制动前,也都有必要暂时中断动力传递。

(2)改变车速。汽车的使用条件,如汽车的载客量、道路坡度、路面状况、道路宽度及交通情况等,都在很大范围内不断变化。为此设置可提供不同传动比(即变速器的挡位)的变速器,以适应汽车行驶工况的变化。

(3)改变牵引力。只有当作用在汽车驱动车轮上的牵引力足以克服外界对汽车的阻力时,汽车方能起步和正常行驶。传动系统具有改变牵引力的作用,即在传动系统中采取措施,将发动机的动力传到驱动车轮上,使其转速降低,转矩(牵引力)增大,以满足牵引力的需要。

(4)实现倒退行驶。在一些情况下,汽车需要倒退行驶,而发动机不能反向旋转,故与发动机共同工作的传动系统必须保证在发动机旋转方向不变的情况下,使驱动车轮反向旋转,为此在变速器内加设倒挡,以保证汽车能倒退行驶。

(5)差速作用。当汽车转弯行驶时,左右车轮在同一时间内移动的距离不同,为防止车轮滑转或滑移,要求两侧车轮的角速度不同。为此,传动系统内必须设有既能将动力传给两侧驱动车轮,又能允许两侧驱动车轮以不同角速度旋转的机构。

(6)改变传动路线的角度。汽车正常行驶和转弯行驶过程中,变速器与驱动车轮之间经常有复杂的相对运动,使传动路线发生空间角度变化,若用一根整体轴传递动力,传动系统将无法正常工作。为此,在传动系统中存在可以改变传力路线角度的万向传动装置。

### 2.汽车传动系统的组成

汽车底盘结构形式不同,其传动系统的组成也不同,一般包括离合器、变速器、传动轴、主减速器、差速器及半轴等部分。采用手动变速器的车辆，传动系统主要由离合器、手动变速器、万向传动装置（万向节、传动轴及中间支承）、驱动桥（主减速器、差速器、半轴、桥壳）等组成；采用自动变速器的车辆，其传动系统主要包括自动变速器（液力变矩器 + AT/电磁离合器 + DSG/无级变速器等形式）、万向传动装置（万向节、传动轴及中间支承）、驱动桥（主减速器、差速器、半轴、桥壳）等几部分组成。

传动系统各组成部件的功用如下。

（1）离合器：按照需要，适时地切断或接合发动机与传动系统之间的动力传递。

（2）变速器：改变发动机输出转速、转矩以及输出轴的旋转方向，切断发动机向驱动轮的动力传递。

（3）万向传动装置：将变速器输出的动力传给主减速器，并适应两者之间距离和轴线夹角的变化。

（4）主减速器：降低转速，增大转矩，改变动力的传递方向（90°）。

（5）差速器：将主减速器传来的动力分配给左右半轴，并允许左右半轴以不同角速度旋转，以满足左右驱动轮在行驶过程中差速的需要。

（6）半轴：将差速器传来的动力传给驱动轮，使驱动轮获得旋转动力。

## 三　汽车传动系统的布置形式

汽车传动系统的组成和布置形式随发动机类型、安装位置及汽车用途不同而变化。越野车多采用四轮驱动，其传动系统中增加了分动器等总成，而前驱轿车传动系统中无传动轴等装置。因此，汽车传动系统的布置形式主要取决于两个因素：发动机的安装位置及汽车的驱动形式。

作为整车的核心部件，发动机布置与汽车动力传递及部件安装都有关联，目前发动机主要有前置、中置、后置三种，布置方式有纵置和横置两种。

汽车的驱动形式有两种表示方法：

①汽车车轮总数 × 驱动车轮数（车轮数指轮毂数）；

②汽车车桥总数 × 驱动车桥数。

普通汽车多装有四个车轮，其中只有两个驱动轮，则其驱动形式为 4 × 2；越野汽车的全部车轮都可作为驱动轮，其驱动形式有 4 × 4、6 × 6 等，常见的汽车驱动形式如图 1-6 所示。

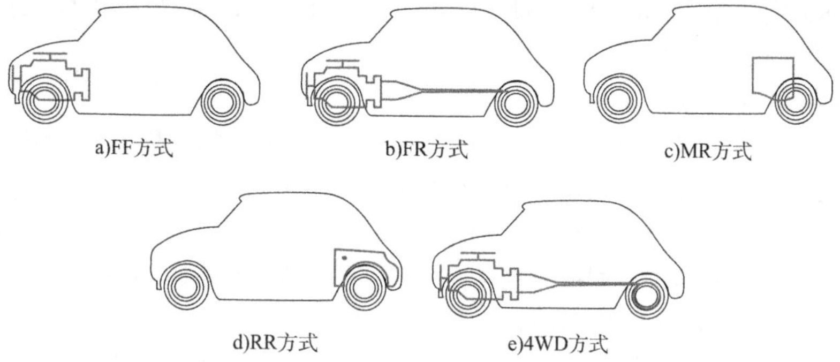


图 1-6　传动系统布局示意图

传动系统布置形式可分为五类:发动机前置前轮驱动(FF)、发动机前置后轮驱动(FR)、发动机中置后轮驱动(MR)、发动机后置后轮驱动(RR)和全轮驱动(4WD)。如图1-6所示。

(1)发动机前置前轮驱动(FF)。

发动机前置前轮驱动是现代小型和中型轿车普遍采用的布置方案,其变速器、主减速器和差速器制为一体,并同发动机、离合器一起集中安装在汽车前部,发动机有纵向布置和横向布置之分。

①优点:散热条件好;系统结构紧凑,整车重心降低,汽车高速行驶稳定性好;降低了车厢地台,操纵方便;操控性有明显的转向不足特性,另外其抗侧滑的能力也比FR强。②缺点:上坡时前轮附着力减小,易打滑,下坡制动时前轮载荷过重,高速时易发生翻车现象;由于驱动兼转向,导致前轴结构复杂、工作条件恶劣。

(2)发动机前置后轮驱动(FR)。

发动机前置后轮驱动在大中型货车、客车中广泛采用,少数轿车与微型车也采用。该布置将发动机、离合器和变速器连成一个整体安装在汽车前部,而主减速器、差速器和半轴则安装在汽车后部的后桥壳中,两者之间通过万向传动装置相连。

①优点:发动机散热条件好;轴荷分配均匀,整车的前后质量比较平衡,操控稳定性较好;后驱动轮的附着力大,易获得足够的牵引力。②缺点:传动部件多、传动系统质量大;贯穿乘坐舱的传动轴占据了舱内的地台空间,影响传动效率,不利于空间的分布。

(3)发动机中置后轮驱动(MR)。

发动机中置后轮驱动多应用于赛车和追求操控表现的跑车。发动机放置在前轴、后轴之间,同时采用后轮驱动,类似F1赛车的布置形式。还有一种“前中置发动机”,即发动机置于前轴之后、乘员之前,类似于FR,但能达到与MR一样的理想轴荷分配,从而提高操控性。

①优点:发动机和变速器等很重的部件集中于车身的重心部位,轴荷分配均匀,具有中性操控特性。②缺点:发动机占据座舱空间,降低了空间利用率和实用性。

(4)发动机后置后轮驱动(RR)。

后置后驱早期广泛应用在微型车上,现在多应用在大型客车、跑车上,普通轿车上已很少使用。该布局将发动机、离合器和变速器制为一体布置在驱动桥后。

①优点:结构紧凑,更充分地利用车厢面积。②缺点:发动机散热条件差;后轴荷较大,在操控性方面会产生与FF相反的转向过度倾向;发动机、离合器、变速器的远距离操纵使操纵机构复杂,维修调整不便。

(5)全轮驱动(4WD)。

4WD以前较多被应用在越野车上,但随着限滑差速器技术的发展和应用,4WD系统已能精确地调配转矩在各轮之间分配,出于提高操控性考虑,高性能跑车也越来越多采用4WD。前桥既是转向桥也是驱动桥,在变速器后增设了分动器,以及从变速器通向分动器、从分动器通向前后两驱动桥之间的万向传动装置,前驱动桥又是转向桥,左右两根半轴均分两端,并用转向驱动桥上的万向节连接。

①优点:四个车轮均有动力,地面附着率最大,获得尽可能大的牵引力;通过性和动力性好,善于行驶坏路,爬坡能力好。②缺点:结构复杂,质量大,维修不便。

**注意**：现在车上应用的4WD有两种，一种是四轮驱动，还有一种是全时四轮驱动。全时四轮驱动是指在行驶的任何时候，驱动力都分配在四个轮上。而四轮驱动在需要的时候通过电子程序或手动切换。

## 四　汽车传动系统的分类

汽车传动系统按能量传递方式不同，分为机械式传动、液力式传动、静液式传动、电力式传动等；按照结构和传动介质不同，分为机械式、液力式、静液式（容积液压式）、电力式等。

1. 机械式传动系统

机械式传动系统（图1-7）结构简单、工作可靠，在各类汽车上得到广泛的应用。其基本组成情况和工作原理是：发动机的动力经离合器1、变速器2、万向节3、传动轴8、主减速器7、差速器5、半轴6传给后面的驱动轮，并与发动机配合，保证汽车在不同条件下能正常行驶。

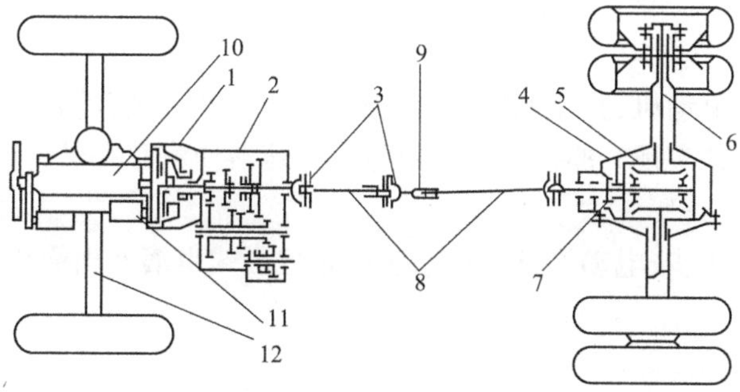


图1-7　机械式传动系统

1-离合器；2-变速器；3-万向节；4-后驱动桥；5-差速器；6-半轴；7-主减速器；8-传动轴；9-中间支承；10-发动机；11-起动机；12-前轴

2. 液力式传动系统

液力传动系统运用液力和机械来传递动力。液力传动以液体为传动介质，利用液体在主动元件和从动元件之间循环流动过程中动能的变化来传递动力，如图1-8所示。

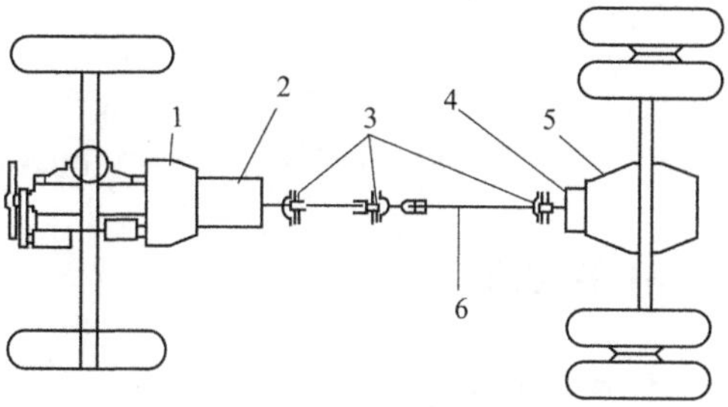


图1-8　液力式传动系统

1-液力变矩器；2-自动变速器；3-万向节；4-驱动桥；5-主减速器、差速器；6-传动轴

液力式传动系统能根据道路阻力的变化，自动地在若干个车速范围内分别实现无级变速，而且有级式机械变速器还可以实现自动或半自动操纵，因而可使驾驶人的操作大为简化。

3. 静液式传动系统

静液式传动系统又称容积式液压传动系统，主要由油泵、液压电动机和控制装置等组成。发动机的机械能通过油泵转换成液压能，然后由液压电动机再转换为机械能，如图1-9所示。静压式传动系统由于机械效率低、造价高、使用寿命和可靠性不够理想，故目前只在某些军用车辆上采用。

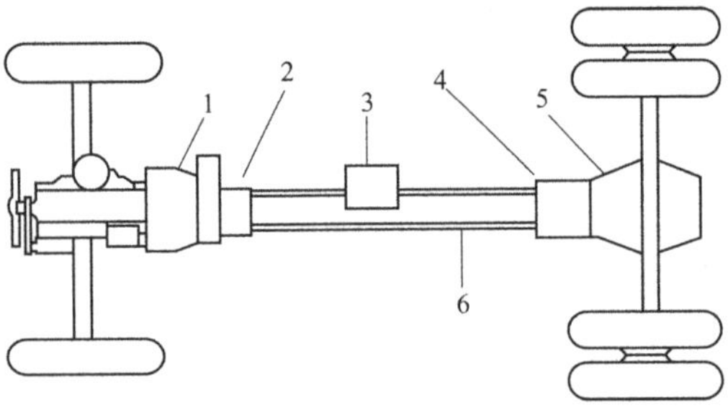


图 1-9 静液式传动系统

1-离合器;2-油泵;3-控制阀;4-液压电动机;5-驱动桥;6-油管

4. 电力式传动系统

电力式传动系统主要由发动机驱动的发电机、整流器、逆变装置(将直流电再转变为频率可变的交流电的装置)和电动轮(内部装有牵引电动机和轮边减速器的驱动轮)等组成。电力式传动系统的性能与静液式传动系统相近,但其电动机质量比油泵和液压电动机大得多,故目前只限于在超重型汽车上应用。

5. 电动汽车传动系统

传统电动汽车的传动系统仍然采用内燃机汽车的驱动系统布置方式,包括离合器、变速器、传动轴和驱动桥等总成,只是将内燃机换成电动机,属于改造型电动汽车。

这种传动系统布置形式有电动机前置-驱动桥前置(F-F)、电动机前置-驱动桥后置(F-R)等驱动模式。

由于采用了调速电动机,其变速器可相应简化,挡位数一般有 2 个就够了,倒挡也可利用驱动电机的正反转来实现。驱动桥内的机械式差速器使汽车在转弯时左右车轮以不同的转速行驶。

随着技术的不断进步,电动汽车传动系统的布置形式也演变出简化形式(图 1-10)。

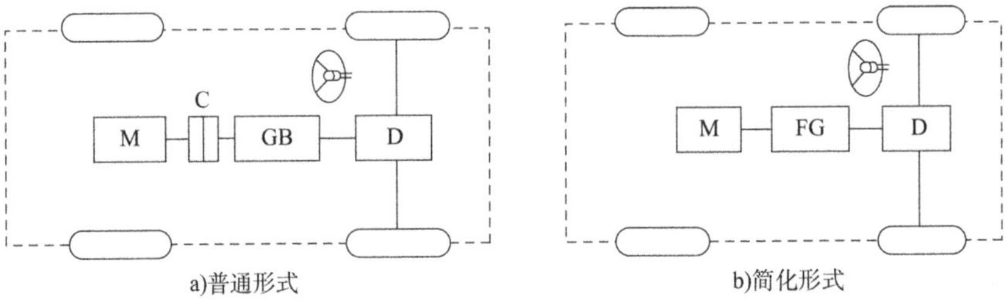


图 1-10 电动汽车传动系统布置形式

C-离合器;D-差速器;GB-变速器;FG-固定速比减速器;M-电动机

## 任务实施

知识拓展:典型汽车传动系统介绍

1. 任务描述

一辆汽车到店进行维护,就车辆传动系统在组成结构、各总成作用、布置特点、类型等方面向客户做系统全面的介绍;并简明扼要地解释变速器、传动轴等部件的工作原理、日常维护的注意事项等。

2. 准备工作

(1)配备多媒体的一体化教室;

(2)手动挡/自动挡轿车 1 辆/组;

(3)举升机 1 台/组；

(4)相关资料、维修手册 1 套。

3. 技术要求与注意事项

(1)完整认识并详细介绍指定车型传动系统，能够区分前后驱等不同形式；

(2)在操作开始前，要求穿着实训服、工作鞋，禁止佩戴饰物进行作业；

(3)车辆正确停放至举升机位，进行必要的防护，挂入驻车/P 挡，拉紧驻车制动器操纵杆/电子驻车制动器；

(4)注意举升机操作安全，升降平稳，注意周围环境，车辆升至较高位置时检查是否锁止并安装安全支架；

(5)车底作业需佩戴护目镜和手套，防止底盘部件高温灼伤；

(6)操作完成后，需将工具设备、资料等放回原位，注意现场 6S 规范。

4. 实施步骤

(1)小组讨论知识积累部分讲解的知识；

(2)借助各种相关资料，收集对应车型的基本参数、结构特点、布置形式等相关信息；

(3)充分利用收集到的资料，制订合理的工作计划；

(4)教师对计划的安全性、可行性进行审核并指导学生做好准备工作；

(5)组织学生按计划步骤认知传动系统、介绍任务；

(6)小组在实施过程中进行展示并由教师进行点评；

(7)对任务的实施进行总结和评价；

(8)完成任务工单的填制。

## 任务 2　汽车传动系统二级维护

### 提出任务

一辆大众速腾轿车来店进行维护，其行驶里程为 60000km，维修接待员登记后将工单交给你，请你为车辆进行基本维护，重点检查其传动系统，完成工单的填制。并进行传动系统的二级维护操作，同时注意操作中的安全注意事项等。

### 任务目标

通过本任务的学习，达到以下目标：

◎ 看懂维护工单，并根据工单进行实际操作；

◎ 根据基本检查制定合理的传动系统维护方案；

◎ 正确选择和熟练使用仪器设备对汽车传动系统进行基本维护；

◎ 熟练调整离合器自由行程；

◎ 熟练检查变速器密封状况和操纵机构，清洁通气孔；

◎ 熟练检查防尘罩、传动轴万向节工作状态、传动轴承支架、中间轴承间隙大小；

◎ 对已完成的任务进行记录和评价，并正确处理废旧零件、辅料、废液等。

## 相关知识

### 一 汽车传动系统检修基础

1. 汽车维护定义

(1)日常维护。以清洁、补给和安全检视为作业中心内容,由驾驶人负责执行的车辆维护作业。

(2)一级维护。除日常维护作业外,以清洁、润滑、紧固为作业中心内容,并检查有关制动、操纵等安全部件,由维修企业负责执行的车辆维护作业。

(3)二级维护。除一级维护作业外,以检查和调整经过一定时间的使用容易磨损或变形的安全部件(如转向节、转向摇臂、制动蹄片、悬架等)为主,并拆检轮胎,进行轮胎换位,检查调整发动机工作状况和排气污染控制装置等,由维修企业负责执行的车辆维护作业。

2. 汽车维护分级和周期

(1)汽车维护的分级。汽车维护分为日常维护、一级维护、二级维护。

(2)汽车维护的周期。汽车维护的周期为出车前、行车中、收车后。

汽车一、二级维护周期的确定,应以汽车行驶里程为基本依据,依据车辆使用说明书的有关规定,同时由汽车使用条件的不同,通过省级交通行政主管部门相关规定。

3. 汽车维护主要内容

日常维护主要是指对汽车外观、发动机外表进行清洁,保持车容整洁。对汽车各部润滑油(脂)、燃油、冷却液、制动液、各种工作介质、轮胎气压进行检视补给。对汽车制动、转向、传动、悬架、灯光、信号等安全部位和位置以及发动机运转状态进行检视、校紧,确保行车安全。

汽车一级维护和二级维护作业表参照《汽车维护、检测、诊断技术规范》(GBT 18344—2016)以及车辆使用说明书制订。

4. 汽车到店检修流程

预约—接待—咨询—派工—诊断—客户认可(维修项目)—维修—质检—交车—跟踪。

### 二 汽车传动系统检修原则

1. 汽车检修工作原则

(1)安全生产。在汽车维修过程中要特别重视安全问题,不仅包括个人安全,还包括他人安全、工具和设备安全以及车辆安全等。

(2)整洁、有序地工作。整洁、有序体现在三个方面:①员工穿戴整洁;②爱护车辆,保持车辆的整洁;③工作场所整洁有序。

(3)高效、可靠地工作。高效的工作需要做好必要的准备工作。例如,应事先确认库存需要的零部件;根据维修单进行工作、避免出错;对工作做好规划,在一个工位要完成尽可能多的工作等。工作场所的整洁有序是高效工作的前提。

(4)按时完成工作。一定要按时完成维修工作,如果提前完成,要再检查一次是否已完成了所有的工作,并告知调度/维修经理;如果不能按时完成或发现车辆还存在不包括在维修单内的维修工作，也要向调度/维修经理请示，并由业务接待员及时与客户沟通。

（5）后续工作。维修工作完成后，一定要重视后续工作。例如，应确保车辆与接车时一样清洁，将座椅、转向盘和反光镜恢复到接车时的位置，将更换的零件按客户要求放到指定位置，完成维修单的填写工作等。

2. 日常安全守则

（1）工具不使用时应保持干净并放到正确的位置。

（2）各种设备和工具要及时检查和维护。

（3）应避免手上沾有油污，防止工具滑落。

（4）起动了发动机的车辆应保证驻车制动正常。

（5）不要在车间内私自行动。

（6）在车间内起动发动机时保持通风良好。

（7）在车间内着装合适，并佩戴必要的装备，如手套、护目镜、耳塞等。

（8）不要将压缩空气对着人或设备吹。

（9）不要把尖锐的工具放到口袋里，以免扎伤自己或划伤车辆。

（10）安全通道上不要放工具、设备、车辆等。

（11）正确使用工具。

（12）手、衣服、工具应远离旋转设备或部件。

（13）驾驶车辆进出车间时要格外小心。

（14）在极度疲劳或消沉时不要工作，这种情况会降低注意力，有可能导致自身或他人的伤害。

（15）如果不知道车间设备如何使用，应先向知晓的人请教，以便得知正确、安全的使用方法。

（16）用举升器或千斤顶升起车辆时一定要按正确的规程操作。

（17）应知道车间灭火器、医疗急救包、洗眼处的位置。

## 三　传动系统二级维护项目

根据汽车二级维护作业表（表1-1），在进行车辆二级维护作业时，针对传动系统的维护包括以下项目。

**汽车二级维护作业表**（传动系统部分）　　表1-1

| 维护项目 | 作业内容 | 技术要求 |
|---|---|---|
| 离合器 | 检查调整离合器踏板自由行程 | 离合器踏板自由行程符合规定 |
| 变速器、差速器 | 检查密封状况和操纵机构，清洁通气孔 | 密封良好，通气孔畅通，操纵机构作用正常，无异响、跳动、乱挡现象 |
| 传动轴、传动轴承支架、中间轴承 | （1）检查防尘罩；<br>（2）检查传动轴万向节工作状态；<br>（3）检查传动轴承支架；<br>（4）检查中间轴承间 | （1）防尘罩不得有裂纹、损坏，卡箍可靠，支架无松动；<br>（2）万向节不松旷，无卡滞，无异响；<br>（3）传动轴承支架无松动；<br>（4）中间轴承间隙符合规定 |

续上表

| 维护项目 | 作业内容 | 技术要求 |
|---|---|---|
| 检查润滑油油面高度 | 检查变速器、主减速器等润滑油规格和液面高度，不足时按要求补给 | 符合出厂规定 |
| 润滑 | 全车加注润滑脂的部位全部润滑 | 润滑脂嘴齐全有效，润滑良好 |

1. 离合器的维护

(1)检查离合器自由行程。

离合器分离杠杆内端与分离轴承之间的间隙，反映到踏板上的一段空行程，叫踏板自由行程，即踏板从最高位置下行至感觉到有新阻力为止的这段距离。正常的踏板自由行程是保证离合器完全结合和彻底分离所必备的条件，如图 1-11a）所示。

一般采用直尺进行踏板自由行程的检查，先测出踏板完全放松时的高度，再测出当用手按下踏板感觉有阻力时的高度，前后两次的高度差即为自由行程的数值，如图 1-11b）所示。

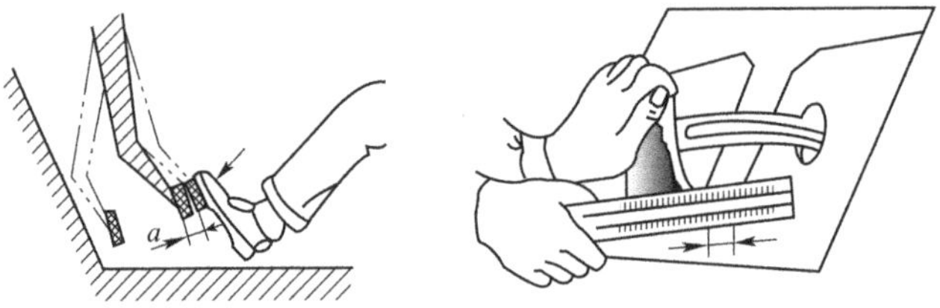


a)　　b)

图 1-11　离合器踏板自由行程示意及检查

(2)调整离合器自由行程。

踏板自由行程如不符合规定应进行调整。调整时，对机械操纵的离合器，可以通过旋转拉杆上的调整螺母，改变分离杠杆与分离轴承的间隙，以增大或减小踏板自由行程。一般车辆是旋进螺母时行程减小，反之则增大。调整完成后要用锁紧螺母锁紧。

现代轿车多采用液压操纵的离合器，调整时通过改变离合器分泵推杆长度，使分离轴承与分离杠杆之间有一定间隙和调整总泵推杆与活塞之间的间隙来实现。离合器总泵（主缸）位于离合器踏板的下方，如图 1-12a）所示，调整方法如图 1-12b）所示。

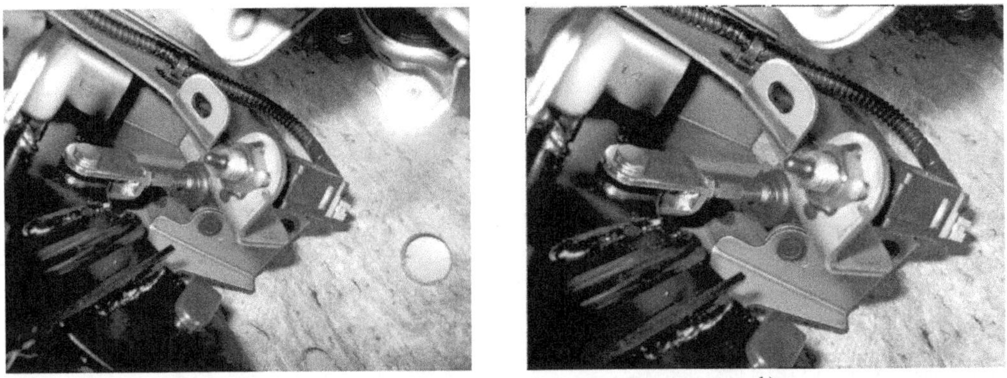

a)　　b)

图 1-12　离合器踏板调节方法

(3)离合器液压系统排气。

离合器液压系统有空气时,会造成离合器操纵系统工作不正常。因此,必须进行排气。手工排气方法如下(图 1-13)。

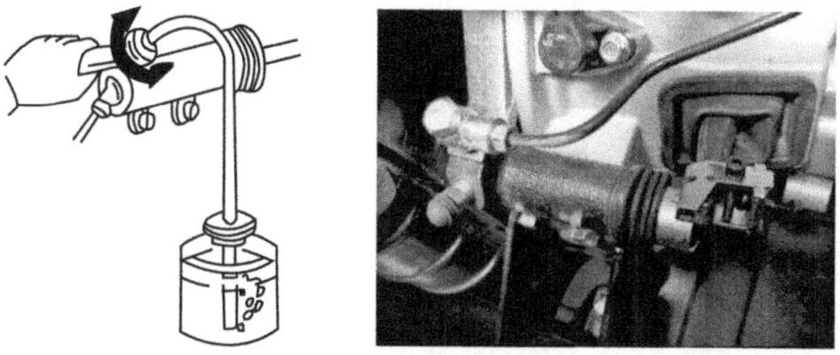

图 1-13　离合器液压系统排气

①先将离合器储油罐中加满合成制动液。

②取下离合器分泵的防尘帽,拧松分泵的放气螺栓。

③将一根与放气螺栓排气嘴同样内径的塑料管的一端套在放气螺栓上,另一端插在装有制动液的瓶中。

④由助手反复踩离合器踏板,观察气泡从瓶中排出的情况,直到没有气泡排出,踏板力增大后,拧紧放气螺栓,取下塑料管。

2. 手动变速驱动桥的维护

对于手动变速器维护来说,主要是对变速器润滑油进行清洗和更换,具体方法如下。

(1)拧下油位检查孔螺塞。

(2)检查油位,油位不低于孔边 15mm。深入标尺。油量不足,应补充齿轮油至规定位置。

(3)检查机油质量,用手指碾压润滑油,如果润滑油稠度降低说明润滑油失效;如果滑润油中有杂质或变黑,说明润滑油变质应更换。

(4)更换齿轮油时,起动车辆,行驶一段距离,使变速器齿轮油升温。

(5)趁齿轮油还处在温热状态,拧下放油口螺塞,放净齿轮油,将放油螺塞拧牢固。

(6)用加油机加入符合规定的润滑油,直到齿轮油从观察孔溢出。

(7)最后安装检查孔螺塞。

3. 自动变速器的维护

(1)自动变速器油液渗漏检查。

如图 1-14 所示,检查自动变速器的壳接触面、轴和拉索伸出的区域、油封、排放塞和加注塞、管道和软管连接区域是否漏液。

(2)自动变速器液位检查。

自动变速器液位检查有两种方法:一种适用于带有油标尺的变速器;另一种适用于带有溢流管的变速器。使用油标尺检查自动变速器液位,如图 1-15 所示,具体检查方法如下。

①将汽车停放在水平地面上,并拉紧驻车制动器;

②让发动机怠速运转 1min 以上;

③踩住制动踏板,将操纵手柄拨至倒挡(R)、前进挡(D)、前进低挡(S, L或2,1)等位置,并在每个挡位上停留几秒,使液力变矩器和所有的换挡执行元件中都充满液压油,最后将操纵手柄拨至驻车挡(P)位置;

④拔出自动变速器油尺,将油尺擦干净后全部插入原处后拔出,检查油尺上的油面高度。

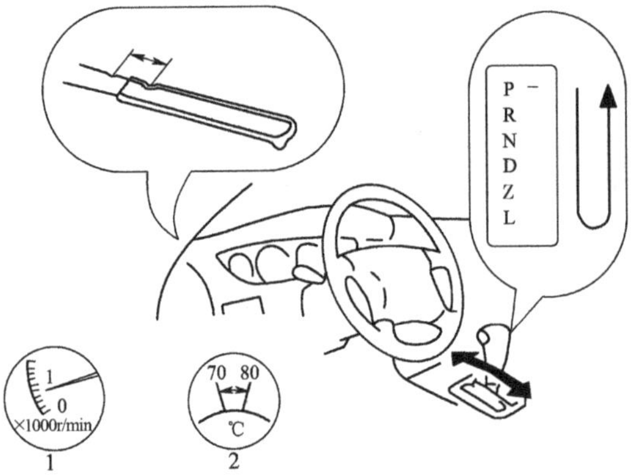


图1-14　自动变速器液压油渗漏检查

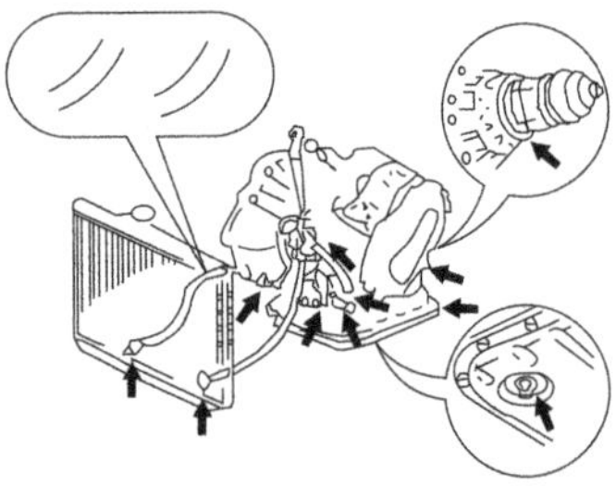

图1-15　自动变速器液位检查(油标尺检查)

使用溢流管检查自动变速器液位在很多车上也有应用,下面以大众01M自动变速器为例进行说明,如图1-16所示。

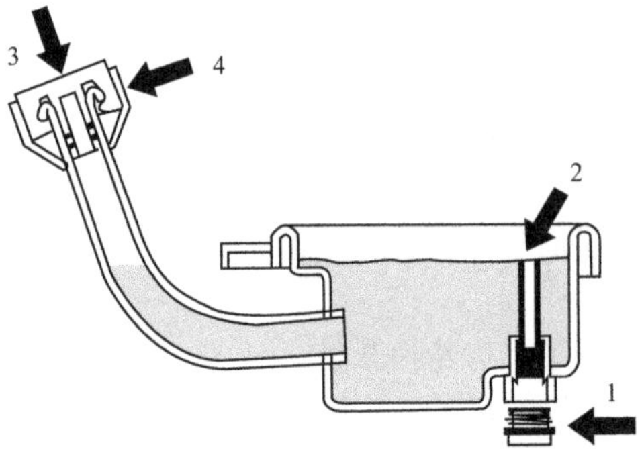


图1-16　自动变速器液位检查(带溢流管)

①检查条件。

a. 变速器控制单元不允许进入应急状态。

b. ATF油温不得超过30℃。

c. 车辆水平放置于举升机上。

d. 发动机怠速运转,且变速器操纵杆置于P挡。

②检查方法。

a. 连接故障诊断仪,进入变速器电控系统,观察第一显示区ATF油温值。

b. 发动机怠速运转

c. 举升汽车,拆下自动变速器油底壳上用于检查油面的螺栓,观察螺栓孔内的溢流管。

d. 当油温达到35~45℃时,溢流管处应刚好有油滴出,说明油量正好;若无油滴出,则需补加ATF直至溢流管处有油滴出为止。

e. 更换螺栓的密封圈,用15N · m力矩拧紧螺栓。

(3)自动变速器油的更换。

自动变速器油又称ATF,当达到换油周期或质量变化之后,应更换ATF。

目前更换自动变速器有三种主流的方法:第一种类似于换机油的方式,通过拧开变速器的泄油螺栓进行放油并进行加注。第二种是直接拆下油底壳进行放油并加注。这两种方法通常称为重力换油法。如图1-17所示,按上述方法换油时,变矩器内的液压油无法被放出。若液压油严重变质，必须全部更换时，可先按上述方法换油，然后让汽车行驶约5min后再次换油。第三种是目前较为先进的循环机更换自动变速器油。如图1-18所示，循环机是一种利用机器产生压力，对自动变速器油进行动态更换，换油率可以达到80%以上的设备，其更换较彻底，可以避免新油被旧油污染。但是这种方法操作较复杂，消耗的变速器油液是正常油量的2倍左右。比如变速器容量是6L，使用循环机换油大约需要12L的油液。

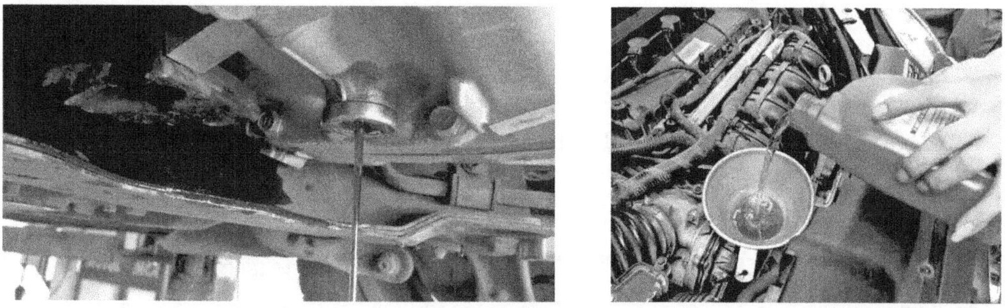

图1-17　重力换油法

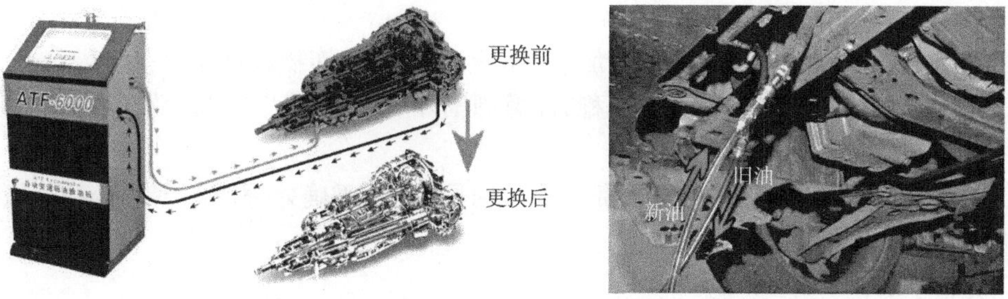


a)　　b)

图1-18　循环机换油法

需要注意的是：不同型号的变速器油不可以混用，一方面因为自动变速器的类型不同，使用的油液有很大的区别，错误使用会造成变速器急剧磨损；即使类型相同的变速器，由于型号和结构不同，自动变速器油的流动速率、密度、动态与静态摩擦性能、膨胀系数都有所不同，也不能随意混用。

4. 驱动桥的维护

经常清除桥壳通气塞上的泥土、灰尘。汽车每行驶2000km，要向各处黄油嘴加注润滑脂；每行驶8000～1000km，检查制动底板的紧固情况、轮毂轴承的松旷情况、制动蹄片的磨损情况，如超过限位凹坑，则需要更换制动蹄片，检查桥壳内齿轮油的质量，如有变质、变稀等现象，应及时更换新油。

5. 半轴的维护

半轴的常见故障主要是漏油和防尘套破裂等，因此，在维护中主要检查半轴防尘罩是否有破损，是否有渗漏。

## 任务实施

1. 任务描述

按照维修工单的要求，熟练完成整车维护操作中针对传动系统部分的清洁、检查、补给、润滑、紧固和调整等操作。

2. 准备工作

(1)配备多媒体的一体化教室；

(2)手动/自动挡轿车1辆/组；

(3)举升机1台/组；工作台1台/组；

(4)配套专用工具、常用工具1套/组；

(5)相关资料、维修手册1套。

3. 技术要求与注重事项

(1)对传动系统的二级维护，应严格按照《汽车维护、检测、诊断技术规范》以及车辆使用手册进行；

(2)测量离合器踏板自由行程，标准数值参照对应车型维修手册要求；

(3)检查变速器时，注意车辆停放平稳，怠速1min热车并且将各个挡位运行一遍后操作；

(4)在操作开始前，要求穿着实训服、工作鞋，禁止佩戴饰物进行作业；

(5)注意举升机操作安全，升降平稳，注意周围环境，车辆升至较高位置时需要检查是否锁止并安装安全支架；

(6)操作完成后，需将工具设备、资料等放回原位，并正确处理废旧零件、辅料、废液等，注意现场6S规范。

4. 实施步骤

(1)小组讨论知识积累部分讲解的知识；

(2)借助各种相关资料，收集对应车型的传动系统维护内容、操作形式等相关信息；

(3)充分利用收集到的资料，制订合理的工作计划；

(4)教师对计划的安全性、可行性进行审核并指导学生做好准备工作；

(5)组织学生按计划步骤实施传动系统检查、维护任务；

(6)小组在实施过程中进行展示，并由教师进行点评；

(7)对任务的实施进行总结和评价；

(8)完成任务工单的填制。

## 学习测试

### 一、填空题

1. 汽车传动系统主要由________、________、________、________、________和________等组成。

2. 传动系统的具体功用包括________、________、________、________、________

和________。

3. 传动系统的布置形式有________、________、________和________四种。

## 二、选择题

两轴式变速器适用于(　　)的布置形式。

A. 发动机前置前驱动　　　　B. 发动机前置全轮驱动

C. 发动机后置后驱动　　　　D. 发动机前置后轮驱动

## 三、判断题

1. 日常维护主要是指对汽车外观、发动机外表进行清洁,保持车容整洁。　(　　)

2. 机械式传动系统结构简单、工作可靠,在各类汽车上得到广泛的应用。　(　　)

3. 在汽车维修过程中要特别重视安全问题,不仅包括个人安全,还包括他人安全、工具和设备安全以及车辆安全等。　(　　)

4. 半轴的常见故障主要是漏油和防尘套破裂等,因此,在维护中主要检查半轴防尘罩是否有破损,是否有渗漏。　(　　)

## 四、简答题

1. 汽车传动系统应具有哪些功能?

2. 汽车传动系统有几种类型? 各有什么特点?

3. 发动机与传动系统的布置形式有几种? 各有何优缺点?

4. 越野汽车传动系统 $4\times4$ 与普通汽车传动系统 $4\times2$ 相比有哪些不同?

5. 机械式传动系统由哪些装置组成? 各起何作用?

6. 汽车的二级维护主要有哪些项目?

7. 汽车传动系统维护主要有哪些项目?

# 项目二 离合器打滑故障检修

【企业场景对接】

针对一辆客户反映动力性不好,离合器有煳味的汽车,请你了解汽车离合器故障现象及持续时间等信息(维修接待);根据初步诊断制定合理的维修计划,完成维修工单的派发(维修顾问);按照工单要求对车辆进行检修,根据具体情况进行离合器单元、离合器操纵机构的拆解与检修,根据检修结果制定具体的维修方案,独立完成整个维修过程,装车使用,使车辆能够正常运转、换挡平顺(机电维修工)。

【岗位能力对接】

工作岗位技能标准与专业课程融合对接,本项目教学内容与汽车维修技师岗位能力要求中对应的模块及职业技能要求如下。

| 工作领域 | 工作任务 | 职业技能 |
|---|---|---|
| 汽车维修技师岗 | 工作安全与作业准备 | 安全注意事项 |
| | | 工具和设备的使用注意事项 |
| | 汽车变速器系统检测维修 | 离合器检测维修 |
| 汽车维修技术总监岗 | 汽车变速器系统诊断分析 | 离合器故障诊断分析 |

## 任务1 检修调整离合器

### 提出任务

一辆速腾轿车来店进行维护,其行驶里程为40000km,客户反映该车动力性不好,挂挡困难,行驶中有焦煳味。根据检修结果,需要进行离合片器的更换。在维修过程中注意认真负责,耐心细致,与客户交流态度和蔼,论述思路清晰。

## 任务目标

通过本任务的学习,达到以下目标:

◎ 看懂维修工单,并根据工单进行实际操作;

◎ 根据故障现象判断离合器的故障原因;

◎ 正确选择、熟练使用仪器设备对离合器进行检修;

◎ 对离合器进行独立正确地拆卸、分解;

◎ 对离合器各零部件进行检查并制定合理的维修方案;

◎ 对已完成的任务进行记录和评价,并正确处理废旧零件、辅料、废液(制动液)等。

## 相关知识

### 一　离合器的功用

离合器是传动系统的第一个传力部件,位于发动机和变速器之间的飞轮壳内。汽车行驶过程中,驾驶员根据需要踩下或松开离合器踏板,使发动机与变速器暂时分离或逐渐接合,以切断或传递动力。离合器的作用主要有以下几个方面。

1. 保证平稳起步

汽车起步前,驾驶员踩下离合器踏板使发动机和传动系统分开,再将变速器挂上挡,逐渐松开离合器踏板,使离合器逐渐接合。在接合过程中,发动机所受阻力矩逐渐增大,驾驶员逐渐踩下加速踏板,增加对发动机的燃料供给量,使发动机的转速始终保持在最低稳定转速。同时,由于离合器的接合紧密程度逐渐增大,发动机经传动系统传给驱动车轮的转矩便逐渐增加,到牵引力足以克服起动阻力时,汽车即从静止开始运动并逐步加速。

2. 实现平顺换挡

汽车行驶过程中,为适应不断变化的行驶条件,经常要更换不同挡位工作。换挡前必须踩下离合器踏板,中断动力传动,使原挡位的啮合副脱开,新挡位啮合副的啮合部位的速度逐步趋向同步,这样进入啮合时的冲击可以大幅度减小,实现平顺换挡。

3. 防止传动系统过载

汽车紧急制动时,若没有离合器,则发动机将因和传动系统刚性连接而急剧降低转速,因而所有运动件将产生很大的惯性力矩(其数值可能大大超过发动机正常工作时发出的最大转矩),对传动系统造成超过其承载能力的载荷,使机件损坏。依靠离合器主、从动部分之间可能产生的相对运动(离合器打滑)以消除这一危险。因此,需要离合器来限制传动系统承受的最大转矩,保证安全。

### 二　离合器的分类

常见的离合器有液力耦合器、电磁离合器、摩擦式离合器等。

1. 液力耦合器

液力耦合器通过工作液(油液)传递转矩,外壳与泵轮连为一体,是主动件;涡轮与泵轮相对,是从动件。当泵轮转速较低时,涡轮不能被带动,主动件与从动件之间处于分离状态;随着泵轮转速的提高,涡轮被带动,主动件与从动件之间处于接合状态。

2. 电磁离合器

电磁离合器通过线圈的通电与断电来控制离合器的接合与分离。如在主动与从动件之间放置磁粉,则可以加强两者之间的接合力,这样的离合器称为磁粉式电磁离合器。

3. 摩擦式离合器

摩擦式离合器分为湿式和干式两种。目前,与手动变速器配合的绝大多数离合器为干式摩擦式离合器,按其从动盘的数目,又分为单盘式、双盘式和多盘式等。湿式摩擦式离合器一般为多盘式的,浸在油中以便于散热。

手动挡汽车常用的离合器多为摩擦式离合器,本项目介绍摩擦式离合器。

## 三 离合器的组成及工作原理

手动挡汽车离合器的结构

1. 离合器的组成

如图2-1所示,离合器包含以下部分。

图2-1 离合器的基本组成

(1)主动部分:飞轮、压盘、离合器盖等。

(2)从动部分:从动盘、从动轴(即变速器第一轴)。

(3)压紧部分:压紧弹簧。

(4)操纵机构:分离杠杆、分离杠杆支承柱、摆动销、分离套筒、分离轴承、离合器踏板等。

2. 离合器的间隙与行程

在分析离合器工作过程之前,首先掌握以下常用名词。

(1)自由间隙:离合器处于接合状态时,分离轴承前端面与分离杠杆端头之间的间隙。

(2)分离间隙:离合器分离后,从动盘前后端面与飞轮及压盘表面间的间隙。

(3)踏板自由行程:从踩下离合器踏板到消除自由间隙所对应的踏板行程。

(4)踏板工作行程:消除自由间隙后,继续踩下离合器踏板,将会产生分离间隙,此过程所对应的踏板行程。

3. 离合器的工作原理

发动机的转矩通过飞轮及压盘与从动盘接触面的摩擦作用,传给从动盘,离合器的主、从动部分通过接触面之间的摩擦作用来传递转矩,使两者之间可以暂时分离,又可逐渐接合,在传动过程中又允许两部分相互转动。当驾驶员踩下离合器踏板时,通过机件的传递,膜片弹簧大端带动压盘后移,此时从动部分与主动部分分离。三个典型位置如图 2-2 所示。

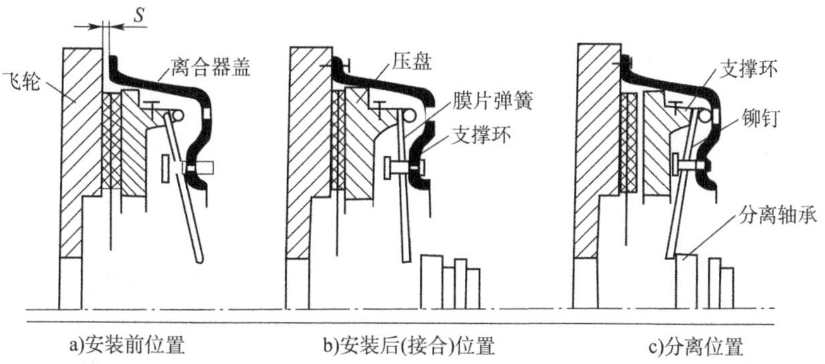


图 2-2　离合器的三个典型位置

(1)工作过程。膜片弹簧装入离合器盖与压盘之间时,产生预压缩变形而形成对压盘的压力在该压力作用下,离合器的主、从动部分压紧,即离合器处于接合状态。发动机动力通过与曲轴连为一体的飞轮、离合器盖和压盘传给从动盘,随后又经从动盘花键轴套输送给变速器的输入轴。此过程离合器主、从动部分传递的转矩、转速相同,二者之间没有转速差,没有滑磨。

(2)分离过程。驾驶员踩下离合器踏板,踏板左移,推杆左移,通过缸、工作缸推动膜片弹簧分离板左移。受此影响,膜片弹簧又以固定在离合器盖上的支承销为支点使大端向右移动,同时经分离板的作用拉压盘右移。最终使从动盘与飞轮、压盘之间各存有一定间隙,实现离合器分离,至此离合器分离过程结束。分离后发动机的动力与运动不能传给从动盘,主动部分仍然与发动机转速保持同步,而从动部分的转速则迅速降低。

(3)接合过程。驾驶员松开离合器踏板,在复位弹簧作用下,踏板恢复到原位,同时带动推杆和分离轴承复位。即接合过程操纵机构的移动是分离过程的逆过程。当分离轴承与膜片弹簧分离板之间出现预留间隙和膜片弹簧重新将压盘压紧在从动盘后,接合过程结束,离合器恢复传递动力功能。

## 四　离合器的性能要求

离合器将发动机的转矩传至变速器,并且在需要时断开转矩的传递,在性能上有以下几点要求。

(1)保证能传递发动机发出的最大转矩,并且还有一定的传递转矩余力;

(2)分离时彻底,接合时柔和,并具有良好的散热能力;

(3)从动部分的转动惯量尽量小一些。这样,在分离离合器进行换挡时,与变速器输入轴相连部分的转速就比较容易变化,从而减轻齿轮间冲击;

(4)具有缓和转动方向冲击,衰减该方向振动的能力,且噪声小;

(5)压盘压力和摩擦片的摩擦系数变化小,工作稳定;

(6)操纵省力,维修维护方便。

## 五 膜片弹簧式离合器

汽车上广泛采用的是以膜片弹簧作为压紧弹簧的离合器,即膜片弹簧式离合器。

1. 膜片弹簧式离合器的结构

膜片弹簧式离合器结构简单、工作可靠,在各类汽车上得到广泛的应用,其基本组成如图 2-3 所示,主要包括主动部分(发动机飞轮,离合器壳,压盘等)、从动部分(从动盘,输出轴等)、压紧机构(膜片弹簧)三部分。

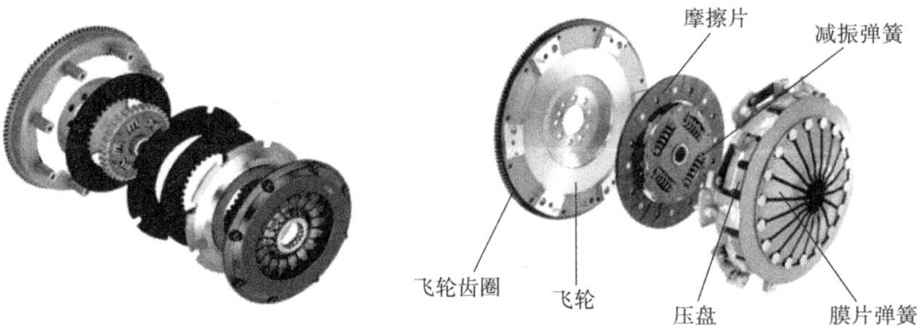


a) b)

图 2-3 膜片弹簧离合器的结构图

2. 膜片弹簧式离合器的工作原理

接合状态:弹簧将压盘、飞轮及从动盘互相压紧,发动机的转矩经飞轮及压盘,通过摩擦面的摩擦力矩传至从动盘。

分离过程:驾驶员踩下离合器踏板,套在从动盘毂滑槽中的拨叉便推动从动盘克服压紧弹簧的压力右移而与飞轮分离,摩擦力消失,从而中断了动力传动。

接合过程:驾驶员缓慢地抬起离合器踏板,使从动盘在压紧弹簧压力作用下左移与飞轮恢复接触,二者接触面间的压力逐渐增加,相应的摩擦力矩逐渐增加,离合器从完全打滑、部分打滑,直至完全接合。

## 六 离合器的故障检修

手动挡汽车离合器的检查

1. 离合器的常见故障

(1)分离不彻底。

①现象:发动机怠速运转,驾驶员踩下离合器踏板,原地挂挡有齿轮撞击声,且难以挂入,情况严重时,会导致发动机熄火。

②产生原因及排除方法:离合器自由行程过大,驾驶员踩下踏板时不能使膜片弹簧充分压缩,排除方法是进行调整;从动盘正反面装错,造成从动盘仍与飞轮有摩擦,排除方法是重新装配;从动盘翘曲变形,使从动盘与飞轮或压盘仍有摩擦,排除方法是校正从动盘;从动盘花键毂在变速器一轴(输入轴)上移动不灵活,造成从动盘与压盘或飞轮仍有摩擦,使离合器分离不彻底,排除方法是更换从动盘。

(2)起步发抖。

①现象:起步时,离合器不能平稳接合,而产生抖动。

②产生原因及排除方法:从动盘的钢片或压盘发生翘曲,变形造成从动盘不能正常与飞轮或压盘接合,排除方法是更换从动盘或压盘;飞轮与从动盘的接触面偏摆,造成飞轮与从动盘不正常接触,排除方法是修复飞轮;从动盘上缓冲片或减振弹簧折断,造成从动盘不正常工作,排除方法是更换从动盘;从动盘的铆钉松动或露出,造成铆钉与飞轮或压盘接触,排除方法是更换从动盘;压盘总成与飞轮的固定螺栓松动,造成从动盘与压盘不正常接触,排除方法是紧固螺栓。

(3)离合器打滑。

①现象:放松离合器时,汽车不能起步;加速时发动机转速上升,但车速不相应升高;上长坡时,离合器冒烟且有煳味。拉紧驻车制动器进行起步试验时,若发动机不熄火,表示离合器打滑。

②产生原因及排除方法:离合器踏板自由行程太小或没有,膜片弹簧力全部或部分作用在操纵机构,而使从动盘不能很好地与飞轮及压盘压紧,排除方法为调整离合器自由行程;从动盘上有油污,造成从动盘表面摩擦力减小,排除方法是去除从动盘油污并排除漏油故障;从动摩擦片、压盘和飞轮工作面磨损严重,厚度减薄,排除方法是更换从动盘;弹簧退火,膜片弹簧疲劳或开裂,排除方法是更换压盘总成;离合器压盘与飞轮之间固定螺钉松动,排除方法是紧固螺栓;分离轴承套筒与其导管之间因油污、尘腻或卡住而不能复位,排除方法是清洗导管。

(4)异响。

①现象:离合器分离或接合时发出不正常响声。

②原因及排除方法:分离轴承缺少润滑剂而干磨或轴承损坏,排除方法是更换分离轴承;从动盘花键孔与轴配合松旷,排除方法是更换从动盘;从动盘摩擦片铆钉松动或铆钉头露出,排除方法是更换从动盘;分离轴承套筒与其导管之间有油污、灰尘或分离轴承复位弹簧与离合器踏板复位弹簧疲劳、折断、脱落,造成分离轴承复位不佳,排除方法是清洗更换损坏零件;从动盘减振弹簧退火、疲劳或折断。排除方法是更换从动盘。

2. 离合器的检修

(1)离合器主动部分的检修。

①飞轮的检修。飞轮的起动齿圈应良好,有断齿或齿端耗损严重时,应更换齿圈或飞轮组件。齿圈和飞轮是过盈配合,组装时应加热齿圈。飞轮的表面应无划伤、撞伤痕迹及严重烧灼等。如有轻度的不平或烧蚀,可进行光磨修复。如磨损沟槽深度大于0.5mm时,应修整或更换。

②压盘总成检修。压盘平面的检修和飞轮平面的检修方法相同,压盘厚度小于规定(总极限值不超过2mm)时,应更换。如图2-4所示,膜片弹簧厚度允许磨损至一半(极限值深度为0.6mm,宽度为5mm),如果膜片弹簧因长期负荷而弯曲、折断、有高度差等,需更换。用钢直尺和塞尺测量压盘的平面度,如图2-5所示,压盘和平面尺间最大间隙如超过0.5mm,应更换离合器压盘总成。

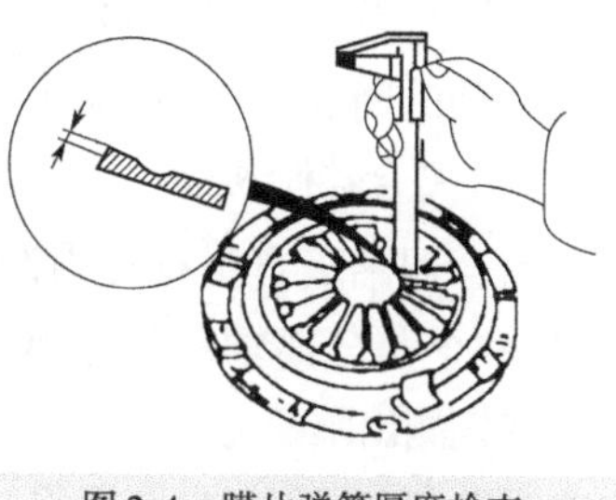
图2-4　膜片弹簧厚度检查

(2)离合器从动部分的检修。

①离合器从动盘轴向偏摆的检查。将离合器从动盘放在定位轴上,用百分表检查其轴向偏摆,在距边缘2.5mm处测量,标准值为0.15mm,使用极限为0.5mm,超过极限时,可以用专用工具进行修正,如图2-6所示。

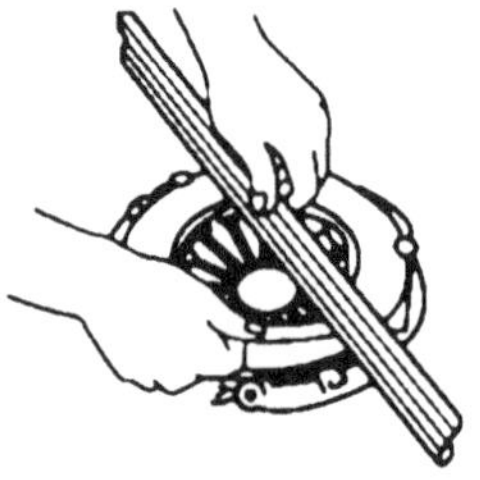

图2-5 压盘平面度检查

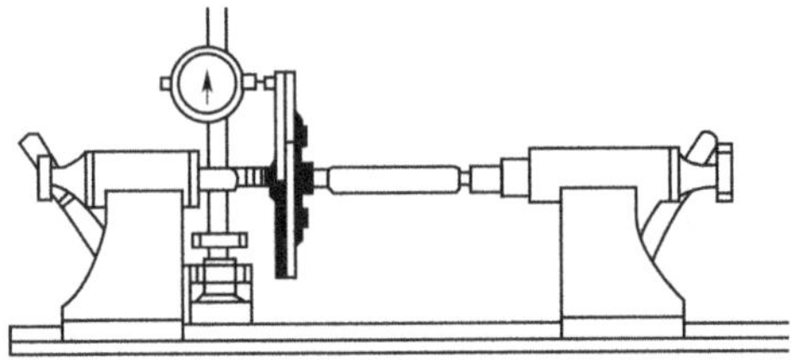

图2-6 离合器从动盘轴向偏摆检查

②从动盘与变速器第一轴(输入轴)配合花键的检查。如图2-7所示,将离合器从动盘装在变速器第一轴(输入轴)的花键轴上,检查从动盘的花键孔与变速器第一轴花键轴的配合,不得有明显的轴向摆动与圆周摆动,但在轴上能顺利移动。

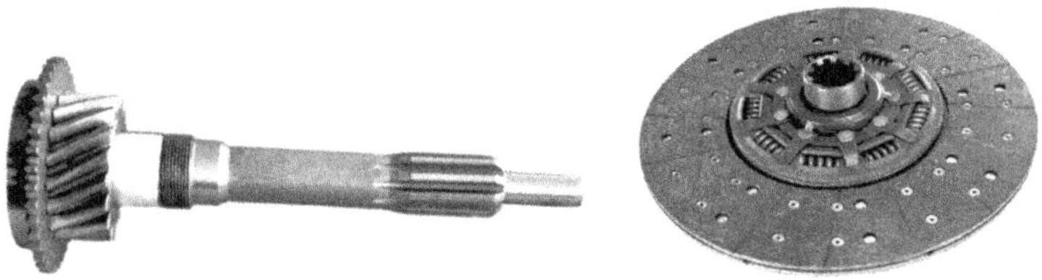

图2-7 离合器从动盘与变速器第一轴配合花键的检查

③从动盘磨损的检查。如图2-8所示,检查从动盘的磨损,用卡尺测量从动盘铆钉头至端面的深度,不得小于0.3mm,否则应更换从动盘。

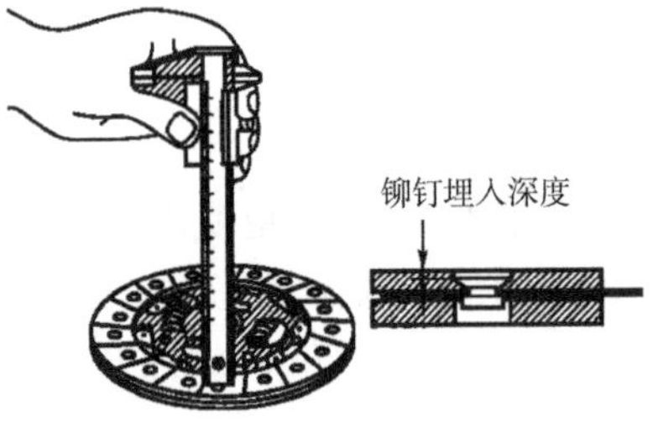


图2-8 离合器从动盘磨损的检查

(3)离合器操纵机构的检查。

①离合器分离轴承的检查:用手转动分离轴承,应灵活自如,没有过大的噪声和阻力。分离轴承为封闭式,不能拆卸清洗或充加润滑剂,损坏时必须更换。

②检查离合器踏板衬套的磨损:若衬套与踏板轴间隙过大,应从踏板上冲出衬套,并更换。

③离合器分离叉轴衬套的磨损检查:若与离合器分离叉轴的间隙过大时,应更换衬套。

(4)离合器踏板自由行程的调整。

离合器踏板自由行程由两个间隙构成:一个是主缸活塞与推杆之间的间隙;另一个是分离轴承与分离杠杆之间的间隙。

首先测出踏板完全放松时的高度,再测出踩下踏板感到有阻力时的高度,两者之差即为自由行程。自由行程过大,离合器分离不彻底;反之,离合器打滑。

知识拓展:
离合器介绍

## 任务实施

1. 任务描述

检修膜片弹簧离合器:对离合器进行基本检查或对其进行拆解检修,根据检修结果制订具体的维修方案,独立完成整个维修过程并能够修复后装车使用。

2. 准备工作

(1)配备多媒体的一体化教室;

(2)手动挡轿车1辆/组、离合器总成1个/组;

(3)游标卡尺、百分表等检测仪器1套;

(4)相关资料、维修手册1套。

3. 技术要求与注意事项

(1)结合维修工单,对离合器进行拆装和检修;

(2)注意测量离合器自由行程、压盘等部件的技术情况,标准参数需对照维修手册;

(3)游标卡尺、千分尺等仪器在使用前需要清洁和调校,注意读数规范要求;

(4)在操作开始前,要求穿着实训服、工作鞋,禁止佩戴饰物进行作业;

(5)操作完成后,需将工具设备、资料等放回原位,并正确处理废旧零件、辅料、废液等,注意现场6S规范。

4. 实施步骤

(1)小组讨论知识积累部分讲解的知识;

(2)借助各种相关资料,收集对应车型的离合器类型、结构及原理;

(3)充分利用收集到的资料,制订合理的工作计划;

(4)教师对计划的安全性、可行性进行审核并指导学生做好准备工作;

(5)组织学生按计划步骤实施离合器调整、检修任务;

(6)小组在实施过程中进行展示,并由教师进行点评;

(7)对任务的实施进行总结和评价;

(8)完成任务工单的填制。

# 任务2 检修调整离合器操纵机构

## 提出任务

一辆速腾轿车来店进行维护,其行驶里程为80000km,客户反映该车动力性不好,挂挡困难,离合器踏板发软,根据检修结果,需要进行离合器的调整,请你在为客户进行维修的过程中认真负责、耐心细致,与客户交流态度和蔼,论述思路清晰。

## 任务目标

通过本任务的学习,达到以下目标:

◎ 看懂维修工单,并根据工单进行实际操作;

◎ 根据故障现象判断离合器的故障原因；
◎ 正确选择和熟练使用仪器设备，对离合器操纵机构进行检修；
◎ 对离合器操纵机构进行独立正确地拆卸、分解；
◎ 对操纵机构各零部件进行检查并制定合理的维修方案；
◎ 对已完成的任务进行记录和评价，并正确处理废旧零件、辅料、废液（制动液）等。

## 相关知识

### 一 离合器操纵机构的作用及类型

1. 离合器操纵机构的作用

驾驶员通过离合器操纵机构使离合器分离，而后又使之柔和接合，离合器操纵机构包括由离合器踏板到离合器壳内分离轴承间的全部机件。

2. 离合器操纵机构的类型

离合器操纵机构通常有机械式操纵机构和液压式操纵机构两种基本形式。在一些大型汽车上，为使操纵离合器更加轻便省力，则在机械式或液压式操纵机构的基础上，增加助力装置，成为气压助力机械式、气压助力液压式以及气推油等形式的离合器操纵机构。

机械式操纵装置结构简单，制造成本低，故障少，但机械效率低，而且拉伸变形会导致离合器踏板行程损失过大。如解放、东风等汽车都采用这种操纵装置。

液压操纵机构摩擦阻力小，质量轻，布置方便，接合柔和，并且不受车身车架变形的影响，因此，应用日益广泛。

气压助力式离合器操纵机构，一般使用在具有气压制动系统的汽车上，与气压制动系统及其他气动设备共用一套压缩空气源。采用这种装置不仅可使离合器操纵变得更加轻便灵活。气压助力装置不仅可以装设在机械式操纵机构中，也可以装在液压式操纵机构中。

### 二 机械式离合器操纵机构

机械式离合器操纵机构一般有两种：一种采用杆系结构，其机构简单，容易制造，摩擦大，布置困难；另一种采用绳系结构，绳索寿命短，拉伸刚度小，可远距离操作。

机械式操纵装置结构简单，制造成本低，故障少。但机械效率低，绳索拉伸变形导致踏板自由行程增大。

### 三 液压式离合器操纵机构

液压式离合器操纵机构具有摩擦阻力小，质量小，布置方便，接合柔和，不受车身变形的影响。

### 四 离合器操纵机构的助力机构

小型汽车离合器传递转矩较小，压盘弹簧压力较小，利用杠杆原理便可以很容易地使其分离；而重型汽车的离合器传递转矩很大，需要压盘弹簧有很大弹力，才能保证动力传递可靠，要使其分离需要很大的力，单独利用杠杆原理，踏板的行程需要很大，操作不方便，所以就采用了气压助力装置。

一般助力器都采用气压助力装置，通过离合器踏板控制助力装置，助力装置调节气压，使离合器分离或接合。气压来自储气筒，与制动系统共用。所以大型汽车制动时，要把变速杆置于空挡位置，以防因漏气而使气压太低，导致无法分离离合器。

1. 助力弹簧离合器操作机构

在离合器踏板的前段行程中，离合器压紧弹簧压缩量和压缩力较小，使踏板阻力与助力弹簧附加阻力总和在允许范围内；在踏板行程的后半程，离合器分开，为了进行换挡或制动等操作，需在该最低位置保持一段时间，这时助力弹簧释放前半程储存的能量，减少驾驶员的踏板力。但这种助力效果不大。

2. 气压助力离合器操纵机构

气压助力离合器操纵机构利用发动机带动的空气压缩机作为主要操纵能源，驾驶员的肌体作为辅助、后备操纵能源。驾驶员能随时感知并控制离合器分离、接合程度（依靠气压助力装置的输出压力必须与踏板力、踏板行程成一定的递增函数关系）。当气压助力系统失效时，仍能保证人力操纵离合器。

知识拓展：
电磁离合器

## 任务实施

1. 任务描述

检修调整离合器操纵机构：对离合器操纵机构进行基本检查或拆解检修，根据检修结果制订具体的维修方案。

2. 准备工作

（1）配备多媒体的一体化教室；

（2）手动挡轿车1辆/组；

（3）举升机1台/组；

（4）相关资料、维修手册1套。

3. 技术要求与注意事项

（1）结合维修工单，并根据工单进行离合器操纵机构检修操作；

（2）注意区分机械式和液压式离合器操纵机构的不同检修内容及方法；

（3）在操作开始前，要求穿着实训服、工作鞋，禁止佩戴饰物进行作业；

（4）注意举升机操作安全，升降平稳，注意周围环境，车辆升至较高位置时需要检查是否锁止并安装安全支架；

（5）操作完成后，需将工具设备、资料等放回原位，并正确处理废旧零件、辅料、废液（制动液）等，注意现场6S规范。

4. 实施步骤

（1）小组讨论知识积累部分讲解的知识；

（2）借助各种相关资料，收集对应车型离合器的基本参数、结构特点等相关信息；

（3）充分利用收集到的资料，制定合理的工作计划；

（4）教师对计划的安全性、可行性进行审核并指导学生做好准备工作；

（5）组织学生按计划步骤实施离合器操纵机构检修任务；

(6)小组在实施过程中进行展示,并由教师进行点评;
(7)对任务的实施进行总结和评价;
(8)完成任务工单的填制。

## 学习测试

### 一、填空题

1. 摩擦离合器所能传递的最大转矩取决于摩擦面间的________。

2. 在设计离合器时,除需保证传递发动机最大转矩外,还应满足________、________、________及________等性能要求。

3. 摩擦离合器基本上是由________、________、________和________四部分构成的。

4. 摩擦离合器所能传递的最大转矩的数值取决于________、________、摩擦片的数目及________四个因素。

5. 按压紧弹簧的形式不同,弹簧压紧的摩擦离合器可分为________和________;其中根据弹簧的布置形式的不同,前者又分为________和________。

6. 根据从动盘数目的不同,离合器分为________和________。

7. 为避免传动系产生共振,缓和冲击,在离合器上装有________。

### 二、选择题

1. 离合器的主动部分包括(　　)。
   A. 飞轮　B. 离合器盖　C. 压盘　D. 摩擦片

2. 离合器的从动部分包括(　　)。
   A. 离合器盖　B. 压盘　C. 从动盘　D. 压紧弹簧

3. 离合器的分离杠杆支点采用浮动销的主要目的是(　　)。
   A. 避免运动干涉　B. 利于拆装　C. 提高强度　D. 节省材料

4. 离合器分离轴承与分离杠杆之间的间隙是为了(　　)。
   A. 实现离合器踏板的自由行程
   B. 减轻从动盘磨损
   C. 防止热膨胀失效
   D. 保证摩擦片正常磨损后离合器不失效

5. 膜片弹簧离合器的膜片弹簧起到(　　)的作用。
   A. 压紧弹簧　B. 分离杠杆　C. 从动盘　D. 主动盘

6. 离合器的从动盘主要由(　　)构成。
   A. 从动盘本体　B. 从动盘毂　C. 压盘　D. 摩擦片

### 三、判断题

1. 离合器的主动、从动部分常处于分离状态。　(　　)

2. 为使离合器接合柔和,驾驶员应逐渐放松离合器踏板。　(　　)

3. 离合器踏板的自由行程过大会造成离合器的传力性能下降。（　　）
4. 离合器从动部分的转动惯量应尽可能大。（　　）
5. 双片离合器中间压盘的前、后都需设有限位装置。（　　）
6. 离合器的摩擦衬片上粘有油污后，可得到润滑。（　　）

## 四、简答题

1. 汽车传动系统中为什么要装离合器？
2. 什么叫离合器踏板的自由行程？其过大或过小对离合器的性能有什么影响？
3. 膜片弹簧离合器的优点如何？
4. 离合器从动盘上的扭转减振器的作用是什么？
5. 离合器的操纵机构有哪几种？各有何特点？

# 项目三

# 手动变速器挂挡困难故障检修

## 【企业场景对接】

在4S店售后车间，请你针对客户反映挂挡困难的手动挡汽车，了解车辆的故障现象及持续时间等信息；根据初步诊断制定合理的维修计划，完成维修工单的派发；按照工单要求对车辆进行检修，按照具体的情况进行变速传动机构、变速操纵机构的拆解检修，根据检修结果制定具体的维修方案，独立完成整个维修过程，装车使用，变速器能够正常运转、换挡平顺、无异响、无漏油现象。

## 【岗位能力对接】

工作岗位技能标准与专业课程融合对接，本项目教学内容与汽车维修技师岗位能力要求中对应的模块及职业技能要求如下。

| 工作领域 | 工作任务 | 职业技能 |
| --- | --- | --- |
| 汽车维修技师岗 | 工作安全与作业准备 | 安全注意事项 |
| | | 工具和设备的使用注意事项 |
| | 汽车变速器系统检测维修 | 手动变速器换挡机构维修 |
| | | 手动变速器齿轮组维修 |
| 汽车维修技术总监岗 | 汽车变速器系统诊断分析 | 手动变速器故障诊断分析 |

## 任务1　检修变速传动机构

### 提出任务

一辆长城1.6轿车因1挡存在挂挡困难、有异响并且易跳挡的故障而来店进行维修，其行驶里程为85000km，维修接待员进行登记后将工单交给你，请你向客户了解具体故障，进行相关检测，找出故障点，并能够参照维修手册和相关资料，对变速器进行必要的拆解检修；检修完毕装车，车辆应能正常换挡，且无异响、漏油等现象，工作完成后注意工单的填制和试车。

## 任务目标

通过本任务的学习，达到以下目标：

◎ 看懂维修工单，并根据工单描述的故障进行齿轮变速机构检修操作；

◎ 熟练地拆卸变速器的齿轮变速机构；

◎ 对齿轮变速机构各部件进行全面的检查并制定合理的维修方案；

◎ 独立完成齿轮变速机构的装配和调试；

◎ 对已完成的任务进行记录和评价，并正确处理废旧零件、辅料、废液（齿轮油）等。

## 相关知识

手动变速器（Manual Transmission，MT）是必须通过手拨动变速器杆来改变传动比的变速器。

### 一　变速器的功用

发动机转矩和转速的变化范围较小，实际行驶中，要求汽车牵引力和车速在更大范围内变化。为解决二者之间的矛盾，传动系统中设置了变速器来改变发动机传到驱动轮上的转矩和转速，使车辆在各种行驶工况下都能获得合适的牵引力和速度，满足发动机在最佳工况范围内工作的需求。

变速器的主要功用如下。

（1）改变传动比：扩大驱动轮的转矩和转速的变化范围，以适应经常变化的行驶条件，如起动、加速、上坡等，同时使发动机在功率高、油耗低的工况下工作。

（2）实现倒车行驶：在发动机旋转方向不变的前提下，使汽车能后退。

（3）中断动力传输：利用空挡，中断动力传递，以使发动机能够起动、怠速、便于变速器换挡或进行动力输出。

### 二　变速器的类型

1. 按传动比变化方式的不同，分为有级式、无级式和综合式

（1）有级式：有级式变速器应用最广泛，采用齿轮传动，具有若干个定值传动比。

（2）无级式：无级式变速器的传动比在一定的范围内可以按无限多级变化。

（3）综合式：综合式变速器是指由液力变矩器和齿轮式有级变速器组成的液力机械式变速器。其传动比可以在最大值和最小值间的几个范围内做无级变化，目前应用广泛。

2. 按操纵方式的不同，分为强制操纵式、自动操纵式和半自动操纵式

（1）强制操纵式变速器靠驾驶员直接操纵变速杆换挡，被大多数汽车采用。

（2）自动操纵式变速器的传动比选择（换挡）是自动进行的。驾驶员只需操纵加速踏

板,即可控制车速。

(3)半自动操纵式变速器有两种形式,一种是常见的几个挡位自动操纵,其他挡位则由驾驶员操纵;另一种是预选式,即驾驶员预先用按钮选定挡位,在踩下离合器踏板或松开加速踏板时,接通一个电磁装置或液压装置来换挡。

3. 按前进挡位数的不同,分为三挡手动变速器、四挡手动变速器等

目前比较常用的是五、六挡变速器,虽然挡位数越多时,性能越好,但结构越复杂。

## 三 手动变速器的组成

手动变速器(图 3-1)主要由壳体、传动组件(输入轴、输出轴、齿轮等)、同步器、操纵组件(换挡拉杆、拨叉机构、连接机构等)。

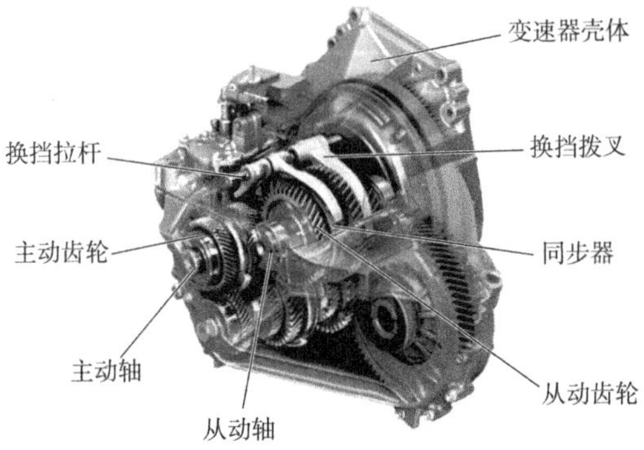


图 3-1 手动变速器构造图

## 四 齿轮传动的基本原理

手动变速器的变速和变矩靠变速器内的齿轮副传递来实现,以 2 挡变速器简单模型说明变速器换挡原理,多挡位变速器以此类推。

1. 变速原理

(1)单级齿轮传动。

普通齿轮变速器利用不同齿数的齿轮啮合传动来实现转矩和转速的改变,一对齿数不同的齿轮啮合传动时,其基本原理如图 3-2 所示。

如图 3-2 所示,一对齿轮副在运动中始终啮合,它们的线速度相同。转动时,齿数少的齿轮比齿数多的齿轮转速高,通过这种不同大小齿轮的组合,可以实现变速和变矩。如图 3-2a) 所示,若小齿轮 A 为主动齿轮,驱动大齿轮 B 转动时,输出转速就降低,转矩增大;相反,如图 3-2b)所示,若大齿轮 B 为主动齿轮,驱动小齿轮 A 时,输出转速就升高,转矩减小。

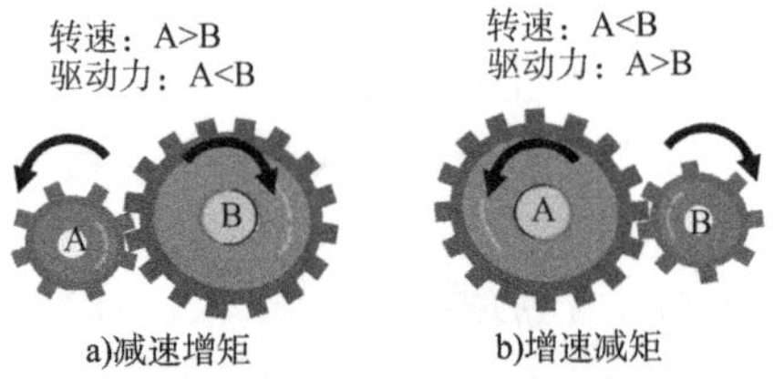


图 3-2 齿轮传动的基本原理

将这种变化量化,设主动齿轮 A 的转速为 $n_1$,齿数为 $z_1$,从动齿轮的转速为 $n_2$,齿数为 $z_2$,则 $n_1$ 与 $n_2$ 的比值称为变速传动比(简称速比),用 $i_{12}$ 表示。

由此得出，一对齿轮传递的速比计算公式为：

$$i_{12}=\frac{n_1}{n_2}=\frac{z_2}{z_1} \tag{3-1}$$

由此得出单级齿轮传动的变速原理是：当主动齿轮为小齿轮，带动大齿轮旋转，如图 3-2a) 所示，则有 $n_2<n_1$，$i_{12}>1$，减速增矩；当主动齿轮为大齿轮，带动小齿轮旋转，如图 3-2b) 所示，则有 $n_2>n_1$，$i_{12}<1$，增速减矩。

(2) 两级齿轮传动。

根据速比的需要，变速器内某些挡位需要两级齿轮传动实现。如图 3-3 所示，发动机的转矩经输入轴Ⅰ，通过两对齿轮传动，由输出轴Ⅱ输出，第 1 对齿轮中，1 为主动齿轮，2 为从动齿轮；第 2 对齿轮中，3 为主动齿轮，4 为从动齿轮。

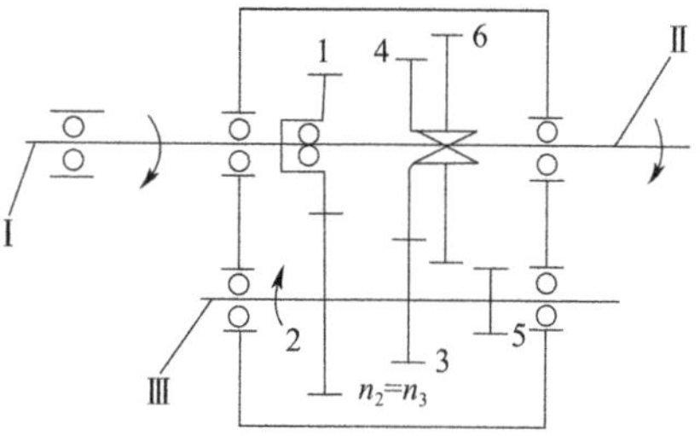

图 3-3　两级齿轮传动简图

传动比计算过程如下。

因为：

$$i_{12}=\frac{n_1}{n_2}=\frac{z_2}{z_1}$$

所以：

$$n_1=\frac{z_2}{z_1}\cdot n_2$$

因为：

$$i_{34}=\frac{n_3}{n_4}=\frac{z_4}{z_3}$$

所以：

$$n_4=\frac{z_3}{z_4}\cdot n_3$$

又因为：

$$n_2=n_3$$

所以：

$$i_{14}=\frac{n_1}{n_4}=\frac{z_2\cdot z_4}{z_1\cdot z_3}$$

(3) 多级齿轮传动。

根据进一步的推导，可以得出多级齿轮传动的一般规律，汽车某一挡位的传动比就是这一挡位各级齿轮传动比的连乘积。即：

$$i = \frac{\text{所有从动齿轮齿数的连乘积}}{\text{所有主动齿轮齿数的连乘积}} = \text{各级齿轮传动比的乘积}$$

(4)速比。

当$|i|>1$时,降速增矩,为变速器的低挡位;当$|i|=1$时,不改变转矩,为变速器的直接挡;当$|i|<1$时,实现升速降矩,为变速器的超速挡;当$i<0$时,实现反向传动,为变速器倒挡。可见速比既是变速比又是变矩比。降速则增矩,增速则降矩。汽车变速器正是根据齿轮传动的减速增矩或增速减矩的原理来实现变速变矩的。

2. 速比变换(换挡)原理

在汽车前进的过程中,根据行驶状况不同,需要变换不同的速比,也就是我们常说的换挡,在手动变速器中,可以通过齿轮啮合关系的改变来完成速比的变换,如图 3-4 所示。

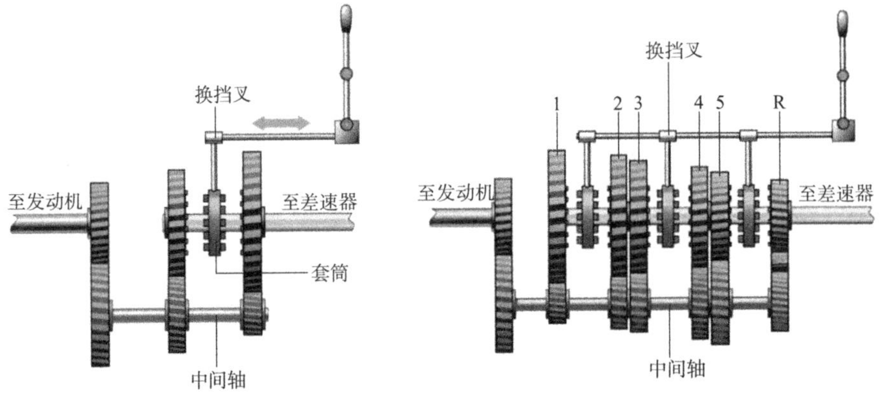


图 3-4　变速器换挡传动简图

3. 传动方向的改变(倒挡)原理

变速器的输入轴是发动机转动方向,其方向是不变的,而输出轴是传动方向,为了实现车辆的倒向行驶(倒车)要求,需要在两级齿轮传动路线中增加惰轮,这样就可改变来自发动机的转动方向以实现倒挡,如图 3-5 所示。

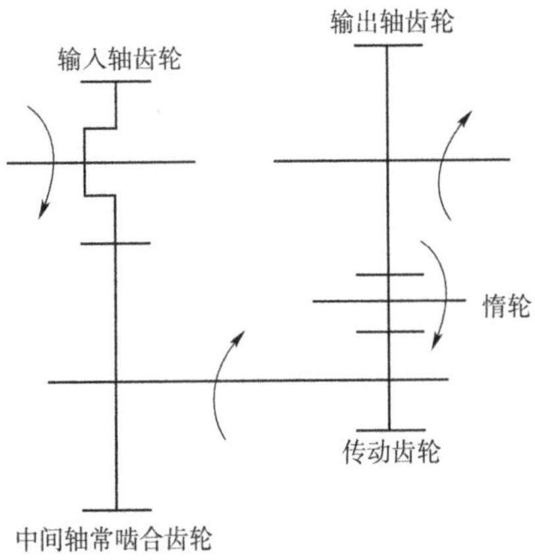


图 3-5　倒挡动力传动简图

## 五　手动变速器的传动机构

手动变速器的变速传动机构包括传动轴、齿轮副,主要作用是改变转矩的数值和动力传动方向,为手动变速器的主体,其按照工作轴(不包括倒挡轴)的数量分为两轴式变速器和三轴式变速器。

1. 两轴式变速传动机构

对于发动机前置前轮驱动(FF 型)和发动机后置后轮驱动(RR 型)的汽车传动系统,由于总布置的需要,常常采用两轴式变速器,如捷达,卡罗拉,凯越,奥迪等轿车,大部分轿车都采用两轴式变速器。

发动机的布置形式有纵置和横置两种,因而与其配用的两轴式变速器也有两种不同的结构形式。如图3-6a)所示,采用纵置式发动机时,主减速器齿轮和差速器齿轮就布置在变速器和离合器之间,主减速器齿轮为一对圆锥齿轮;如图3-6b)所示,采用横置发动机时,主减速的主动齿轮和总动齿轮轴线平行,采用一对圆柱齿轮。

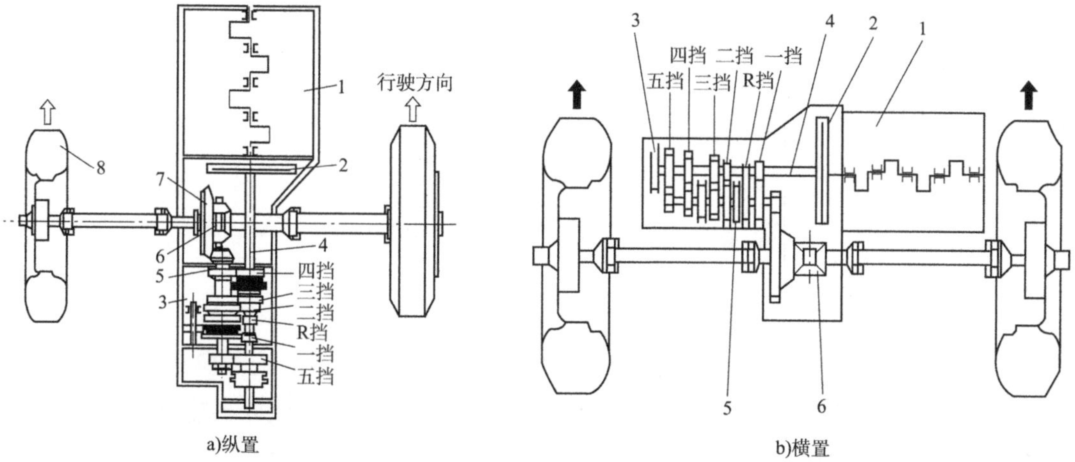


图3-6　采用纵置和横置发动机的轿车变速器结构简图

1-发动机;2-飞轮;3-变速器;4-输入轴;5-输出轴;6-差速器;7-主减速器;8-车轮

(1)结构。

图3-7所示为典型发动机前纵置汽车的二轴式五挡变速器结构,该变速器有两根工作轴,输入轴(也称为第Ⅰ轴)与输出轴(也称为第Ⅱ轴)平行,每个前进挡位由一对齿轮副组成,主动齿轮安装在输入轴上,从动齿轮安装在输出轴上,两轴旋转方向相反;通过在两轴之间加装倒挡轴和倒挡惰轮实现倒挡,从而可以使车辆倒向行驶。

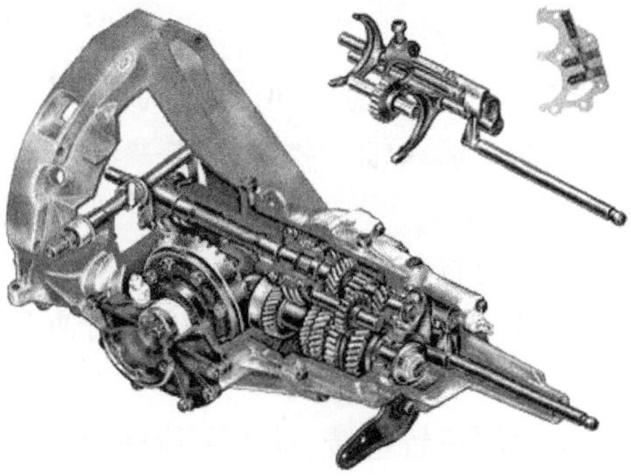

图3-7　典型发动机前纵置汽车变速器结构

(2)动力传递。

两轴式五挡变速器动力传递简图如图3-8所示。

变速器各挡动力传递如下:

①一挡:变速器操纵杆自空挡向左、向前移动,一、二挡同步器结合套向右推。

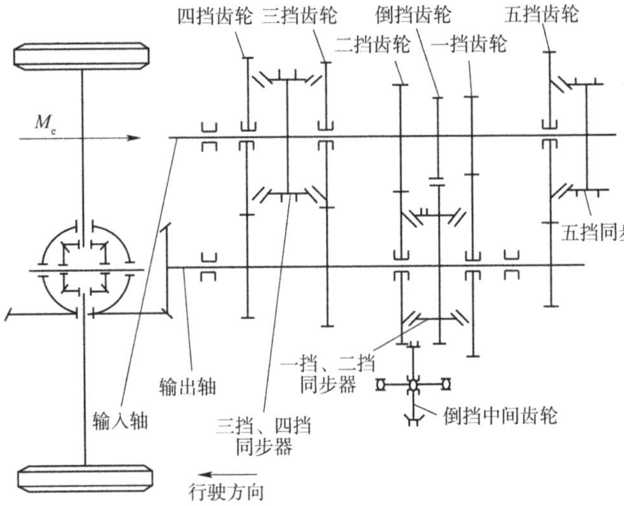


图 3-8 两轴式五挡变速器传动示意图

动力传递路线依次为:输入轴→输入轴一挡齿轮→输出轴一挡齿轮→输出轴一、二挡同步器→输出轴→主减速器

②二挡:变速器操纵杆自空挡向左、向后移动,一、二挡同步器结合套向左推。

动力传递路线依次为:输入轴→输入轴二挡齿轮→输出轴二挡齿轮→输出轴一、二挡同步器→输出轴→主减速器

③三挡:变速器操纵杆自空挡向前移动,三、四挡同步器结合套向右推。

动力传递路线依次为:输入轴→输出轴三、四挡同步器→输入轴三挡齿轮→输出轴三挡齿轮→输出轴→主减速器

④四挡:变速器操纵杆自空挡向后移动,三、四挡同步器结合套向左推。

动力传递路线依次为:输入轴→输出轴三、四挡同步器→输入轴四挡齿轮→输出轴四挡齿轮→输出轴→主减速器

⑤五挡:变速器操纵杆自空挡向右、向前移动,五挡同步器结合套向右推。

动力传递路线依次为:输入轴→输入轴五挡同步器→输入轴五挡齿轮→输出轴五挡齿轮→输出轴→主减速器

⑥倒挡:变速器操纵杆自空挡向右、向后移动,倒挡惰轮向右移动。

动力传递路线依次为:输入轴→输入轴倒挡齿轮→倒挡轴上倒挡惰轮→输出轴倒挡齿轮→输出轴→主减速器

⑦空挡:各个结合套均处于中间位置空转,动力不传递给第二轴。

**注**:发动机横置配用的两轴式变速器如图 3-9 所示。两种变速器在结构布置上基本一致。除了主减速器之外,其他部件在结构上也基本相同。

2. 三轴式变速传动机构

三轴式变速器主要运用在发动机前置后轮驱动的汽车上,其应用以大中型汽车为主。

(1)结构。

如图 3-10 所示,三轴式变速器有三根工作轴,输入轴(也称第一轴)与离合器通过花键

相连，输入动力；中间轴（也称副轴）上固连数个大小不等的齿轮，只要输入轴转，中间轴及其上的齿轮也随之转动；输出轴（也称第二轴）上空套着各前进挡的齿轮，与中间轴上的各挡位齿轮常啮合，可在操纵机构的操纵下变换挡位，输出轴的尾端与传动轴相连，将动力传递给主减速器。

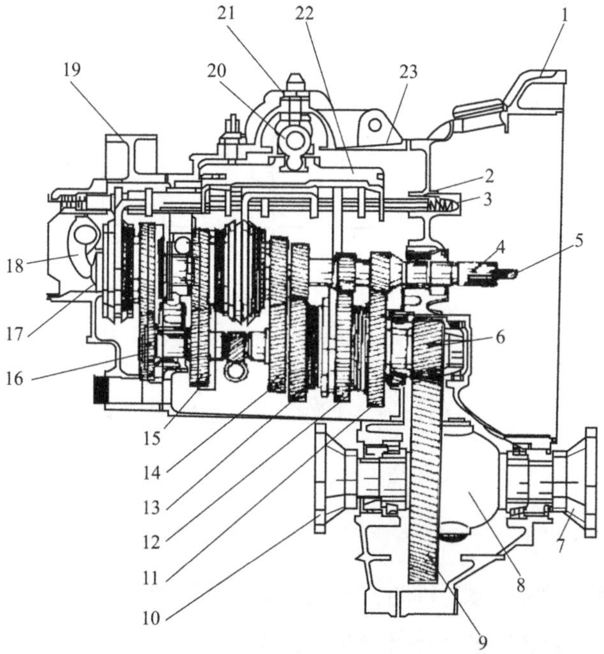


图3-9　发动机横置轿车变速器齿轮传动示意图

1-离合器壳体；2-拨叉轴；3-压力弹簧；4-输入轴；5-分离推杆；6-输出轴；7-输出凸缘；8-差速器；9-主传动大齿轮；10-输出凸缘；11-一挡从动齿轮；12-1/2 挡齿套倒挡从动齿轮；13-二挡从动齿轮；14-三挡从动齿轮；15-四挡从动齿轮；16-五挡从动齿轮；17-分离轴承；18-分离臂；19-后壳体；20-换挡指；21-自锁螺钉；22-五挡拨板；23-变速器壳体

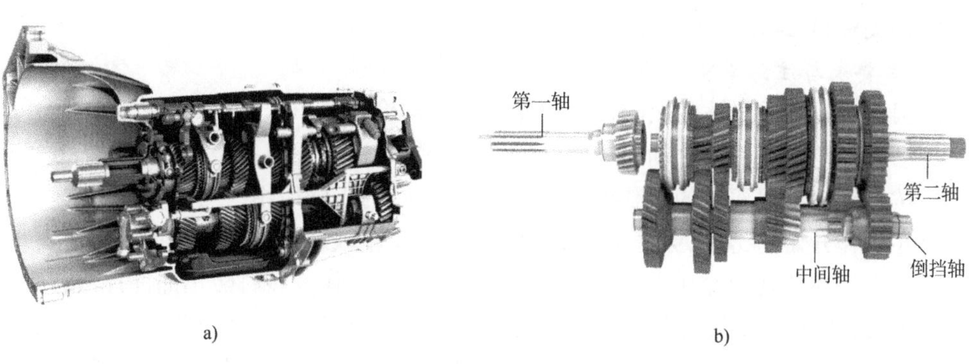


图3-10　三轴式变速器的结构组成

（2）动力传递。

变速器前进挡位的动力传递路径是：输入轴常啮合齿轮→中间轴长啮合齿轮→中间轴

某挡齿轮→第二轴相应挡位齿轮→第二轴→主减速器。

倒挡时,倒挡轴上的齿轮被拨叉拨动,与中间轴齿轮和输出轴齿轮啮合,以相反的方向输出,如图 3-11 所示。

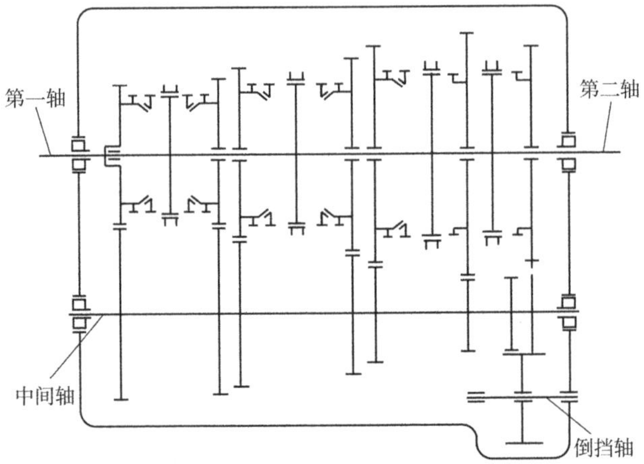


图 3-11　三轴式变速器的动力传递简图

## 任务实施

1. 任务描述

针对变速器挂挡困难的问题,排除离合器的原因后,对齿轮变速机构进行检修,拆解两轴式手动变速器,检修齿轮及轴,根据检修结果制定具体的维修方案,独立完成整个维修过程,并能够修复后装车使用。

2. 准备工作

(1)配备多媒体的一体化教室;

(2)主流品牌汽车手动变速器 4 台;

(3)工作台 4 台,压力机 1 台,常用工具及专用工具 4 套;

(4)相关资料、维修手册 1 套。

3. 技术要求与注意事项

(1)根据维修工单描述的故障进行齿轮变速机构检修操作;

(2)了解齿轮变速机构的动力传递路线及各齿轮间运动关系;

(3)按照维修手册要求的步骤拆卸,注意专用工具的正确使用;

(4)在操作开始前,要求穿着实训服、工作鞋,禁止佩戴饰物进行作业;

(5)注意变速器台架操作安全,检查固定是否可靠,操作旋转时防止部件掉落;

(6)拆装过程中注意压力机的使用,需两人配合,规范操作,保证安全;

(7)操作完成后,需将工具设备、资料等放回原位,并正确处理废旧零件、辅料、废液等,注意现场 6S 规范。

4. 实施步骤

(1)小组讨论知识积累部分讲解的知识;

(2)借助维修手册,收集变速器的基本参数、结构特点、传递路线等相关信息;
(3)参照维修手册的拆装检修流程,制订合理的工作计划;
(4)教师对计划的安全性、可行性进行审核并指导学生做好准备工作;
(5)组织学生按计划步骤实施变速传动机构的拆装和检修任务;
(6)小组在实施过程中进行展示,并由教师进行点评;
(7)对任务的实施进行总结和评价;
(8)完成任务工单的填制。

# 任务2　检修同步器

## 提出任务

一辆速腾1.6轿车因五挡挂挡困难来店进行维修,其行驶里程为15700km,维修接待员进行登记后将工单交给你,请你向客户了解具体的故障,进行相关检测,找出故障点,并能够参照维修手册和相关资料,对变速器进行必要的拆解检修,重点检查同步器;检修完毕后装车,车辆应能正常换挡,且无异响、漏油等现象,工作完成后注意工单的填制和试车。

## 任务目标

通过本任务的学习,达到以下目标:
◎ 看懂维修工单,并根据工单描述的故障进行检修操作;
◎ 熟练地拆卸变速器的同步器;
◎ 对同步器进行检查并制定合理的维修方案;
◎ 独立完成同步器的装配和调试;
◎ 对已完成的任务进行记录和评价,并正确处理废旧零件、辅料、废液(齿轮油)等。

## 相关知识

### 一　同步器的功用

变速器在换挡过程中,为了达到平顺啮合挂上挡位的目的,相应挡位的待啮合齿轮转速应相同(即同步),如果在未达到同步时就强制挂挡,势必因两齿轮间存在转速差而发生冲击和噪声,影响挂挡甚至损坏齿轮。因此,变速器内都设有同步器,通过同步器使将要啮合的齿轮达到一致的转速而顺利啮合。

### 二　同步器的组成及类型

目前,变速器上采用的同步器几乎都使用摩擦式同步装置,其主要有常压式、惯性式、自行增力式等形式。对于常见的摩擦式惯性同步器,按照锁止装置不同,可分为锁环式惯性同步器和锁销式惯性同步器。其主要由接合套、同步锁环(锁销)等组成,特点是依靠摩擦作用实现同步。

## 三 锁环式惯性同步器

1. 锁环式惯性同步器

(1)构造。

锁环式惯性同步器的结构如图 3-12 所示。

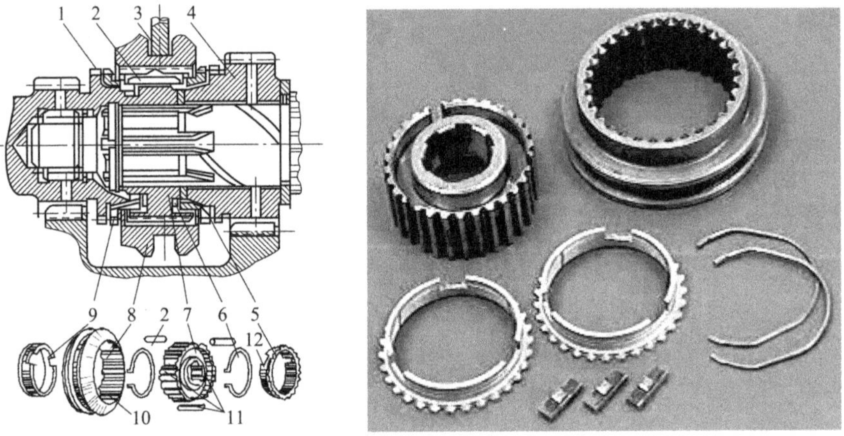


图 3-12 锁环式惯性同步器结构

1-轴常啮合齿轮的接合齿圈;2-滑块;3-拨叉;4-二轴齿轮;5、9-锁环;6-弹簧圈;7-花键毂;8-接合套;10-环槽;11-三个轴向槽;12-缺口

(2)工作原理。

下面以二挡换三挡为例,说明同步器的工作原理,如图 3-13 所示。

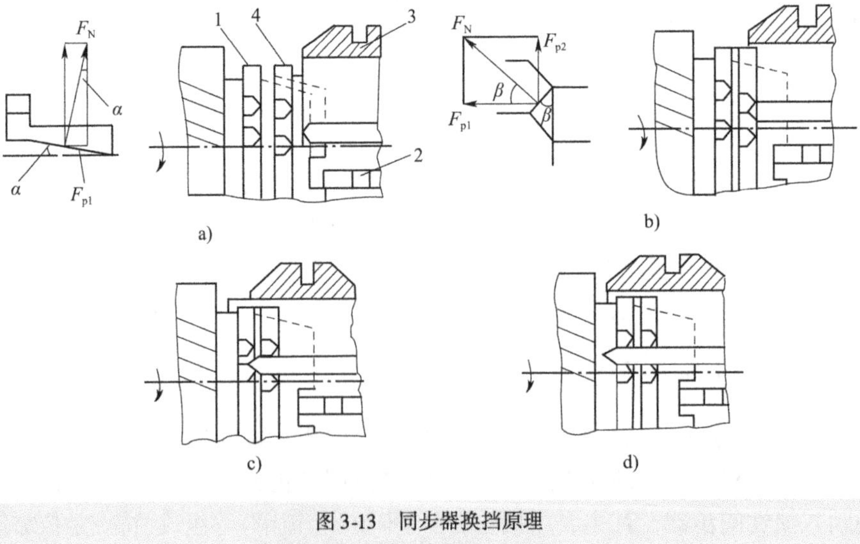


图 3-13 同步器换挡原理

1-齿轮;2-滑块;3-接合套;4-锁环

①空挡位置。

接合套3刚从二挡退入空挡时，如图3-13a）所示，三挡齿轮1，接合套3、锁环4以及与其有关联的运动件，因惯性作用而沿原方向继续旋转（图示箭头方向）。由于齿轮1是高挡齿轮（相对于二挡齿轮来说），所以，接合套3、锁环4的转速低于齿轮1的转速。

②挂挡。

欲换入三挡时，驾驶员通过变速杆使图3-12中的拨叉推动接合套3连同滑块2一起向左移动，如图3-13b）所示，滑块又推动锁环移向齿轮1，使锥面接触驾驶员作用在接合套上的轴向推力，使两锥面有正压力$F_N$，又因两者有转速差，所以，产生摩擦力矩。通过摩擦作用，齿轮1带动锁环相对于接合套向前转动一个角度，使锁环缺口靠在滑块的另一侧（上侧）为止，此时接合套的内齿与锁环上错开了约1/2个齿宽，接合套的齿端倒角面与锁环的齿端倒角面互相抵住。

③锁止。

驾驶员的轴向推力使接合套的齿端倒角面与锁环的齿端倒角面之间产生正压力形成一个企图拨动锁环相对于接合套反转的力矩，称为拨环力矩。这样在锁环上同时作用着方向相反的摩擦力矩和拨环力矩，同步器的结构参数可以保证同步前（存在摩擦力矩）的拨环力矩始终小于摩擦力矩。因此，在同步前无论驾驶员施加多大的操纵力，都不会挂上挡，即产生锁止作用，如图3-13c）所示。

④同步啮合。

随着驾驶员施加于接合套上的推力加大，摩擦力矩不断增加，使图3-13中齿轮1的转速迅速降低。当齿轮1、接合套3和锁环4达到同步时，作用在锁环上的摩擦力矩消失。此时在拨环力矩的作用下，锁环4，齿轮1以及与之相连的各零件都对于接合套反转一角度，滑块2处于锁环缺口的中央，如图3-13c）所示，键齿不再抵触，锁环的锁止作用消除。接合套压下弹簧圈继续左移（滑块脱离接合套的内环槽而不能左移），与锁环的花键齿圈进入啮合。进而再与齿轮1进入啮合，如图3-13d）所示，换入三挡。

2. 锁销式惯性同步器

（1）结构。

大、中型货车普遍采用锁销式惯性同步器，下面以五挡变速器的四挡、五挡同步器为例，简要介绍锁销式惯性同步器。锁销式惯性同步器的结构如图3-14所示。

（2）工作原理。

锁销式惯性同步器的工作原理与锁环式惯性同步器类似。

换挡时接合套受到拨叉的轴向推力作用，通过钢球10、定位销4推动摩擦锥环3向前移动。因摩擦锥环与锥盘有转速差，故接触后的摩擦作用使锥环和锁销相对于接合套转过一定角度，锁销与接合套上相应孔的中心线不再同心，锁销中部倒角与接合套孔端的锥面相抵触。在同步前，作用在摩擦面的摩擦力矩总大于拔销力矩，接合套被锁止而不能前移，防止在同步前，接合套与齿圈进入啮合。同步后摩擦力矩消失，拔销力矩使锁销、摩擦锥盘和相应的齿轮相对于接合套转过一定角度，锁销与接合套的相应孔对中，接合套克服弹簧11的张力压下钢球并沿锁销向前移动，完成换挡。

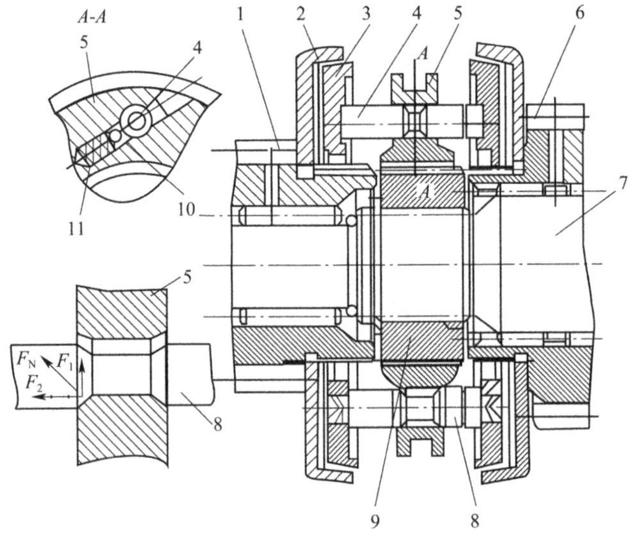


图 3-14　锁销式惯性同步器的结构

1、6-齿轮;2、3-摩擦椎盘;4-定位销;5-接合套;7-变速器轴;8-锁销;9-花键毂;10-钢球;11-弹簧

## 四　同步器的检修

锁环式同步器的损伤表现在锁环、滑块、接合套、花键毂和花键齿处。

1. 锁环的检修

(1)轴向间隙检测。

检测锁环端面与锥盘端面之间的间隙应大于 0.3mm(新锁环新锥盘之间一般为 3mm)。

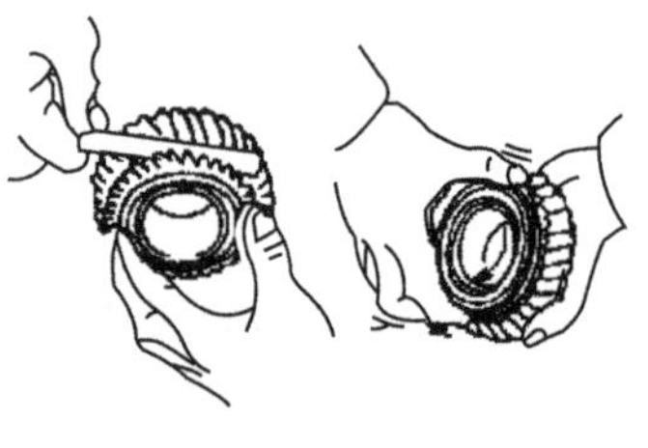

图 3-15　检修锁环

奥迪汽车的标准间隙是 1.1 ~ 1.9mm,磨损极限是 0.5mm。超过此极限值时,应更换。如果锁环端面已与锥盘接触,允许车削修复,但最大车削量为 1mm(图 3-15)。

(2)摩擦效能检测。

将同步器锁环压在换挡齿轮的锥面上,检查摩擦效能。一般锁环斜面上的螺纹油槽的深度应大于等于 0.1mm,超过极限,应更换。

检查(齿轮的)外锥和(同步器环的)内锥是否有不正常磨损。此两锥面的接触印痕呈均匀、全面的接触。表面应无任何波状磨损。磨损严重的零件应更换(图 3-16)。

2. 花键毂与接合套的检修

(1)接合套上花键损伤或与换挡拨叉配合的凹槽磨损达到一定的程度时,应更换。

(2)花键毂的花键齿损伤达到一定程度时,应更换。

3. 接合套与锁环配合的检修

接合套与同步锁初始啮合时,啮合范围应为整个牙齿倒角斜面的 1/3,如图 3-17 所示;若啮合范围超过 1/3,则表明同步器已严重磨损,应更换同步器总成。

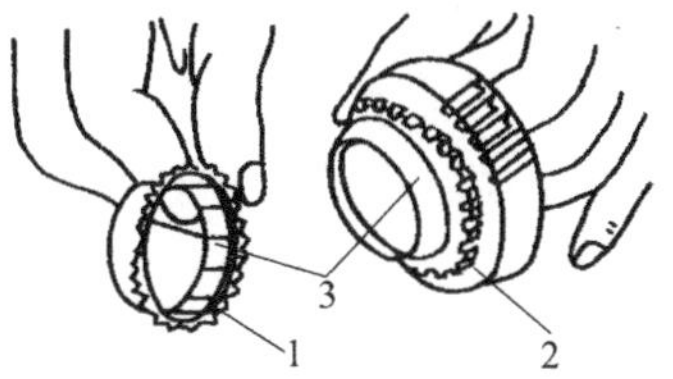


图 3-16　摩擦效能检测

1-锁环内锥;2-齿轮外锥;3-摩擦面

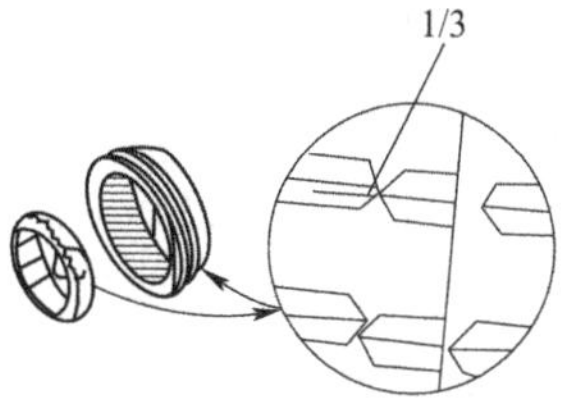


图 3-17　接合套与锁环的配合检查

4. 检修滑块专用槽

检查同步器锁环专用槽的宽度。当滑块专用槽的宽度超过表 3-1 规定的使用限度时，应更换同步器锁环。

**齿轮与同步器锁环间隙及滑块槽宽度(mm)**　　表 3-1

| 项　　目 | 标　准　值 | 使 用 极 限 |
|---|---|---|
| 齿轮与同步器锁环的间隙 | 0.8～1.2 | 0.5 |
| 1 挡锁环滑块槽宽度 | 8.0 | 8.3 |
| 2 挡锁环滑块槽宽度 | 10.0 | 10.3 |
| 3 挡锁环滑块槽宽度 | 9.6 | 9.9 |
| 4 挡锁环滑块槽宽度 | 9.6 | 9.9 |

## 任务实施

知识拓展：
无同步器的换挡

1. 任务描述

针对变速器挂挡困难的故障，对齿轮变速机构进行检修，拆解两轴式手动变速器，检修同步器，根据检修结果制定具体的维修方案，独立完成整个维修过程并能够修复后装车使用。

2. 准备工作

(1)配备多媒体的一体化教室；

(2)主流品牌轿车手动变速器 1 台/组；

(3)拆装工具 1 套/组；

(4)相关资料、维修手册 1 套。

3. 技术要求与注意事项

(1)根据维修工单要求，拆卸变速器，检修同步器；

(2)注意测量工具塞规(塞尺)的规范使用，标准间隙范围需要查阅维修手册；

(3)在操作开始前，要求穿着实训服、工作鞋，禁止佩戴饰物进行作业；

(4)注意变速器台架操作安全，检查固定是否可靠，操作旋转时防止部件掉落；

(5)操作完成后，需将工具设备、资料等放回原位，并正确处理废旧零件、辅料、废液等，注意现场 6S 规范。

4. 实施步骤

(1)小组讨论知识积累部分讲解的知识；

(2)借助各种相关资料,收集同步器的结构、位置等相关信息;
(3)充分利用收集到的资料,制订合理的工作计划;
(4)教师对计划的安全性、可行性进行审核并指导学生做好准备工作;
(5)组织学生按计划步骤实施同步器的拆解、检修任务;
(6)小组在实施过程中进行展示,并由教师进行点评;
(7)对任务的实施进行总结和评价;
(8)完成任务工单的填制。

# 任务3 检修变速操纵机构

## 提出任务

一辆大型客车在挂挡时,各挡口深浅不一,严重时甚至出现自动脱挡的现象。维修接待员进行登记后将工单交给你,请你向客户进一步了解具体的故障,进行相关检测,找出故障点,并能够参照维修手册和相关资料,对变速器操纵机构进行调整;检修完毕后,车辆应能正常换挡,且无异响、漏油等现象。工作完成后注意工单的填制和试车。

## 任务目标

通过本任务的学习,达到以下目标:

◎ 看懂维修工单,并根据工单进行变速操纵机构的检修操作;
◎ 对变速操纵机构进行独立正确地拆装;
◎ 独立拆装检修变速操纵杆;
◎ 独立拆装检修换挡拨叉机构;
◎ 独立拆装检修定位锁止装置;
◎ 对变速操纵机构各部件进行检查并制定合理的维修方案;
◎ 独立完成变速操纵机构的检修;
◎ 对已完成的任务进行记录和评价,并正确处理废旧零件、辅料、废液等。

## 相关知识

### 一 变速操纵机构

1. 变速操纵机构的作用

变速操纵机构的存在使得驾驶员能根据道路情况准确可靠地将变速器挂入所需挡位,并根据需要随时退至空挡。为此,为完成两个动作(即选挡和挂挡),由变速杆的横向运动完成选挡,纵向运动完成换挡。

不同的车辆选挡手柄的挡位分布不同,挡位如何排布主要取决于换挡操纵机构和齿轮变速机构的排布方式(图3-18)。

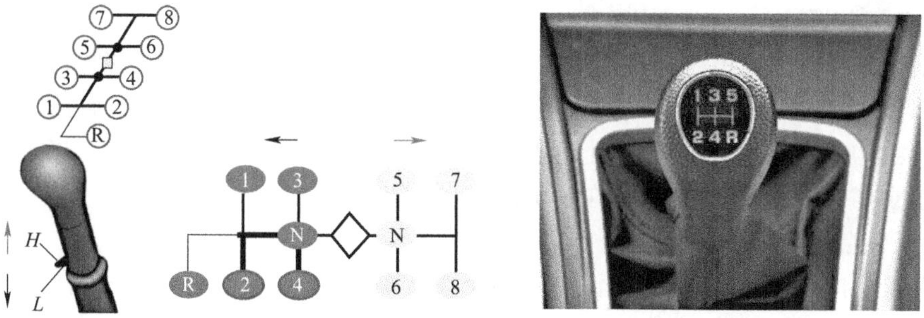

a)东风商用车　　b)一般轿车

图3-18　东风商用车和一般轿车五速手动变速器挡位分布

2. 对变速操纵机构的要求

为了保证变速器在任何情况下都能安全、准确、可靠工作，变速器操纵机构应该设置安全机构，并满足如下安全要求：设置自锁装置，防止变速器自动脱挡，并保证介入挡位的啮合齿轮圈齿宽接触；设置互锁装置，避免同时挂入两个挡位；设置倒挡锁，避免误挂入倒挡。

3. 变速操纵机构的类型

按照变速杆与变速器的相对位置不同，变速器的操纵机构分为直接操纵式和远距离操纵式；按照拨叉轴的数量不同，其又可分为三轴式和单轴式。

## 二　直接操纵式变速操纵机构

中、小型汽车，尤其是采用FF布置形式的传动系统的汽车，变速器布置在驾驶员座位附近，变速杆由驾驶室地板伸出，驾驶员可以直接操纵换挡。直接操纵式变速操纵机构由变速杆、拨块、拨叉、拨叉轴、安全装置等组成，多集中安装在上盖或者侧盖内，结构简单，操作方便。

1. 换挡拨叉机构

换挡拨叉机构（图3-19）主要包括拨叉轴、拨叉两部分，换挡拨叉通过固定销固定在换挡轴上相应的位置上，驾驶员需要换挡时，驾驶员会操纵换挡杆使相应的拨叉轴前后移动，进而带动拨叉移动，使不同的齿轮副结合，实现不同的速比（挡位）。

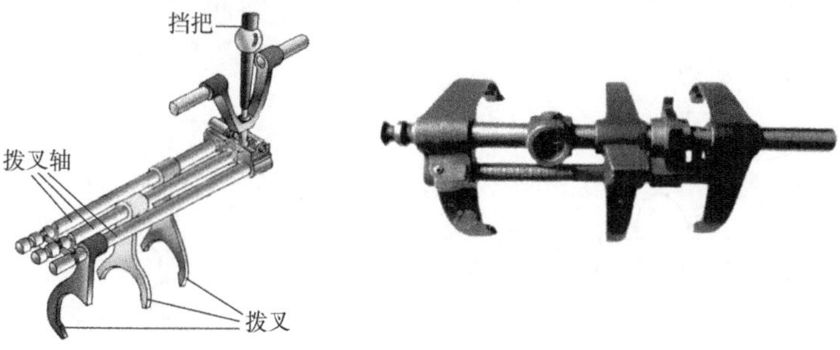

a)　　b)

图3-19　换挡拨叉机构

2. 定位锁止机构

换挡拨叉机构的作用是使变速器可以按照驾驶员的意愿进行换挡，为了保证换挡过程的准确、安全和可靠，还需要有相应的定位锁止装置，主要包括自锁、互锁和倒挡锁装置。

(1)自锁装置。

自锁是为了保证挂挡后接合套与接合齿圈的全部套合(或滑动齿轮换挡时,全齿长都进入啮合)。在振动等条件影响下,操纵机构应保证变速器不自行挂挡或自行脱挡。

如图3-20a)所示,换挡拨叉轴上方有三凹坑,上面有被弹簧压紧的钢珠。当拨叉轴位置处于空挡或某一挡位置时,钢珠压在凹坑内,起自锁作用。

(2)互锁装置。

当中间换挡拨叉轴移动挂挡时,另外两个拨叉轴被钢球锁住。防止同时挂上两个挡而使变速器卡死或损坏,起互锁作用。如图3-20b)所示。

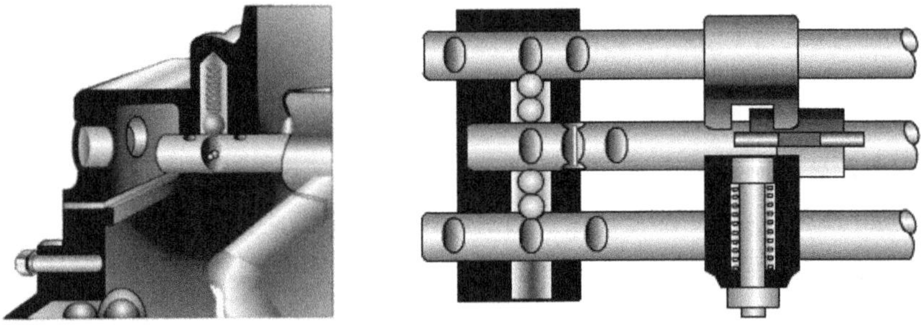

a) b)

图3-20 自锁、互锁装置的结构

(3)倒挡锁。

当换挡杆下端(红色的长方块部分)向倒挡拨叉轴移动时,必须压缩弹簧才能进入倒挡拨叉轴上的拨块槽中。防止了在汽车前进时误挂倒挡,而导致零件损坏,起到了倒挡锁的作用。当倒挡拨叉轴移动挂挡时,另外两个拨叉轴被钢球锁住。

## 三 远距离操纵式变速操纵机构

在部分汽车上,由于变速器离驾驶员座位较远,需要在变速杆与拨叉之间加装辅助杠杆或传动机构,构成远距离操纵机构。这种操纵机构多用于发动机前置前轮驱动的轿车,如图3-21 所示。

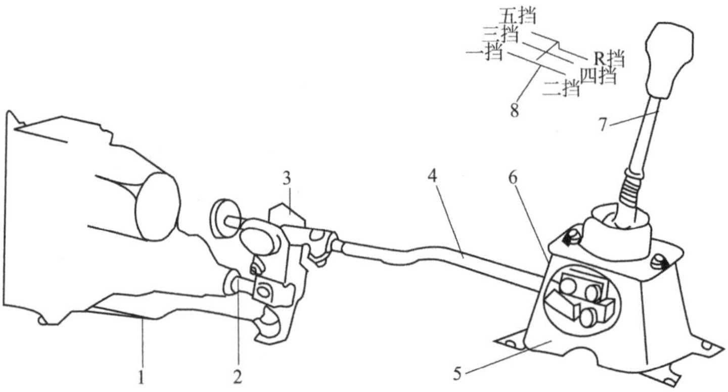


图3-21 五挡手动变速器的远距离操纵机构

1-支撑杆;2-内换挡杆;3-换挡杆接合器;4-外换挡杆;5-倒挡保险挡块;6-换挡手柄座;7-变速杆;8-换挡标记

而在变速器壳体上具有类似于直接操纵式的内换挡机构,如图 3-22 所示。

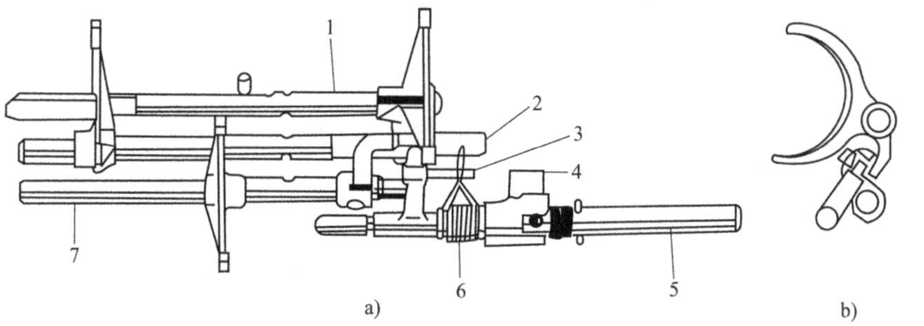


图 3-22　五挡手动变速器的内换挡机构

1-五、倒挡拨叉轴;2-三、四挡拨叉轴;3-定位拨销;4-倒挡保险挡块;5-内换挡杆;6-定位弹簧;7-一、二挡拨叉轴

## 任务实施

1. 任务描述

某变速器存在挂挡困难的现象,现对变速操纵机构进行检修,拆解变速操纵机构,检修换挡拨叉、换挡轴等,根据检修结果制定具体的维修方案,独立完成整个维修过程并能够修复后装车使用。

2. 准备工作

(1)配备多媒体的一体化教室;

(2)手动挡货车 1 辆/组;常用拆装设备 1 套/组;

(3)相关资料、车辆维修手册 1 套。

3. 技术要求与注意事项

(1)根据维修工单要求,对变速操纵机构进行拆解检修;

(2)注意变速器操纵机构的拆装中,自锁和互锁装置的拆卸,规范操作;

(3)在操作开始前,要求穿着实训服、工作鞋,禁止佩戴饰物进行作业;

(4)注意变速器台架操作安全,检查固定是否可靠,操作旋转时注意防止部件掉落;

(5)操作完成后,需将工具设备、资料等放回原位,并正确处理废旧零件、辅料、废液等,注意现场 6S 规范。

4. 实施步骤

(1)小组讨论知识积累部分讲解的知识;

(2)借助各种相关资料,收集对应车型变速操纵机构的相关信息;

(3)充分利用收集到的资料,制订合理的工作计划;

(4)教师对计划的安全性、可行性进行审核并指导学生做好准备工作;

(5)组织学生按计划步骤实施变速操纵机构的拆解、检修任务;

(6)小组在实施过程中进行展示,并由教师进行点评;

(7)对任务的实施进行总结和评价;

(8)完成任务工单的填制。

## 学习测试

### 一、填空题

1. 变速器由________和________组成，传动比变化方式可分为________、________和________三种。

2. 惯性式同步器与常压式同步器一样，都是依靠________作用实现同步的。

3. 变速器一轴的前端与离合器的________相连，二轴的后端通过凸缘与________相连。

4. 为减少变速器内摩擦引起的零件磨损和功率损失，需在变速器壳体内注入________，采用________方式润滑各齿轮副、轴与轴承等零件的工作表面。

5. 为防止变速器工作时，由于油温升高、气压增大而造成润滑油渗漏现象，在变速器盖上装有________。

6. 变速器操纵机构设________装置以防止变速器脱挡，保证变速器齿轮全齿啮合。

### 二、选择题

1. 汽车转弯行驶时，差速器中的行星齿轮(　　)。

A. 只有自转，没有公转

B. 只有公转，没有自转

C. 既有公转，又有自转

2. 三轴式变速器包括(　　)等。

A. 输入轴　　B. 输出轴　　C. 中间轴　　D. 倒挡轴

3. 两轴式变速器的特点是输入轴与输出轴(　　)，且无中间轴。

A. 重合　　B. 垂直　　C. 平行　　D. 斜交

4. 对于五挡变速器而言，传动比最大的前进挡是(　　)。

A. 一挡　　B. 二挡　　C. 四挡　　D. 五挡

5. 下面A、B、C、D是某三挡变速器的各挡传动比，则最有可能是倒挡传动比的是(　　)。

A. $i=2.4$　　B. $i=1$　　C. $i=1.8$　　D. $i=3.6$

6. 两轴式变速器适用于(　　)的布置型式。

A. 发动机前置前驱动　　B. 发动机前置全轮驱动

C. 发动机后置后驱动　　D. 发动机前置后轮驱动

7. 锁环式惯性同步器加速同步过程的主要原因是(　　)。

A. 作用在锁环上的推力　　B. 惯性力

C. 摩擦力　　D. 以上各因素综合

8. 变速器保证工作齿轮在全齿宽上啮合的是(　　)。

A. 自锁装置　　B. 互锁装置　　C. 倒挡锁　　D. 差速锁

9. 变速器的操纵机构由(　　)等构成。

A. 变速杆　　B. 变速叉　　C. 变速轴　　D. 安全装置

10. 为增加传动系统的最大传动比及挡数，绝大多数越野汽车都装用两挡分动器，使之兼起(　　)的作用。

A. 变速器　　B. 副变速器　　C. 安全装置　　D. 主减速器

## 三、判断题

1. 变速器第一轴与第二轴相互平行且在同一条直线上，因此，第一轴转动时，第二轴也随着转动。(　　)

2. 变速器的挡位越低，传动比越小，汽车的行驶速度越低。(　　)

3. 无同步器的变速器，在换挡时，无论从高速挡换到低速挡，还是从低速挡换到高速挡，其换挡过程完全一致。(　　)

4. 采用移动齿轮或接合套换挡时，一对待啮合齿轮圆周速度必须相等。(　　)

5. 同步器能够保证变速器换挡时，待啮合齿轮圆周速度一致，以减少冲击和磨损。(　　)

6. 超速挡主要用于汽车在良好路面上轻载或空载行驶，以提高汽车的燃料经济性。(　　)

7. 换挡时，两根拨叉轴同时工作。(　　)

8. 东风 EQ1090E 型汽车变速器的互锁装置中，两个互锁钢球的直径之和正好等于相邻两根拨叉轴间的距离。(　　)

9. 东风 EQ1090E 型汽车变速器的互锁装置中，互锁销的长度恰好等于拨叉轴的直径。(　　)

## 四、简答题

1. 变速器的功用是什么？

2. 变速器是如何分类的？

3. 变速器的换挡方式有几种？

4. 为什么重型汽车多采用组合式变速器？

5. 组合式变速器是怎样组成的？

6. 同步器有几种？为什么变速器中要装有同步器？

7. 机械式变速器的手动操纵机构中都有哪些安全装置？它们的作用各是什么？

8. 驾驶员在操纵无同步器的变速器换挡时，怎样保证换挡平顺？并分析其原因。

# 项目四

# 自动挡汽车无法正常换挡故障检修

**【企业场景对接】**

在4S店售后车间,针对一辆客户反映无法正常换挡的自动挡汽车,请你按照要求进行故障诊断,制定合理的维修计划,按照维修工单的要求,对车辆进行检修,包括对机械系统、液压控制系统及电子控制系统的拆解检修,使变速器能够正常运转、换挡平顺,且无异响、漏油现象,与客户交流时应态度和蔼,并且论述思路清晰。

**【岗位能力对接】**

工作岗位技能标准与专业课程融合对接,本项目教学内容与汽车维修技师岗位能力要求中对应的模块及职业技能要求如下。

| 工作领域 | 工作任务 | 职业技能 |
|---|---|---|
| 汽车维修技师岗 | 工作安全与作业准备 | 安全注意事项 |
| | | 工具和设备的使用注意事项 |
| | 汽车变速器系统检测维修 | 自动变速器车上检测维修 |
| | | 自动变速器车下维修 |
| 汽车维修技术总监岗 | 汽车变速器系统诊断分析 | 自动变速器故障诊断分析 |

## 任务1 检修自动变速器齿轮变速机构

### 提出任务

一辆大众宝来汽车来店进行维护,其行驶里程为106000km,车主反映该车在行驶过程中出现无法正常换挡的情况，维修接待员登记后将工单交给你，请你按要求检查该车变速器，重点检查变速传动系统，并完成工单的填制。同时针对客户提出的问题进行解答，简明扼要地解释变速器各部件的工作原理、日常维护的注意事项等。拆解自动变速器时的操作需安全规范。

## 任务目标

通过本任务的学习，达到以下目标：

◎ 看懂维修工单，并根据工单进行实际操作；

◎ 对自动变速器机械系统进行独立正确的拆装；

◎ 对各种行星齿轮变速机构进行检查；

◎ 制定合理的维修方案；

◎ 根据维修方案完成自动变速器机械系统的检修；

◎ 对已完成的任务进行记录和评价，并正确处理废旧零件、辅料、废液等。

## 相关知识

自动变速器的主要作用是改变发动机输出转矩的变化范围后，输出到驱动轮上。自动变速器可根据汽车的实际行驶状况自动选择前进挡位，当行驶状况变化时，自动换至合适的挡位。

### 一　自动变速器的基本组成和工作原理

1. 基本组成

自动变速器主要由液力变矩器、机械变速机构、液压控制系统、电子控制系统以及冷却过滤装置等组成，如图 4-1 所示。

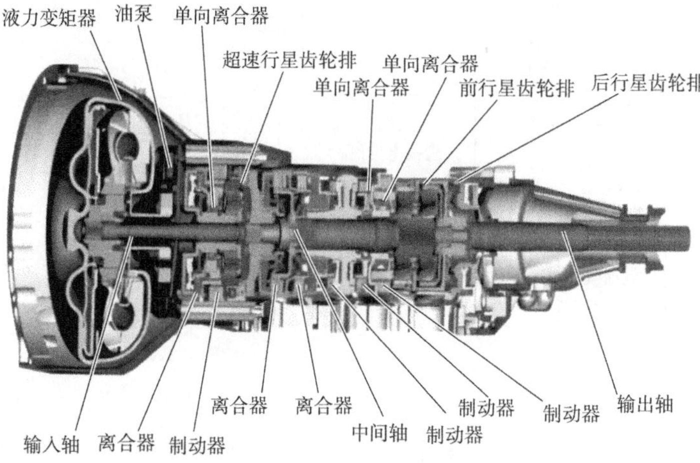


图 4-1　液力自动变速器的结构

(1)液力变矩器。液力变矩器通过自动变速器油(ATF)传递动力，其安装在发动机与变速器之间，将发动机的转矩传给变速器输入轴，相当于手动挡汽车的离合器。

(2)机械变速机构。行星齿轮变速机构由2~3排行星齿轮机构组成,在不同的运动状态组合下,其可得到2~5种速比,组合成电控自动变速器不同的挡位。

(3)液压控制系统。液压控制系统是由油泵、各种控制阀及与之相连通的液压换挡执行元件(如离合器、制动器液压缸)等组成的液压控制回路。汽车行驶中,根据驾驶员的要求和行驶条件的需要,通过控制离合器和制动器的工作状况来实现变速器机械系统的自动换挡。

(4)电子控制系统。电子控制系统主要包括各类传感器及开关、电子控制单元、执行器等。电子控制系统中的传感器及各种控制开关将发动机工况、车速等信号传递给电子控制单元(ECU),经ECU处理后发出控制指令给执行器,执行器和液压系统按一定规律控制换挡执行元件工作,实现自动换挡。

(5)冷却过滤系统。ATF在自动变速器工作过程中会因冲击、摩擦而产生热量,同时还要吸收齿轮传动过程中产生的热量,这将导致其温度升高、黏度下降、传动效率降低,因此必须对ATF进行冷却,使其油温保持在80~90℃左右。ATF由油冷却器与冷却水或空气进行热量交换。自动变速器通过滤油器将工作中各部件磨损产生的机械杂质从油中分离并过滤,以减小机械磨损、防止液压油路堵塞、确保控制阀不卡滞。

2. 基本原理

电控自动变速器的组成和原理如图4-2所示,电控自动变速器通过各类传感器,将发动机的转速、节气门开度、发动机冷却液温度、ATF温度等信号输入电控单元(ECU),ECU根据这些信号,按照设定的换挡规律,向换挡电磁阀、油压电磁阀等发出动作控制信号,再由换挡电磁阀和油压电磁阀将动作控制信号转变为液压控制信号,阀板中的各控制阀根据这些液压控制信号,控制换挡执行元件的动作,从而实现自动换挡。

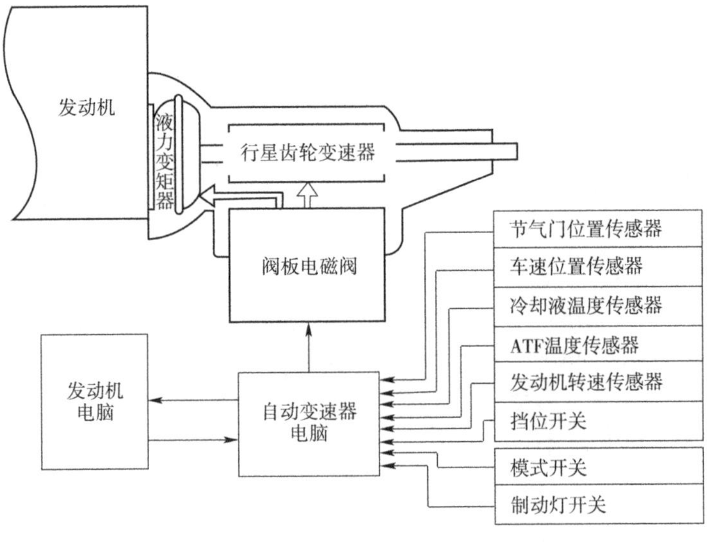


图4-2 电控自动变速器的组成和原理图

## 二 单排行星齿轮机构

行星齿轮变速器是由多排行星齿轮机构和换挡执行机构等组成,单排行星齿轮机构按照不同规则组合成多排行星齿轮变速机构。

1. 单排行星齿轮机构的组成

单排行星齿轮机构主要由 1 个太阳轮、1 个带有若干行星齿轮的行星架和 1 个齿圈组成。如图 4-3 所示，太阳轮位于中心，行星轮与之外啮合，行星轮与齿圈内啮合。通常有 3 ~ 6 个行星轮，通过滚针轴承安装在行星齿轮轴上，行星齿轮轴对称、均匀地安装在行星架上。行星齿轮机构工作时，行星轮除了绕自身轴线自转外，同时还绕太阳轮公转，行星轮绕太阳轮公转时，行星架也绕太阳轮旋转。由于太阳轮与行星轮是外啮合，所以二者的旋转方向相反；而行星轮与齿圈是内啮合，二者的旋转方向相同。

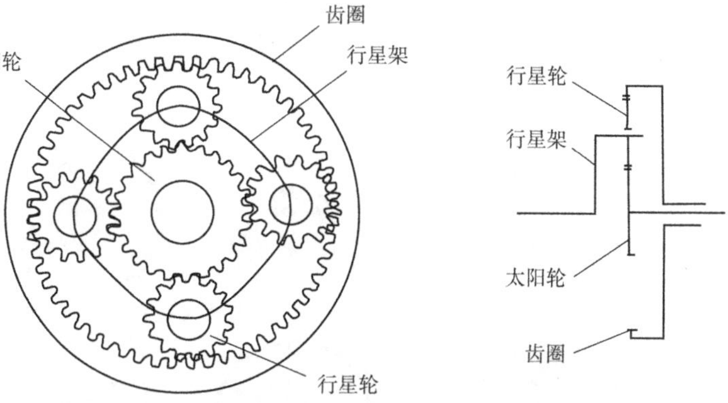


图 4-3　单排行星齿轮机构

2. 单排行星齿轮机构的运动规律

根据能量守恒定律，由作用在单排行星齿轮机构各元件上的力矩和结构参数，可以得出表示单排行星齿轮机构运动规律的特性方程式

$$n_1 + \alpha n_2 - (1+\alpha) n_3 = 0 \qquad (4\text{-}1)$$

式中，$n_1$为太阳轮转速；$n_2$为齿圈转速；$n_3$为行星架转速；$\alpha$ 为齿圈齿数 $z_2$与太阳轮齿数 $z_1$之比，即 $\alpha = z_2/z_1$，且 $\alpha > 1$。

由于一个方程有三个变量，如果将太阳轮、齿圈和行星架中某个元件作为主动(输入)部分，让另一个元件作为从动(输出)部分，则因第三个元件不受任何约束和限制，故从动部分的运动是不确定的。因此为了得到确定的运动，必须对太阳轮、齿圈和行星架三者中某个元件的运动进行约束和限制。

3. 单排行星齿轮机构的动力传动方式

如图 4-4 所示，通过对不同的元件进行约束和限制，可以得到不同的动力传动方式。

(1)齿圈为主动件，行星架为从动件，太阳轮固定。如图 4-4a)所示，$n_1 = 0$，传动比 $i_{23} = n_2/n_3 = (1+1)/\alpha > 1$。由于传动比大于 1，说明此为减速传动，可以作为降速挡。齿圈带动行星齿轮沿静止的太阳轮旋转，从而以较快的速度带动行星架与齿圈同向旋转。

(2)行星架为主动件，齿圈为从动件，太阳轮固定。如图 4-4b)所示，$n_1 = 0$，则传动比 $i_{32} = n_3/n_2 = \alpha/(1+\alpha) < 1$。由于传动比小于 1，说明此为增速传动，可以作为超速挡。行星架带动行星齿轮沿静止的太阳轮旋转，从而以较快的速度带动齿圈与行星架同向旋转。

(3)太阳轮为主动件，行星架为从动件，齿圈固定。如图 4-4c)所示，$n_2 = 0$，则传动比

$i_{13}=n_1/n_3=(1+\alpha)>1$。由于传动比大于1，说明此为减速传动，可以作为降速挡。太阳轮带动行星齿轮沿静止的齿圈旋转，从而以较慢的速度带动行星架与太阳轮同向旋转。

对比(3)与(2)两种情况的传动比，由于 $i_{13}>i_{23}$，虽然都为降速挡，但 $i_{13}$ 是降速挡中的低挡，而 $i_{23}$ 为降速挡中的高挡。

(4)行星架为主动件，太阳轮为从动件，齿圈固定。如图4-4d)所示，$n_2=0$，则传动比 $i_{31}=n_3/n_1=1/(1+\alpha)<1$。由于传动比小于1，说明此为增速传动，可以作为超速挡。行星架带动行星齿轮沿静止的齿圈旋转，从而以较快的速度带动太阳轮与行星架同向旋转。

(5)太阳轮为主动件，齿圈为从动件，行星架固定。如图4-4e)所示，$n_3=0$，则传动比 $i_{12}=n_1/n_2=-\alpha$。由于传动比为负值，说明主从动件的旋转方向相反；又由于 $|i_{12}|>1$，说明此为减速传动，可以作为倒挡。行星架固定，行星齿轮只能自转，太阳轮经行星齿轮带动齿圈旋转输出动力。齿圈的旋转方向与太阳轮相反。

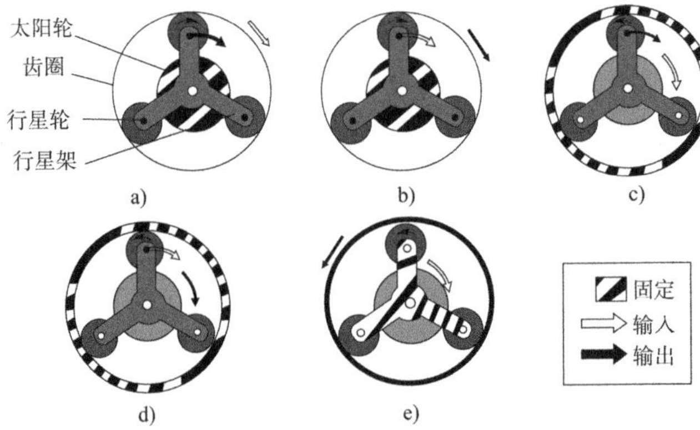


图4-4 单排行星齿轮机构的动力传动方式

(6)齿圈为主动件，太阳轮为从动件，行星架固定。此时，$n_3=0$，则传动比 $i_{21}=n_2/n_1=-1/\alpha$。由于行星架固定，行星齿轮只能自转，齿圈经行星齿轮带动太阳轮旋转输出动力。太阳轮的旋转方向与齿圈相反，为升速传动，可以作为倒挡。

(7)如果 $n_1=n_2$，则可以得到 $n_3=n_1=n_2$。同样，当 $n_1=n_3$ 或 $n_2=n_3$ 时，均可以得到 $n_1=n_2=n_3$ 的结论。因此，若使太阳轮、齿圈和行星架3个元件中的任何2个元件连为一体转动，则另1个元件必然与前二者等速同向转动。即行星齿轮机构中所有元件(包含行星轮)之间均无相对运动，传动比 $i=1$。这种传动方式用于变速器的直接挡传动。

(8)如果太阳轮、齿圈和行星架3个元件没有任何约束，则各元件的运动是不确定的，此时为空挡。

4. 双排行星齿轮机构

双排行星齿轮机构如图4-5所示。设太阳轮、齿圈和行星架的转速分别为 $n_1$、$n_2$、$n_3$，齿圈与太阳轮的齿数比为 $\alpha$，则其运动规律为：

$$n_1-\alpha n_2+(\alpha-1)n_3=0 \tag{4-2}$$

双行星排齿轮机构的运动分析与单行星排相同。

自动变速器中的行星齿轮变速器一般是采用2~3排行星齿轮机构传动，其各挡传动比根据上述单排行星齿轮机构传动特点进行合理组合得到。常见的组合式行星齿轮变速器有辛普森和拉维纳式。

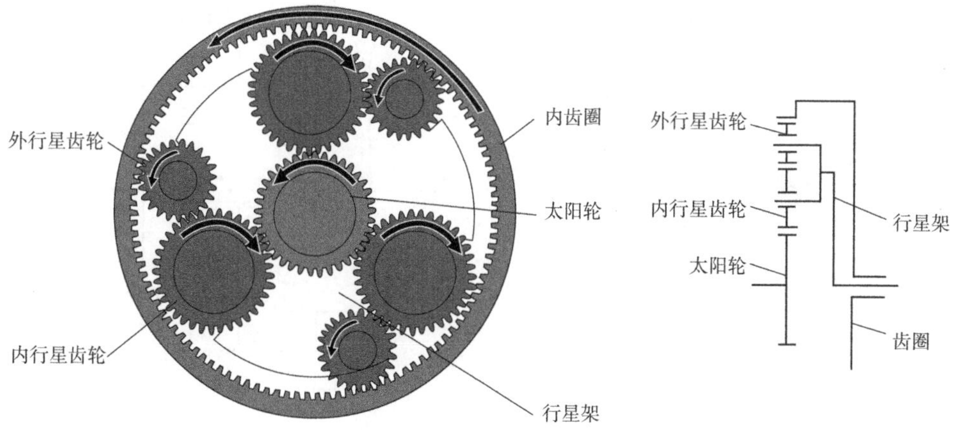


图 4-5　双排行星齿轮机构示意图

## 三　辛普森行星齿轮系统

1. 基本结构

辛普森式行星齿轮机构是双排行星齿轮机构，由两个内啮合式单排行星齿轮机构组合，如图 4-6 所示。主要包含前齿圈、前后太阳轮组件、后行星架、前行星架和后齿圈，前后两个行星齿轮机构共用一个太阳轮，它是三速行星齿轮系统，能提供三个前进挡和一个倒挡。其前可以加一排超速行星齿轮机构，形成带超速行星排的辛普森式行星齿轮变速机构。

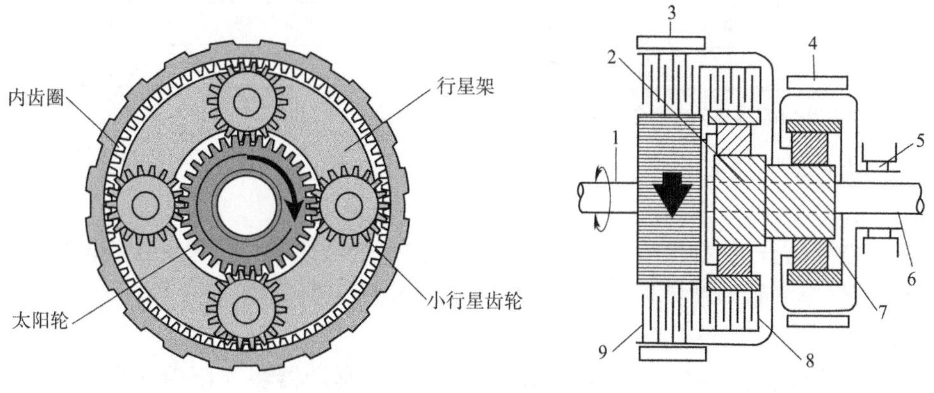


图 4-6　辛普森行星齿轮机构

1-第一轴；2-前行星架；3-2 挡制动器；4-低、倒挡制动器；5-单后离合器；6-第二轴；7-后行星架；8-前进离合器；9-直接挡离合器

2. 各挡传动路线

辛普森式行星齿轮变速器的简图如图 4-7 所示，其中前进离合器 C1 连接输入轴与前排齿圈；直接挡离合器 C2 连接输入轴与太阳轮；单向离合器 F 限制后行星架的逆时针旋转，使它只能顺时针转动；2 挡制动器 B1 固定太阳轮；低、倒挡制动器 B2 固定后行星架；前排行星架、后排齿圈与输出轴相连而成输出元件。

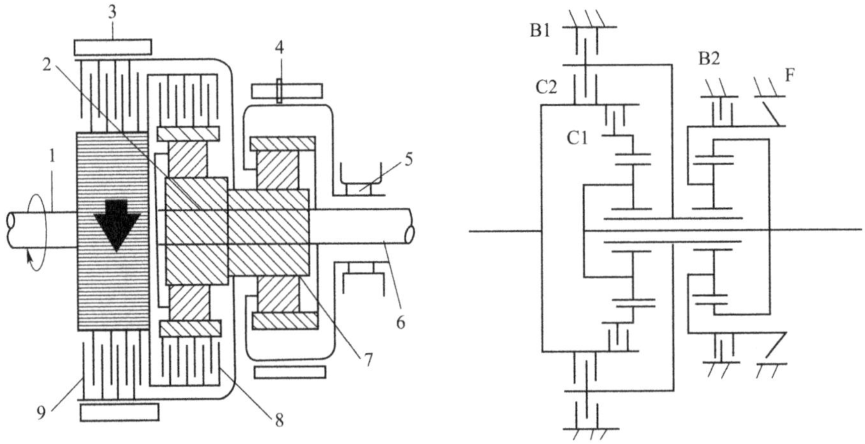


图 4-7 辛普森行星齿轮变速器的简图

1-第一轴;2-前行星架;3-2 挡制动器;4-低、倒挡制动器;5-单向离合器;6-第二轴;7-后行星架;8-前进离合器;9-直接挡离合器

各挡位换挡元件的工作情况见表 4-1。

各挡位换挡元件的工作情况 表 4-1

| 挡 位 | 部 件 | | | | |
|---|---|---|---|---|---|
| | C1 | C2 | B1 | B2 | F |
| 1 挡 | ● | | | | ● |
| 2 挡 | ● | | ● | | |
| 3 挡 | ● | ● | | | |
| R 挡 | | ● | | ● | |

注:●表示离合器、制动器或单向离合器工作。

各挡动力传动路线如下。

(1)1 挡。

前进离合器结合,前排齿圈成为输入元件,单向离合器使后行星架无法逆时针旋转。动力传递路线是:第一轴→前排齿圈→太阳轮→后排齿圈→第二轴。

(2)2 挡。

前进离合器结合,使前排齿圈成为输入元件,2 挡制动器将太阳轮固定。动力经第一轴、前排齿圈和行星架输出给第二轴。

(3)3 挡。

前进离合器和直接挡离合器工作,此时,前排太阳轮和齿圈均与第一轴相连,因此,行星架也与它们同速转动,形成直接挡,将第一轴的动力直接传给第二轴。

(4)R 挡。

直接挡离合器结合,前排太阳轮成为输入元件,低、倒挡制动器固定后排行星架。动力经第一轴、太阳轮、后排行星齿轮和后排齿圈传至第二轴。由于行星架是固定元件,故第二轴的旋转方向与第一轴相反,变速器得到倒挡。

## 四　拉维纳式行星齿轮变速器

### 1. 基本结构

拉维纳行星齿轮机构(图 4-8)由一个单行星排和一个双行星排组成,其包括大太阳轮、小太阳轮、长行星齿轮、短行星齿轮、齿圈和行星架。短行星轮与长行星轮及小太阳轮啮合,长行星轮同时与大太阳轮、短行星轮及齿圈啮合,两个行星轮共用一个行星架,动力通过齿圈输出。

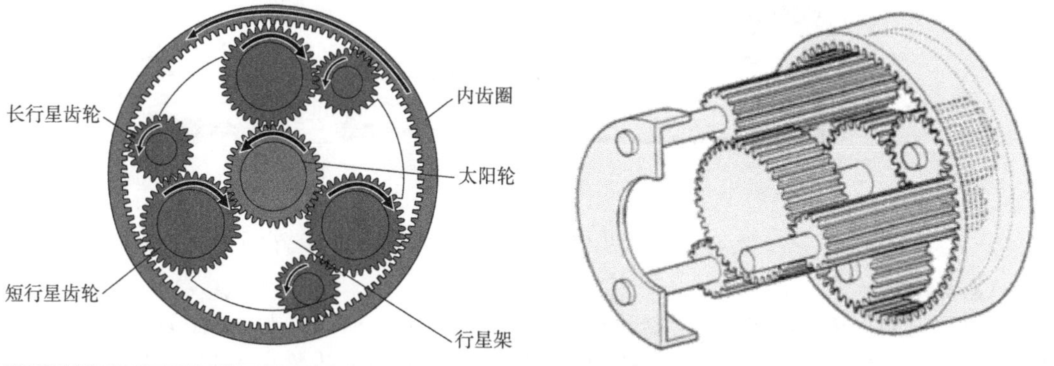


图 4-8　拉维纳行星齿轮机构

### 2. 各挡传动路线

拉维纳行星齿轮变速器的简图如图 4-9 所示,其中离合器 $K_2$ 用于驱动大太阳轮,离合器 $K_3$ 用于驱动行星齿轮架,制动器 $B_1$ 用于制动行星齿轮架,制动器 $B_2$ 用于制动大太阳轮,单向离合器 F 防止行星架逆时针转动,锁止离合器将变矩器的泵轮和涡轮刚性连在一起。

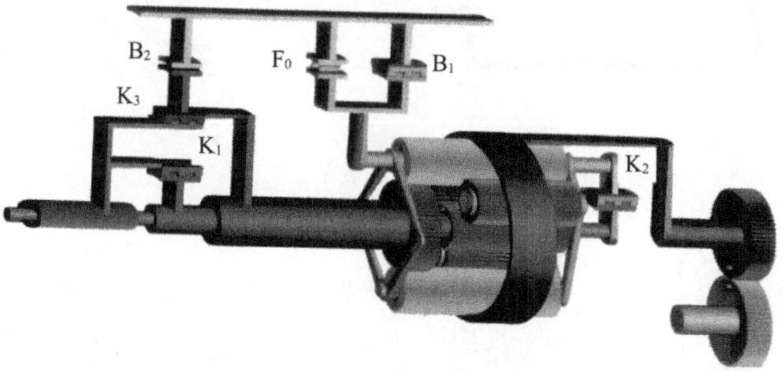


图 4-9　拉维纳行星齿轮变速器的简图

各挡位换挡元件的工作情况见表 4-2。

**各挡位换挡元件的工作情况**　　表 4-2

| 挡　位 | 部　件 | | | | | |
|---|---|---|---|---|---|---|
| | B1 | B2 | K1 | K2 | K3 | F |
| 1 挡 | | | ● | | | ● |
| 2 挡 | | ● | ● | | | |
| 3 挡 | | | ● | | ● | |
| 4 挡 | | ● | | | ● | |
| R 挡 | ● | | | ● | | ● |

注:●表示离合器、制动器或单向离合器工作。

各挡动力传动路线如下。

(1)1 挡。

液压 1 挡时，离合器 $K_1$ 接合，单向离合器 F 工作。如图 4-10 所示，动力传动路线为发动机动力经过泵轮传给涡轮，离合器 $K_1$ 工作将涡轮轴动力传给小太阳轮，从而带动短行星轮自转；由于同时单向离合器 F 的工作限制行星架逆转，长行星轮驱动齿圈。

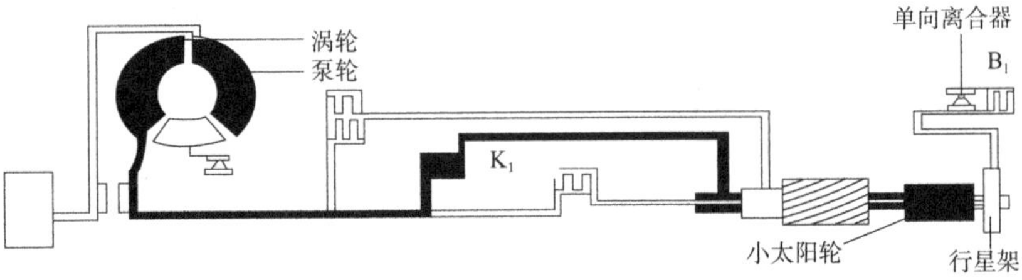


图 4-10　液压 1 挡动力传动路线

(2)2 挡。

液压 2 挡时，离合器 $K_1$ 接合，制动器 $B_2$ 制动大太阳轮。如图 4-11 所示，动力传动路线为发动机动力经过泵轮传给涡轮，离合器 $K_1$ 工作将涡轮轴动力传给小太阳轮，从而带动短行星轮自转且公转，使长行星轮自转且围绕大太阳轮转动；同时制动器 $B_2$ 制动大太阳轮，从而驱动齿圈转动。

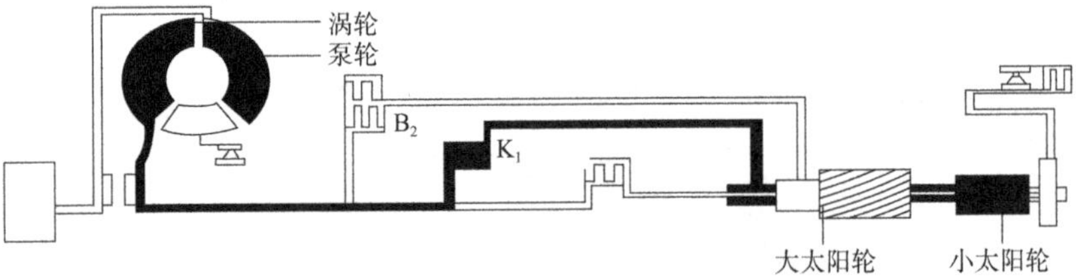


图 4-11　液压 2 挡动力传动路线

(3)3 挡。

液压 3 挡时，离合器 $K_1$ 和 $K_3$ 接合，驱动小太阳轮和行星架，因而使行星齿轮机构锁止并一同转动。如图 4-12 所示，动力传动路线为发动机动力经过泵轮传给涡轮，离合器 $K_1$ 工作将涡轮动力传给小太阳轮，驱动长、短行星轮转动；同时 $K_3$ 工作将涡轮轴动力传给长行星轮，所以整个行星齿轮转动。

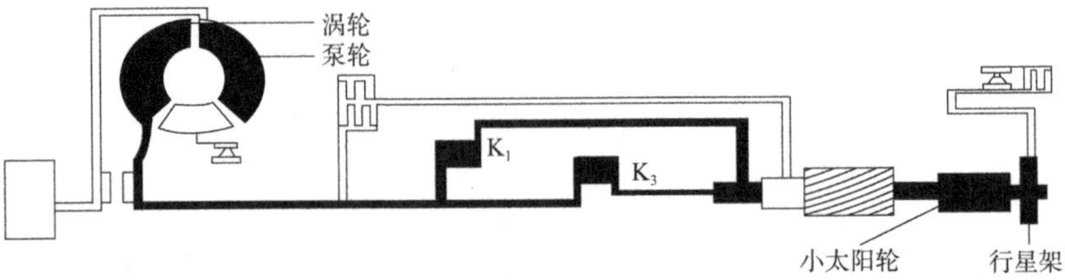


图 4-12　液压 3 挡动力传动路线

机械 3 挡时，变矩器锁止离合器 LC 接合，离合器 $K_1$ 和 $K_3$ 接合，行星齿轮机构锁止，形成一个整体进行工作。如图 4-13 所示,动力传动路线为:泵轮→锁止离合器→离合器 $K_1$ 和 $K_3$ →行星齿轮机构,该机构转动。

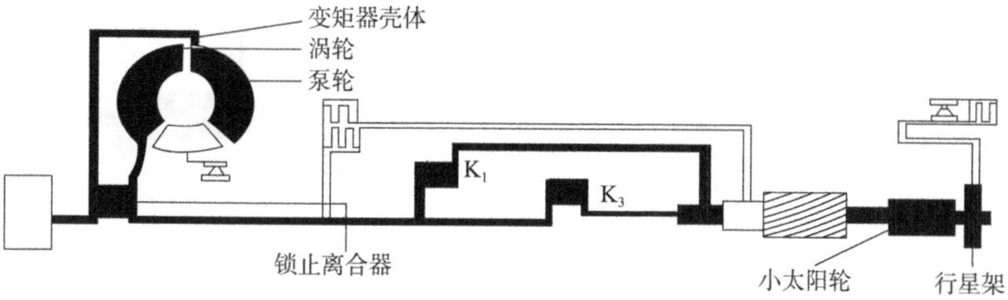


图 4-13 机械 3 挡动力传动路线

(4)4 挡。

液压 4 挡时,离合器 $K_3$ 接合,制动器 $B_2$ 工作,使行星架工作,并制动大太阳轮,如图 4-14 所示,动力传动路线为发动机动力经过泵轮传给涡轮,离合器 $K_3$ 工作将涡轮动力传给行星架;同时制动器 $B_2$ 工作制动大太阳轮,长行星轮围绕大太阳轮转动并驱动齿圈。

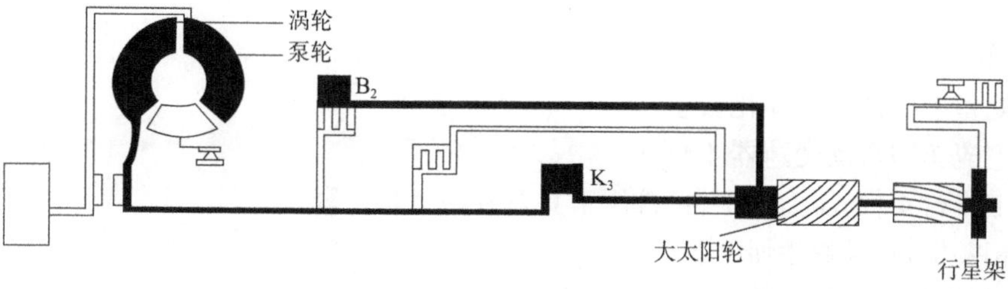


图 4-14 液压 4 挡动力传动路线

机械 4 挡时,变矩器锁止离合器 LC 接合,离合器 $K_3$ 接合,制动器 $B_2$ 工作,使行星架工作并制动大太阳轮。如图 4-15 所示,动力传动路线为:泵轮→锁止离合器→离合器 $K_3$ →行星架→长行星轮,长行星轮围绕大太阳轮转动并驱动齿圈。

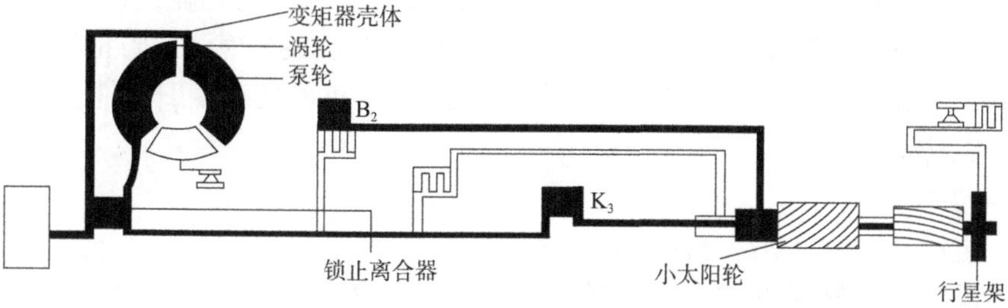


图 4-15 机械 4 挡动力传动路线

(5)R 挡。

换挡杆在"R"位置时,离合器 $K_2$ 接合,驱动大太阳轮;制动器 $B_1$ 工作,使行星架制动。如图 4-16 所示,动力传动路线为:发动机动力经过泵轮传给涡轮,离合器 $K_2$ 工作将涡轮轴动力传给大太阳轮;同时制动器 $B_1$ 工作,使行星架制动,长行星轮反向驱动齿圈。

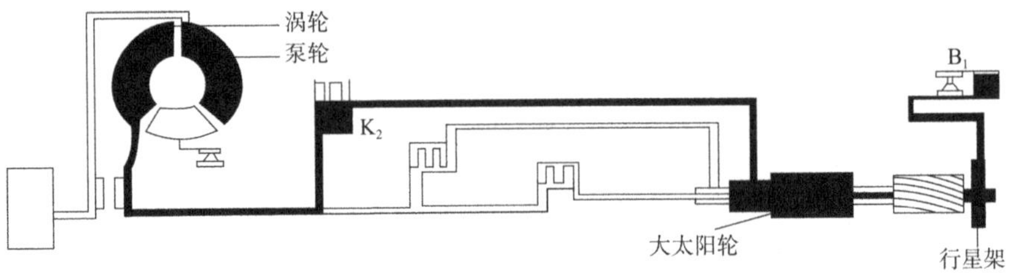


图4-16　倒挡动力传动路线

## 任务实施

1. 任务描述

针对自动挡汽车无法正常换挡的故障，为变速器进行拆装及检查，重点检查变速传动系统，根据检修结果制定具体的维修方案，独立完成整个维修过程并能够修复后装车使用。

2. 准备工作

(1)配备多媒体的一体化教室；

(2)主流车型自动变速器4台；

(3)工作台4台，压力机1台，常用工具及专用工具4套；

(4)相关资料、维修手册1套。

3. 技术要求与注意事项

(1)根据维修工单，对变速器机械系统进行正确的拆装及检修；

(2)按照维修手册要求的步骤进行拆卸，注意专用工具的正确使用方法；

(3)注意变速器行星齿轮变速机构的结构及部件之间的连接关系；

(4)结合拆解过程，绘制行星齿轮变速器机构动力传递示意图(不带执行器)；

(5)在操作开始前，要求穿实训服、工作鞋，禁止佩戴饰物进行作业；

(6)注意变速器台架操作安全，检查是否固定可靠，操作旋转时注意防止部件掉落；

(7)操作完成后，需将工具设备、资料等放回原位，并正确处理废旧零件、辅料、废液等，注意现场6S规范。

4. 实施步骤

(1)小组讨论知识积累部分讲解的知识；

(2)借助维修手册，收集自动变速器的基本参数、结构特点、传递路线等相关信息；

(3)参照维修手册的拆装检修流程，制订合理的工作计划；

(4)教师对计划的安全性、可行性进行审核，并指导学生做好准备工作；

(5)组织学生按计划步骤实施变速传动机构的拆装和检修任务；

(6)小组在实施过程中进行展示，并由教师进行点评；

(7)对任务的实施进行总结和评价；

(8)完成任务工单的填制。

# 任务2 检修自动变速器执行元件

## 提出任务

一辆大众宝来轿车来店进行维护,其行驶里程为100000km,车主反映该车行驶过程中出现无法正常换挡,维修接待员登记后将工单交给你,请你按要求为车辆变速器进行检查,重点检查变速器执行机构,完成工单的填制。同时针对客户提出的问题进行解答,简明扼要地解释变速器各个部件的工作原理、日常维护的注意事项等。拆解检修自动变速器的过程中注意操作的安全规范性。

## 任务目标

通过本任务的学习,达到以下目标:

◎ 看懂维修工单,并根据工单进行实际操作;
◎ 对自动变速器执行机构进行独立正确的拆装;
◎ 对各种离合器、制动器、单向离合器进行检查;
◎ 制定合理的维修方案;
◎ 根据维修方案完成自动变速器执行机构的检修;
◎ 对已完成的任务进行记录和评价,并正确处理废旧零件、辅料、废液等。

## 相关知识

### 一 离合器

湿式多片离合器的原理

离合器的功用是连接轴和行星齿轮机构中的元件或连接行星齿轮机构中的不同元件。

1. 结构组成

离合器主要由离合器鼓、花键毂、活塞、主动摩擦片、从动钢片、复位弹簧等组成,如图4-17所示。

2. 工作原理

离合器的工作原理如图4-18所示。当一定压力的ATF经控制油道进入活塞左面的液压缸时,液压作用力便克服弹簧力使活塞右移,将所有离合器片压紧,即离合器接合,与离合器主、从动部分相连的元件也被连接在一起,以相同的速度旋转。当控制阀将作用在离合器液压缸的油压撤除后,离合器活塞在复位弹簧的作用下回复原位,并将缸内的ATF从进油孔排出,使离合器分离,离合器主、从动部分不同转速旋转。

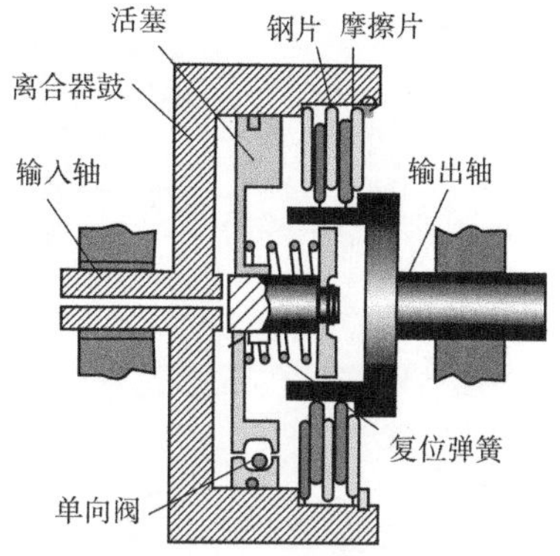

图4-17 离合器结构示意图

3. 检修

分解离合器总成后要对每个零件进行清洗和检查,

如离合器鼓、花键毂、离合器片、压盘等是否磨损严重、变形;复位弹簧是否断裂、弹性不足,单向球阀是否密封良好等,必要时更换零部件和总成。

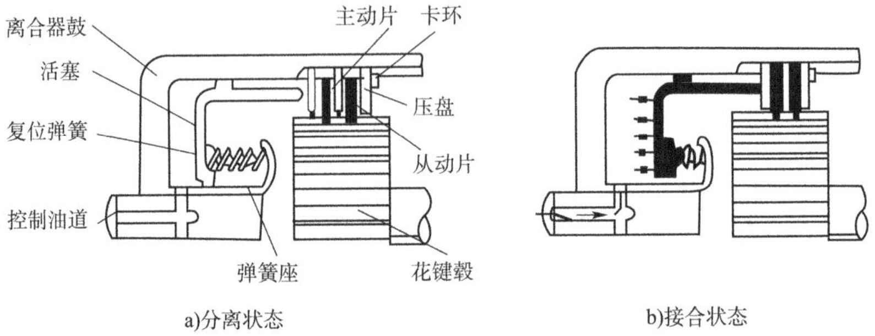


图 4-18　离合器工作原理

重新装配离合器后要检查离合器的间隙。间隙过大会使换挡滞后、离合器打滑;间隙过小会使离合器分离不彻底。

## 二　制动器

制动器的功用是固定行星齿轮机构中的元件,防止其转动,有片式和带式两种。片式制动器与离合器的结构和原理相同,不同之处是钢片与变速器固定件连接起制动作用。下面介绍带式制动器。

1. 结构原理

如图 4-19 所示,制动带是内表面带有镀层的开口式环形钢带。制动带的一端支承在与变速器壳体固连的支座上,另一端与控制油缸的活塞杆相连。制动带开口处的一端通过支柱支承于固定在变速器壳体的调整螺钉上,另一端支承于油缸活塞杆端部,活塞在复位弹簧和左腔油压作用下位于右极限位置,此时,制动带和制动鼓之间存在一定间隙。制动时,压力油进入活塞右腔,克服左腔油压和复位弹簧的作用力而推动活塞左移,制动带以固定支座为支点收紧。在制动力矩的作用下,制动鼓停止旋转,行星齿轮机构某元件被锁止。随着油压撤除,活塞逐渐回位,制动解除。

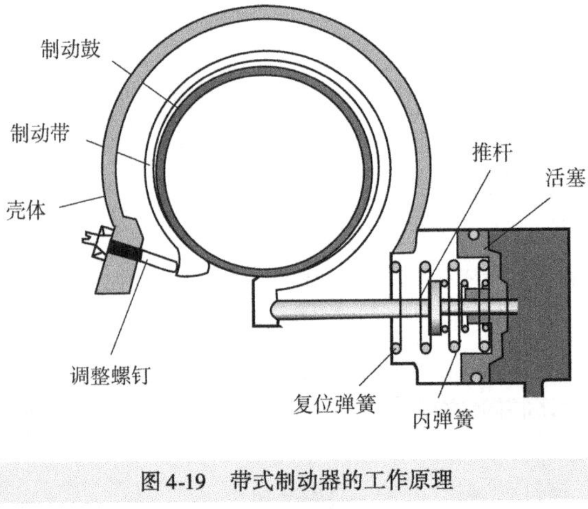


湿式多片式制动器的原理

图 4-19　带式制动器的工作原理

2. 检修

检查制动带是否破裂、过热、不均匀磨损、表面剥落等情况，如果有任何一种，制动带都应更换。

检查制动鼓表面是否有污点、划伤、磨光、变形等缺陷。

制动器装配后要调整工作间隙，原因与离合器间隙的调整一样。方法是：将调整螺钉上的锁紧螺母拧松并退回大约五圈，然后用扭力扳手按规定转矩将调整螺钉拧紧，再按维修手册的要求将调整螺钉退回一定圈数，最后用锁紧螺母紧固。

## 三　单向离合器

单向离合器功用是实现旋转部件的单向锁止。单向离合器有多种型式，目前最常见的是楔块式和滚柱式两种。

1. 结构原理

楔块式单向离合器如图 4-20 所示，由内座圈、外座圈、楔块、保持架、端盖等组成。单向离合器内外座圈组成的滚道宽度是均匀的，采用不均匀形状的楔块，楔块的大端长度（长径 $L_2$）大于滚道宽度（$L$），模块的小端长度（短径 $L_1$）小于滚道宽度（$L$）。内座圈固定不动，当导轮带动外座圈顺时针转动时，外座圈又带动楔块顺时针转动，使楔块的短径与内、外座圈接触，即 $L_1 < L$，外座圈可相对楔块和内座圈旋转；反之，当外座圈逆时针旋转时，带动模块也逆时针旋转，因 $L_2 > L$，模块阻止外座圈旋转。

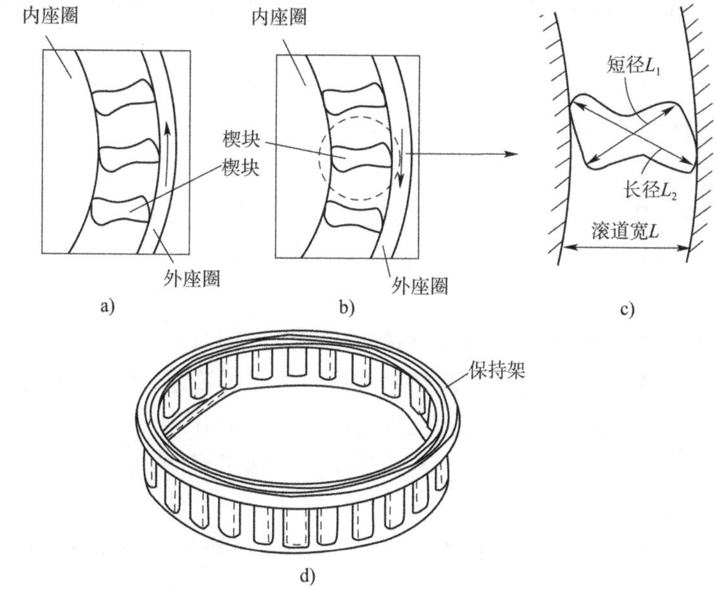


图 4-20　楔块式单向离合器

滚柱式单向离合器如图 4-21 所示，由内座圈、外座圈、滚柱、叠片弹簧等组成。当外座圈顺时针转动时，滚柱进入模形槽的宽处，内、外座圈不会被滚柱卡紧，外座圈可以顺时针自由转动。当外座圈逆时针转动时，滚柱进入模形槽的窄处，内、外座圈被滚柱卡紧，外座圈固定不动。

2. 检修

单向离合器检查方法如图 4-22 所示,将固定单向离合器外座圈,然后转动其内圈,看其是否能向一个方向转动时灵活自由,而向另一个方向转动时能可靠地锁止,否则需要更换。

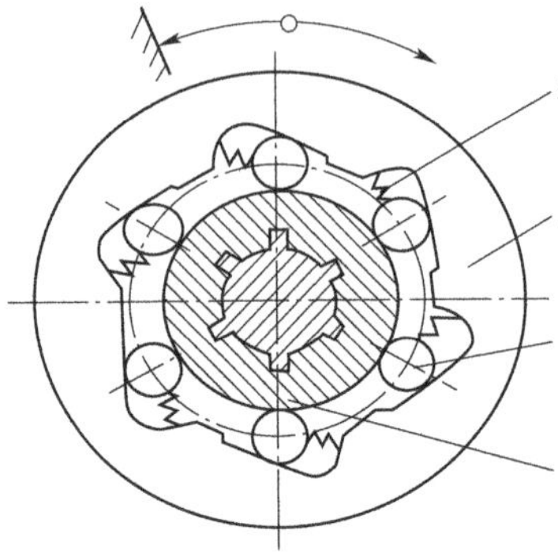


图 4-21　滚柱式单向离合器图

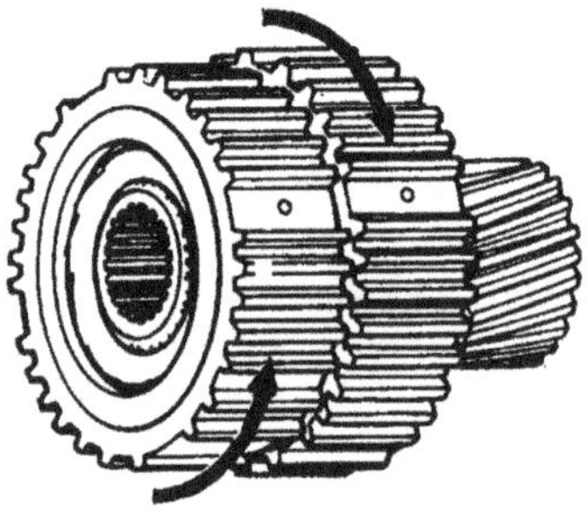

图 4-22　检查单向离合器的锁止

## 任务实施

1. 任务描述

针对自动挡汽车无法正常换挡的故障,为变速器进行拆装及检查,重点检查变速器执行机构,根据离合器、制动器的状态制定具体的维修方案,独立完成整个维修过程,并能够修复后装车使用。

2. 准备工作

(1)配备多媒体的一体化教室;

(2)主流车型自动变速器 4 台;

(3)工作台 4 台,压力机 1 台,常用工具及专用工具 4 套;

(4)相关资料、维修手册 1 套。

3. 技术要求与注意事项

(1)根据维修工单要求,对自动变速器执行机构进行拆装检修;

(2)各个离合器、制动器的片数应该严格按照维修手册要求,拆装过程中不可混淆;

(3)注意单向离合器的单向旋转特性,安装时注意方向和顺序;

(4)结合拆解过程,绘制变速器传动系统的动力传递示意图(带执行器);

(5)在操作开始前,要求穿着实训服、工作鞋,禁止佩戴饰物进行作业;

(6)注意变速器台架操作安全,检查固定是否可靠,操作旋转时注意防止部件掉落;

(7)操作完成后,需将工具设备、资料等放回原位,并正确处理废旧零件、辅料、废液等,注意现场 6S 规范。

4. 实施步骤

(1)小组讨论知识积累部分讲解的知识;

(2)借助维修手册,收集自动变速器的执行机构基本参数、结构特点等相关信息;

(3)参照维修手册的拆装检修流程,制订合理的工作计划;

(4)教师对计划的安全性、可行性进行审核并指导学生做好准备工作;
(5)组织学生按计划步骤实施变速器执行机构的拆装和检修任务;
(6)小组在实施过程中进行展示,并由教师进行点评;
(7)对任务的实施进行总结和评价;
(8)完成任务工单的填制。

## 任务3 检修自动变速器液压控制系统

### 提出任务

一辆大众宝来轿车来店进行维护,其行驶里程为100000km,车主反映该车行驶过程中出现无法正常换挡的情况,维修接待员进行登记后将工单交给你,请你按要求为该车变速器进行检查,重点检查液压控制系统,完成工单的填制。同时针对客户提出的问题进行解答,简明扼要地解释变速器各部件的工作原理、日常维护注意事项等。拆解自动变速器的过程中要注意安全规范操作。

### 任务目标

通过本任务的学习,达到以下目标:
◎ 看懂维修工单,并根据工单进行实际操作;
◎ 具备各挡油路图的识图分析及实车对应能力;
◎ 全面检查液压控制系统,并制定合理的维修方案;
◎ 正确熟练地完成油泵的拆装和检修任务;
◎ 以小组为单位完成阀体的拆卸,不损伤及遗失小零部件;
◎ 以小组为单位完成阀体的清洗检修;
◎ 对已完成的任务进行记录和评价,并正确处理废旧零件、辅料、废液等。

### 相关知识

液压控制系统的基本组成包括动力源、执行机构和控制机构三部分。液压控制系统的动力源是油泵(或称为液压泵),它是整个液压控制系统的工作基础。油泵的基本功用是提供满足需求的ATF油量和油压。执行机构包括离合器、制动器油缸等;控制机构包括阀体和各种阀,如主调压阀、手动阀、换挡阀、锁止离合器控制阀等。

#### 一 油泵

(1)油泵的功用。

油泵是变速器重要总成,如图4-23所示,其作用是产生所需压力的液压油,供给液力变矩器、执行元件、控制系统和阀体,并向变速器内部部件提供润滑。油泵技术状况的好坏,对自动变速器的性能和使用寿命有很大影响。

a)　　b)

图 4-23　油泵实物图

(2)油泵的结构与原理。

油泵通常安装在液力变矩器后,用螺栓固定在变速器前端面上,由飞轮通过液力变矩器上的油泵驱动轴套来驱动,其转速与发动机转速一样。油泵主要有齿轮泵、转子泵和叶片泵等类型,如图 4-24 所示。

自动变速器油泵的结构

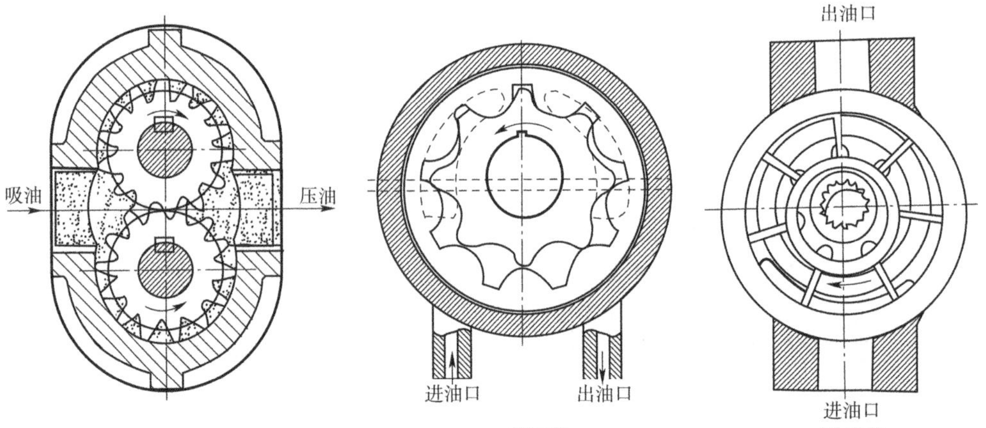


a)齿轮泵　　b)转子泵　　c)叶片泵

图 4-24　油泵的类型及结构

齿轮泵是依靠泵缸与啮合齿轮间形成的工作容积的变化和移动来输送液体或使之增压的回转泵。其由两个齿轮、泵体与前后盖组成两个封闭空间,当齿轮转动时,齿轮脱开侧的空间的体积从小变大,形成真空,将液体吸入,齿轮啮合侧的空间的体积变小,而将液体挤入管路中。吸入腔与排出腔是靠两个齿轮的啮合线隔开。齿轮泵排出口的压力完全取决于泵出口处阻力的大小。

转子泵是一种特殊的内啮合齿轮泵。内转子为外齿轮,其齿廓曲线是外摆线。外转子为内齿轮,其齿廓曲线是圆弧曲线。内外转子的旋转中心不同,因而具有偏心距。内转子的齿数一般为 10,外转子的齿数为 11(比内转子多 1 个齿)。

发动机旋转时,变矩器驱动油泵转子朝相同的方向旋转。转子转动,工作腔的容积发生变化:容积由小变大,形成局部真空,将液压油从进油口吸入;容积由大变小,形成局部高压,将液压油从出油口排出。

叶片泵转子旋转时，在离心力和压力油的作用下，叶片尖部紧贴在定子内表面上。这样两个叶片与转子、定子内表面构成的工作容积，先由小到大吸油后再由大到小排油，叶片旋转一周，即完成一次吸油与排油。

根据其每转的理论排量是固定值还是可变值，可以分为叶片式变量泵和叶片式定量泵。图4-25所示为变量叶片泵的工作原理：油泵运转时，定子的位置由控制腔内来自调压阀的反馈油压来控制。

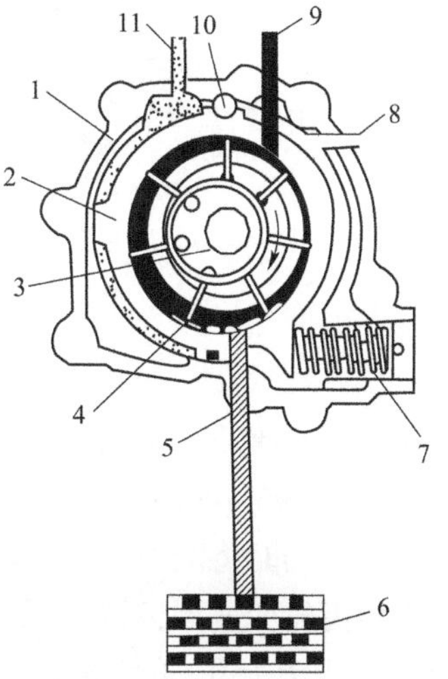


图4-25　变量叶片泵的结构

1-泵壳；2-定子；3-转子；4-叶片；5-进油口；6-滤网；7-复位弹簧；8-泄油口；9-出油口；10-销轴；11-反馈油道

当油泵转速较低时，泵油量较少，调压阀控制反馈油压减小，定子在复位弹簧的作用下，绕销轴向左偏转一个角度，加大了定子与转子的偏心距，使油泵的排量增大。

当油泵转速升高时，泵油量增多，调压阀控制反馈油压增大，在油压作用下，使定子绕销轴向右偏转一个角度，减小了定子与转子的偏心距，使油泵的排量减小，泵油量减少。

三种泵的共同特点是：内部元件（转子）由液力变矩器花键毂或驱动轴驱动，外部元件与内部元件之间有一定的偏心距。

（3）油泵的检修。

ATF进入油泵前必须经过滤清器滤除杂质和异物，防止油泵油路和控制阀磨损或阻塞。常用的滤清器有表面滤清器和深滤程滤清器两种。

油泵使用时应注意以下三点。

①发动机不工作时，油泵不泵油，变速器内无控制油压。推车起动时，即使D挡或R挡，输出轴实际上是空转，发动机无法起动。

②车辆被牵引时，齿轮系统无润滑油，磨损加剧。应将选挡杆置于N位，牵引距离不应大于50km，牵引速度不得高于30km/h。

③装有自动变速器的车辆严禁空挡滑行。

自动变速器油泵的拆解　　自动变速器油泵的检修　　自动变速器油泵的组装

## 二　阀体及控制阀

（1）油路压力调节阀。

主油路调压阀是主油路压力调节阀的简称，也称为第一调压阀，其功用是根据发动机转速、节气门开度和选挡杆位置自动控制主油压（管道压力），保证液压系统油压稳定。

自动变速器的正常工作需要相对稳定的油压。如果油压过高，就会导致离合器、制动器接合过快而发生换挡冲击；如果油压过低，又会导致离合器、制动器接合不紧而打滑、烧结。

主油路调压阀的结构如图4-26a）所示。当发动机转速增加，油泵输出油压会升高，作用在阀体上部$A$处的油压升高，使阀体向下移动，泄油通道的截面积增大，从泄油口排出的油液增加，使主油压下降；反之，阀体向上移动，主油压升高。

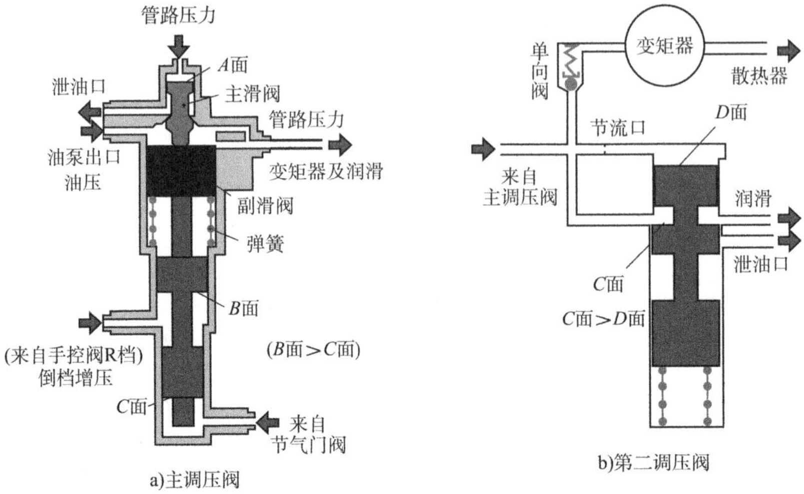


图 4-26 主油路调压阀及第二调压阀的结构

第二调压阀的结构如图 4-26b）所示，其将主油路压力油减压后送入液力变矩器，并使其压力保持在 196～490kPa。当发动机停止转动时，关闭液力变矩器的油路，以保证下次正常传递转矩。同时将液力变矩器内受热后的压力油送至散热器冷却，并让一部分冷却后的压力油流回齿轮变速器，对轴承及齿轮进行润滑。当供给液力变矩器的油压升高时，阀芯上端面 *D* 作用压力上升，迫使阀芯下移，打开泄油口泄压。

节气门阀产生与节气门开度成正比的节气门压力信号，经节气门压力修正阀修正后，作用于主调压阀的阀芯下端，使主调压阀调节的管路压力随节气门开度增大而增大。节气门阀主要由滑阀、柱塞及弹簧等组成。踩下加速踏板，柱塞上移，弹簧张力增大，管路油压阀口 *A* 面被打开，产生节气门压力，节气门压力除作用于节气门压力修正阀外，亦作用于节气门阀 *B* 面处与弹簧弹力平衡如图 4-27 所示。

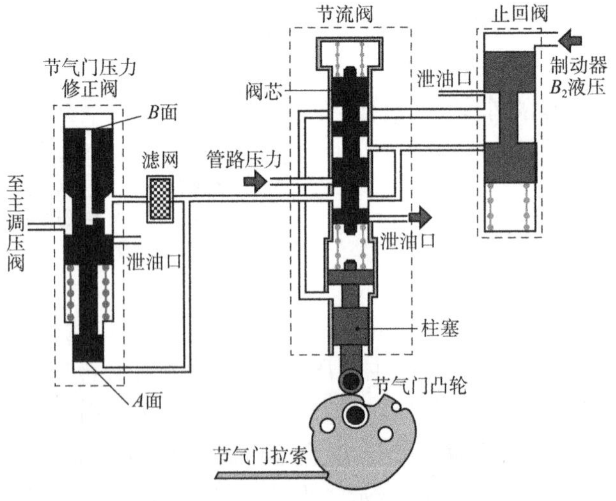


图 4-27 节气门阀与节气门压力修正阀

(2)手动控制阀。

手动控制阀又称为手控阀或手动选挡阀,与驾驶室内的选挡杆相连,其功用是控制各挡位油路的转换,根据驾驶室内选挡杆的位置不同(P、R、N、D、S、L等),分别将主油路油压分配给相应的油路。根据滑阀的结构不同,其可分为两柱式手控制阀和三柱式手控制阀,图4-28所示为两柱式手控阀的结构。

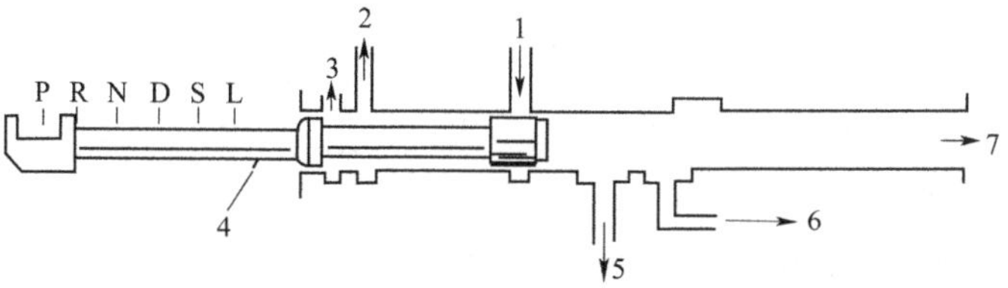


图4-28 两柱式手动控制阀的结构

1-主油路;2-倒挡油路;3、7-泄油孔;4-阀芯;5-前进挡油路;6-前进低挡油路

(3)换挡阀。

换挡阀的功用是根据换挡控制信号切换挡位油路,以实现两个挡位的转换,其直接与换挡执行元件(离合器、制动器)相通。当换挡阀动作后,会切换相应的油道以便给相应挡位的离合器和制动器供油,得到所需要的挡位。

换挡阀的工作由换挡电磁阀控制,其控制方式有两种:一种是加压控制,即通过开启或关闭换挡阀控制油路进油孔来控制换挡阀的工作;另一种是泄压控制,即通过开启或关闭换挡阀控制油路泄油孔来控制换挡阀的工作。加压控制方式的工作原理如图4-29所示。

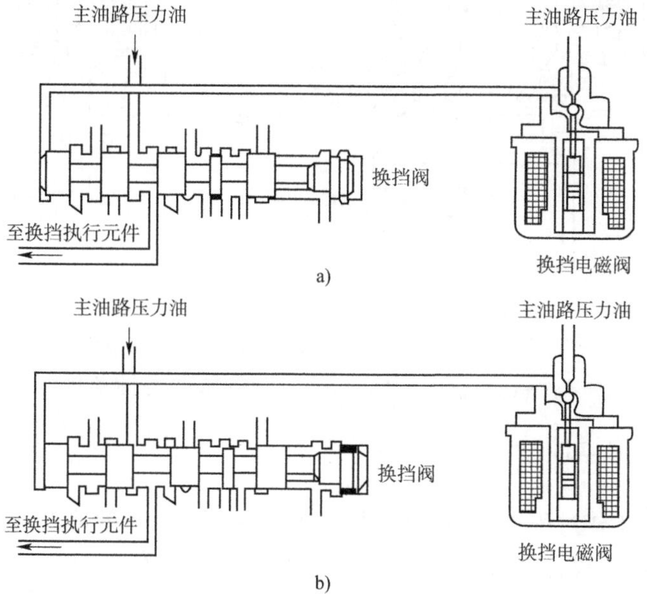


图4-29 换挡控制阀的结构工作原理

换挡阀的数量与自动变速器前进挡的个数有关。通常,4挡自动变速器需要3个换挡阀,即1-2挡换挡阀、2-3挡换挡阀和3-4挡换挡阀。我们以4挡自动变速器为例,结合换挡电磁阀的通断,3个换挡控制阀在变速器处于不同挡位时阀芯所处位置见表4-3。

换挡阀工作情况表　　表 4-3

| 挡位 | 电磁阀① | 电磁阀② | 1-2 阀 | 2-3 阀 | 3-4 阀 |
|---|---|---|---|---|---|
| 1 挡 | on | off | 下位 | 上位 | 上位 |
| 2 挡 | on | on | 上位 | 上位 | 上位 |
| 3 挡 | off | on | 上位 | 下位 | 上位 |
| 4 挡 | off | off | 上位 | 下位 | 下位 |

变速器的液压系统不同时,换挡阀的数量和各个换挡阀的工作情况也不一致,具体要参照变速器的实际结构和维修手册上相关的参数来进行故障诊断及维修作业。

(4)锁止离合器控制阀。

液压式锁止离合器利用液力自动变速器中液压系统产生的驱动油压,将液力变矩器的泵轮和涡轮锁止在一起,形成直接传动的锁止离合器,提高传动效率。

锁止离合器控制阀受控于电磁阀,采用脉冲式电磁阀,ECU 可利用脉冲电信号占空比大小来调节锁止电磁阀的开度,以控制作用在锁止离合器控制阀右端的油压,由此调节锁止离合器控制阀左移时排油孔的开度,从而控制锁止离合器活塞右侧油压的大小,其原理如图 4-30 所示。

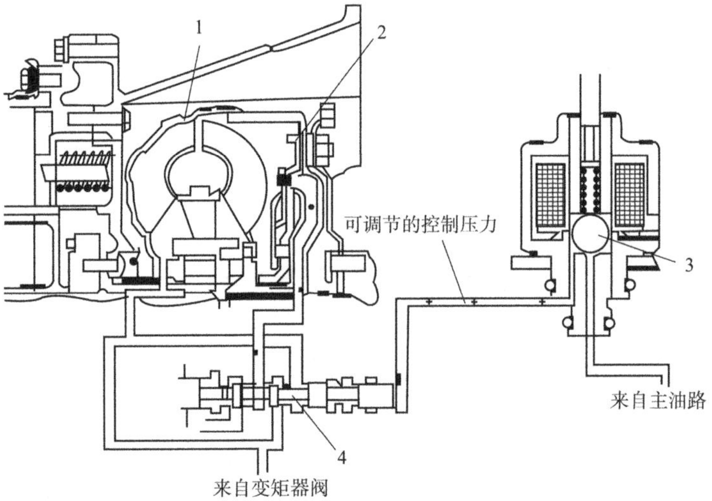

知识拓展:两柱式手控阀的位置及功能

图 4-30　锁止离合器液压控制系统

1-变矩器;2-锁止离合器;3-脉冲线性式锁止电磁阀;4-锁止离合器控制阀

## 三　自动变速器油冷却系统

在自动变速器工作过程中,ATF 会产生高温,如果不进行有效冷却,就会导致 ATF 变质、油气从通气孔中喷出、离合器或制动器摩擦片烧损等多种故障。

为此,自动变速器对 ATF 的要求很高,而且设计了油冷却系统(图 4-31),而手动变速器不需要单独设立变速器油冷却系统。

自动变速器在正常工作过程中,ATF 在散热芯一侧流动,空气在散热芯外通过,热的 ATF 通过向空气中散热而冷却。在油冷却系统的作用下,能够保证油温在设计范围之内,一般在 50 ~ 80℃。

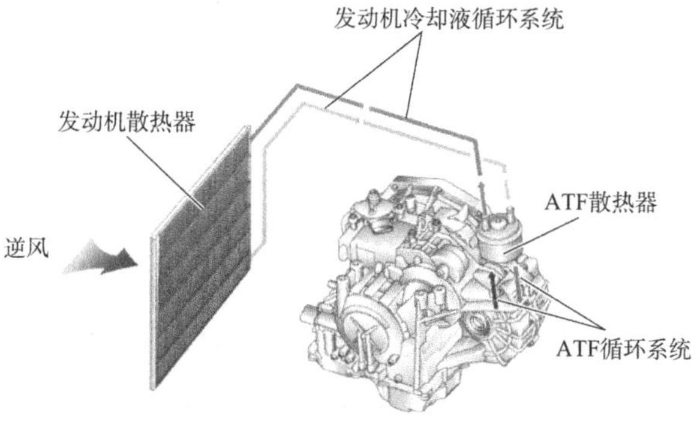


图4-31　自动变速器油冷却系统组成

## 任务实施

1. 任务描述

针对自动挡汽车无法正常换挡的故障，为变速器进行拆装及检查，重点检查变速液压控制系统，根据液压泵及阀体的状态制定具体的维修方案，独立完成整个维修过程，并在修复后装车使用。

2. 准备工作

(1)配备多媒体的一体化教室；

(2)主流车型自动变速器4台；

(3)工作台4台，压力机1台，常用工具及专用工具4套；

(4)相关资料、维修手册1套。

3. 技术要求与注意事项

(1)根据维修工单要求，对自动变速器液压控制系统进行拆装检修；

(2)液压系统中的密封圈和垫片多为一次性的，拆装后需要更换新件；

(3)变速器阀体零部件较多，拆卸过程中要注意做好标记，避免混淆；

(4)在操作开始前，要求穿着实训服、工作鞋，禁止佩戴饰物进行作业；

(5)注意变速器台架操作安全，检查固定是否可靠，操作旋转时注意防止部件掉落；

(6)操作完成后，需将工具设备、资料等放回原位，并正确处理废旧零件、辅料、废液等，注意现场6S规范。

4. 实施步骤

(1)小组讨论知识积累部分讲解的知识；

(2)借助维修手册，收集自动变速器的液压系统基本参数、结构特点等相关信息；

(3)参照维修手册的拆装检修流程，制订合理的工作计划；

(4)教师对计划的安全性、可行性进行审核并指导学生做好准备工作；

(5)组织学生按计划步骤实施变速器液压控制系统的拆装和检修任务；

(6)小组在实施过程中进行展示，并由教师进行点评；

(7)对任务的实施进行总结和评价；

(8)完成任务工单的填制。

# 任务4 检修自动变速器电控系统

## 提出任务

一辆别克新君威轿车的行驶里程为100000km,车主反映该车行驶过程中出现换挡冲击现象,维修接待员进行登记后将工单交给你,请你按要求为车辆变速器进行检查,重点检查电子控制系统,读取故障代码并检修,完成工单的填制。同时针对客户提出的问题进行解答,简明扼要地解释变速器各部件的工作原理、日常维护注意事项等。检修过程中要注意安全规范操作。

## 任务目标

通过本任务的学习,达到以下目标:

◎ 看懂维修工单,并根据工单进行实际操作;

◎ 根据维修手册查找电子控制系统各元件在实车的位置;

◎ 根据故障现象判断系统的故障原因;

◎ 利用故障诊断仪读取故障代码;

◎ 根据故障代码对电子控制系统进行故障排除;

◎ 对已完成的任务进行记录和评价,并正确处理废旧零件、辅料、废液等。

## 相关知识

自动变速器电子控制系统的作用是通过传感器信号检测车辆运行参数,并由电脑计算和传送后,向执行器发出控制指令,实现对自动变速器的各项控制。系统主要包括信号输入装置(包括传感器,信号开关)、ECU(PCM)、执行器,控制过程如图4-32所示。

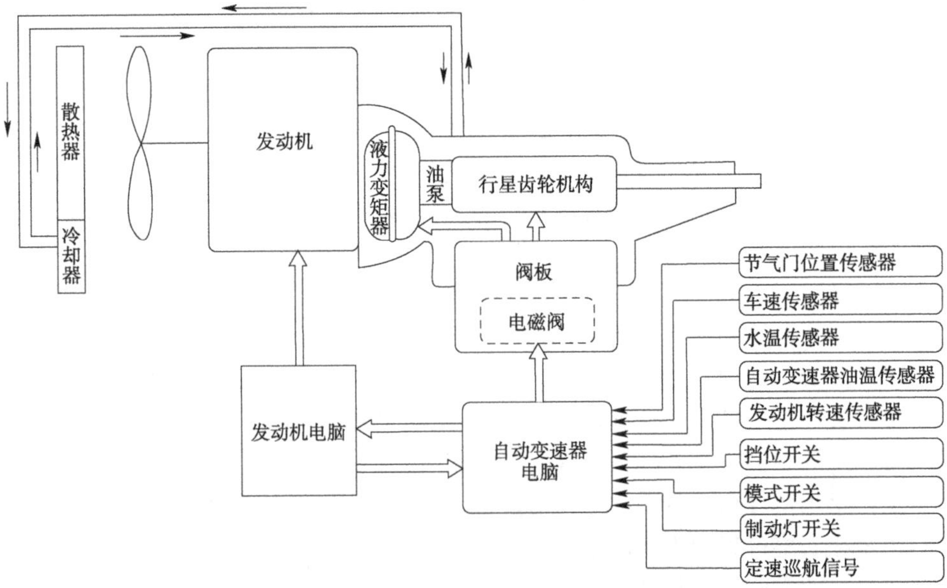


图4-32 自动变速器电子控制系统控制过程

## 一　信号输入装置

(1)节气门位置传感器。

节气门位置传感器安装在节气门体上,用于检测节气门开度的大小,并将数据传送给ECU,ECU根据此信号判断发动机载荷,从而控制自动变速器换挡、调节主油压和控制锁止离合器。节气门位置传感器一般是采用线性输出型节气门位置传感器,也称可变电阻式传感器,其结构与原理如图4-33所示。

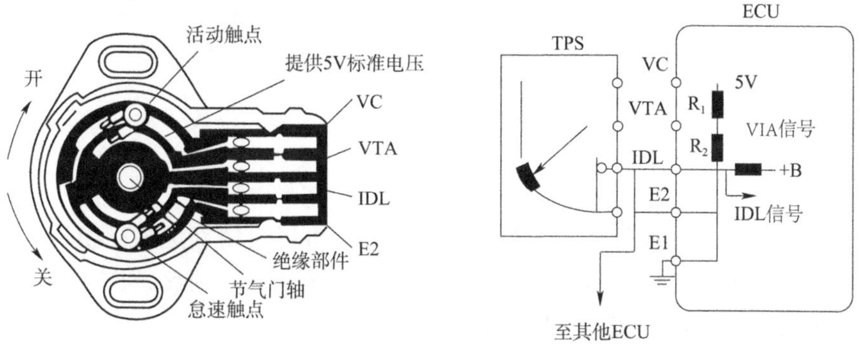


a)结构　　b)电路图

图4-33　线性输出型节气门位置传感器结构及电路原理

(2)车速传感器。

车速传感器用于检测自动变速器输出轴转速,ECU以此信号控制自动变速器换挡和锁止离合器锁止。

图4-34所示为大众09G变速器采用的电磁式车速传感器,主要由永久磁铁、电磁感应线圈、转子等组成,转子一般安装在变速器输出轴上,永久磁铁和电磁感应线圈安装在变速器壳体上。当输出轴转动时,转子也转动,转子与传感器之间的空气间隙发生周期性变化,使电磁感应线圈中磁通也发生变化,从而产生交流感应电压,并输送给ECU。ECU以此控制自动变速器换挡和锁止离合器锁止。

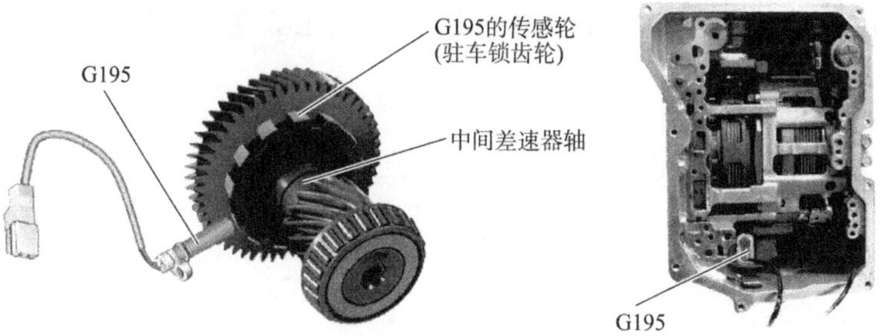


图4-34　大众09G自动变速器输出轴转速传感器G195

(3)输入轴转速传感器。

对于乘用车自动变速器,一般在机械变速器输入轴附近的壳体上装有检测输入轴转速的输入轴转速传感器(图4-35)。该传感器一般也是采用电磁式,其结构、原理及检测与车速传感器一样。

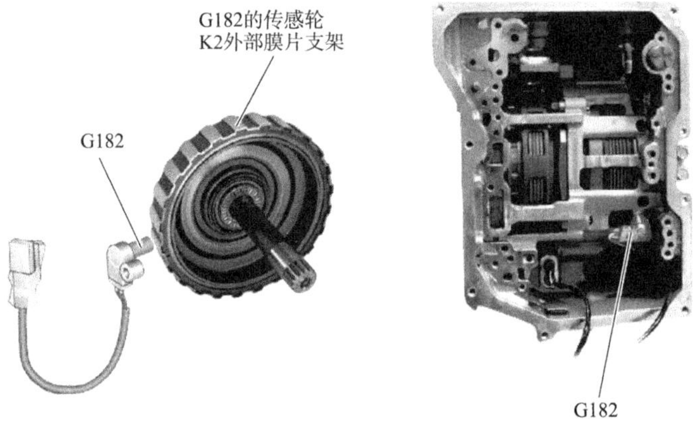


图 4-35 大众 09G 自动变速器输入轴转速传感器 G195

根据输入轴转速传感器的信号，自动变速器 ECU 可以更精确地控制换挡。另外，ECU 还可以把该信号与发动机转速信号进行比较，计算出变矩器的转速比，使主油压和锁止离合器的控制得到优化，以改善换挡，提高行驶性能。

(4)变速器油温传感器。

自动变速器油温传感器一般都是负温度系数的热敏电阻，位于自动变速器滑阀箱内，其作用主要是检测 ATF 温度，并将温度信号发送到 ECU。油温传感器的信号不仅用于变速器的油压控制，还用于打开和关闭与温度有关的功能（如热态运行、离合器锁止功能控制等），还用于开启自动变速器高温时的保护控制。

(5)模式选择开关。

模式选择开关是供驾驶员选择所需行驶或换挡模式的开关。常见模式有经济模式、动力模式、普通模式、手动模式、雪地模式等。

图 4-36 所示为常见的具有常规和动力两种模式的模式选择开关线路图。当开关接通 NORM（常规模式），仪表盘上 NORM 指示灯点亮，同时自动变速器 ECU 的 PWR 端子的电压为 0V，ECU 接收到常规模式信号。当开关接通 PWR（动力模式），仪表盘上 PWR 指示灯点亮，同时自动变速器 ECU 的 PWR 端子的电压为 12 V，ECU 接收到动力模式信号。

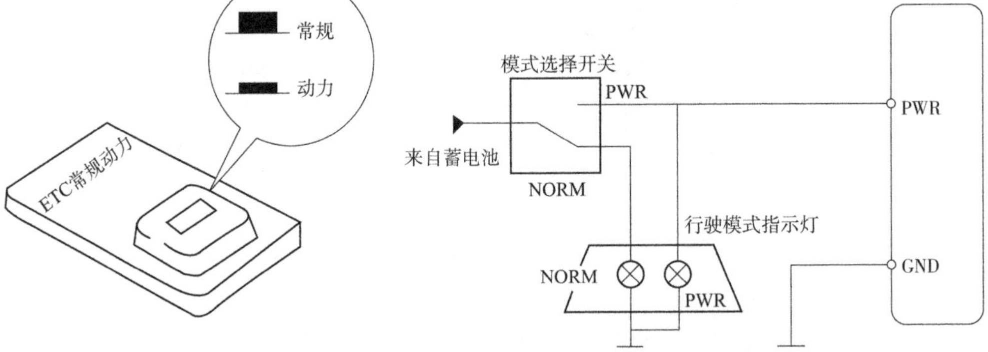


图 4-36 模式选择开关及电路

(6)空挡启动开关(多功能开关)。

空挡起动开关又称多功能开关,装在变速器壳体的手动阀摇臂轴或操纵手柄上,由选挡杆进行控制,如图 4-37 所示,具有下列功能。

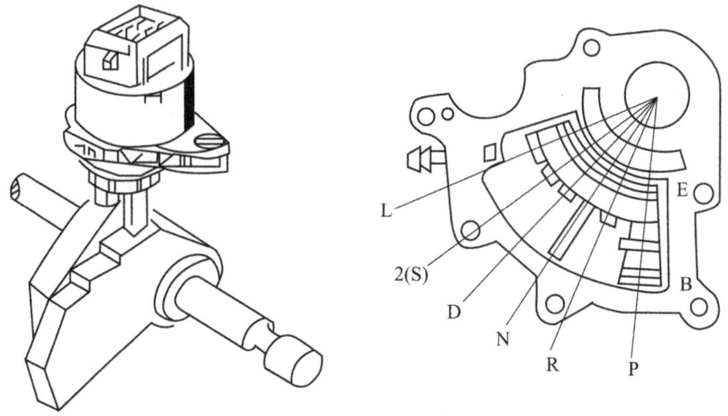


a)　　　　b)

图 4-37　空挡起动开关结构

①指示选挡操纵手柄位置。选挡操纵手柄的位置是利用空挡启动开关传给变速器控制系统,将换挡位置 P, R, N, D, 3, 2 和 1 传给变速器 ECU。

②倒挡信号灯的开启。当选挡手柄置于 R 位时,接通倒车灯继电器,倒挡信号灯开启。

③空挡启动。只有当发动机选挡手柄在位置 P 或 N 时才能启动。空挡启动开关将选挡杆位置处于 P 或 N 位时的信号传给启动继电器,使点火开关能工作。同时,在前进挡时中断启动机,即制止启动机在汽车进入行驶状态后啮合。

(7)OD 开关。

OD 开关(超速挡开关)一般安装在选挡杆上,由驾驶员操作控制,可以使自动变速器有或没有超速挡(图 4-38)。

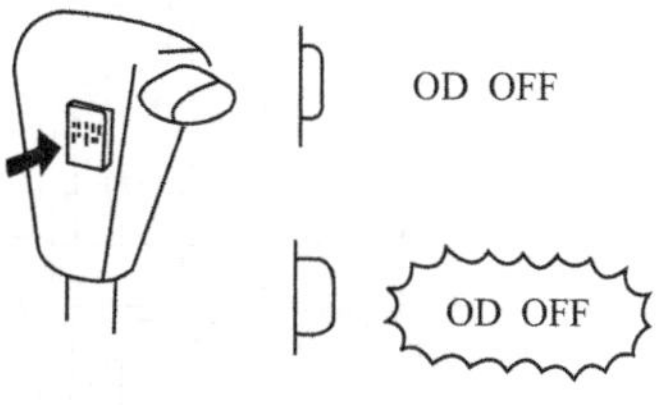


图 4-38　超速挡开关

(8)制动灯开关。

自动变速器 ECU 通过制动灯开关检测驾驶员是否踩下制动踏板。如果驾驶员踩下制动踏板,ECU 会取消锁止离合器的工作,解除选挡操纵手柄 P 位和 N 位的锁止。

## 二　电磁阀

根据功能的不同,电磁阀可以分为换挡电磁阀、锁止离合器电磁阀和油压电磁阀。根据原理的不同,其又可以分为开关式电磁阀和占空比式(脉冲线性式)电磁阀。

(1)开关式电磁阀。

开关式电磁阀的功用是开启或关闭液压油路,通常用于控制换挡阀和部分车型锁止离合器的工作。开关式电磁阀由电磁线圈、衔铁、阀芯等组成。电磁阀通电时,在电磁吸力作用下,衔铁和阀芯下移,关闭泄油口,主油压供给控制油路;电磁阀断电时,在复位弹簧的作用下,衔铁和阀芯上移,打开泄油口,主油压被泄掉,控制油路压力很小。如图4-39所示,开关式电磁阀的检测内容主要包括以下几部分。

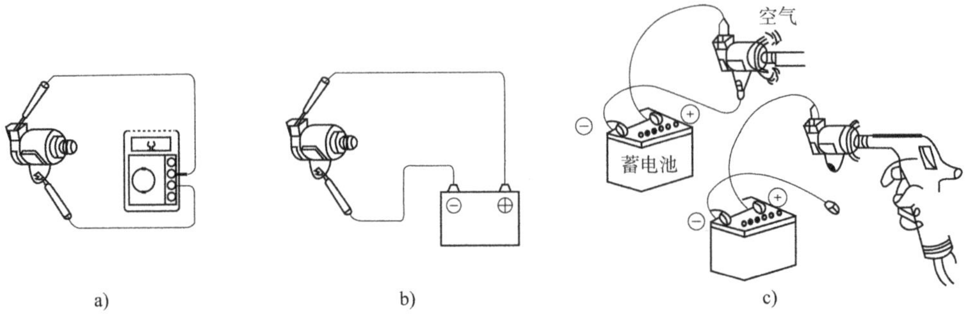


图4-39 开关式电磁阀的检测

①检查电磁阀电阻。脱开电磁阀连接器,测量电磁阀端子与车身搭铁之间的电阻。

②检查电磁阀的工作。用蓄电池给电磁阀通电,检查是否有工作响声。

③检查电磁阀的漏气。拆下电磁阀,施加0.5MPa的压缩空气,检查电磁阀是否漏气。如果不符合规定,则应更换电磁阀。

(2)占空比式电磁阀。

占空比是指一个脉冲周期中通电时间所占的比例(百分数)。占空比式电磁阀与开关式电磁阀类似,也是由电磁线圈、滑阀、弹簧等组成,如图4-40所示。它通常用于控制油路的油压,部分车型的锁止离合器也采用此种电磁阀控制。与开关式电磁阀不同的是,控制占空比式电磁阀的电信号不是恒定不变的电压信号,而是一个固定频率的脉冲电信号。在脉冲电信号的作用下,电磁阀不断开启、关闭泄油口。

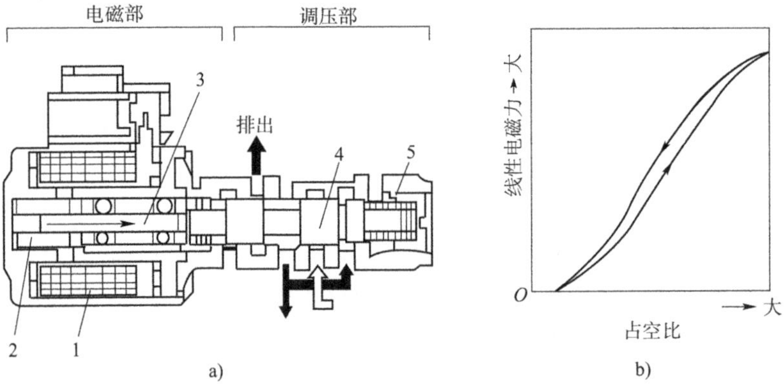


图4-40 占空比式电磁阀的原理

1-电磁线圈;2-滑阀;3-滑阀轴;4-控制阀;5-弹簧

占空比式电磁阀的检测时,需要脱开电磁阀连接器,用万用表电阻挡测量线圈电阻。由于占空比式电磁阀线圈的电阻很小,不可与12V蓄电池直接相连,否则容易烧毁电磁阀线圈。检测时将蓄电池串联一个低电阻,如一个8~10W的灯泡,然后再与电磁线圈相连,电磁阀应当动作,否则应更换电磁阀。

## 三　控制单元

自动变速器电控系统控制的主要内容包括换挡时刻、油路油压、锁止离合器、平顺性等。

1. 控制换挡时刻

控制自动变速器换挡时刻是 ECU 最重要的控制内容之一。汽车在某个特定工况下都有一个与之对应的最佳换挡时刻，以使汽车发挥出最好的动力性和经济性。在汽车行驶过程中，自动变速器 ECU 根据模式选择开关信号、节气门开度信号、车速信号等参数来打开或关闭换挡电磁阀，从而打开或关闭通往离合器、制动器的油路，使变速器升挡或降挡。图 4-41 所示为常见四挡自动变速器的自动换挡图。

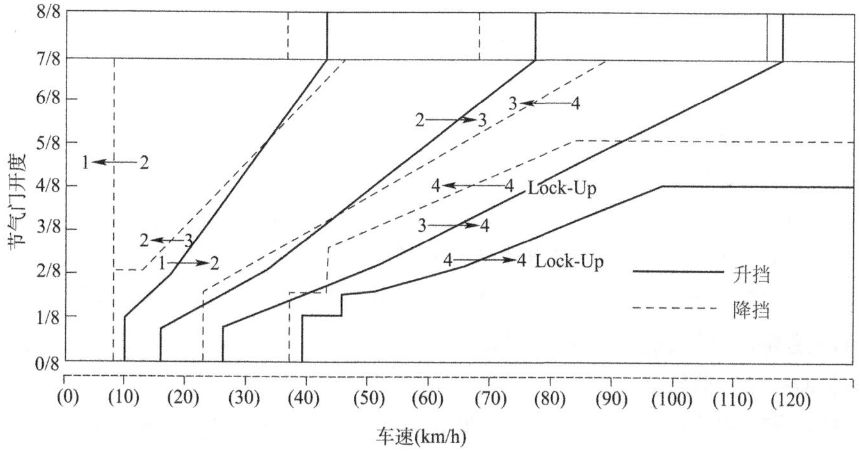


图 4-41　自动变速器换挡规律曲线

2. 控制主油路油压

主油路油压由主油路调压电磁阀调节。主油路油压应随发动机载荷增大而增高，以满足传递大功率时对离合器、制动器等执行元件液压缸工作压力的要求。ECU 根据节气门开度对主油路油压电磁阀进行控制，调节油压，还可以根据自动变速器的其他条件进行油压修正。

油压的调节与修正内容主要包括以下几个方面：

(1)根据节气门开度，控制油压电磁阀信号的占空比大小；

(2)控制倒挡油压较其他挡位时高；

(3)控制前进抵挡(2，L)油压较前进 D 位时高；

(4)控制换挡时油压适当降低，减小换挡冲击；

(5)在变速器油温低于 60℃时，控制主油路油压低于正常值，防止换挡冲击；

(6)在变速器油温过低(低于 -30℃)时，控制主油路压力升至最高，加速执行机构运动，防止换挡过缓；

(7)海拔较高时，主油路油压低于正常值，防止换挡冲击。

3. 控制锁止离合器

自动变速器 ECU 将各种行驶模式下锁止离合器的工作方式进行编程并存入存储器，然后根据各种输入信号，控制锁止离合器电磁阀的通、断电，从而控制锁止离合器的工作。

ECU 在控制锁止离合器接合时，通过改变脉冲电信号的占空比，让锁止离合器电磁阀的开度缓慢增大，以减小锁止离合器接合时产生的冲击，使锁止离合器的接合过程变得更加柔和。

4. 换挡平顺性控制

自动变速器改善换挡平顺性的方法有换挡油压控制、减小转矩控制和 N—D 换挡控制。

(1)换挡油压控制。自动变速器在升挡和降挡的瞬间，ECU 会通过油压电磁阀适当降低主油压，以减少换挡冲击，改善换挡。部分自动变速器是在换挡时通过电磁阀来减小蓄能器背压，以减缓离合器或制动器油压的增长率，来减少换挡冲击。

(2)减小转矩控制。在自动变速器换挡瞬间，通过推迟发动机点火时刻或减少喷油量来减小发动机输出转矩，以减少换挡冲击和输出轴的转矩波动。

(3)N—D 换挡控制。当选挡杆由 P 位或 N 位置于 D 位或 R 位时，或由 D 位或 R 位置于 P 位或 N 位时，通过调整喷油量，把发动机转速的变化减少到最小限度，以改善换挡冲击。

5. 自动模式选择控制

ECU 通过各个传感器测得汽车行驶状况和驾驶员的操作方式，经过运算分析，自动选择采用经济模式、动力模式或普通模式进行换挡控制，以满足不同的行驶要求。ECU 在进行自动模式选择控制时，主要参考换挡手柄的位置及加速踏板被踩下的速率，以判断驾驶员的操作目的，自动选择控制模式。

6. 发动机制动作用控制

ECU 按照设定的控制程序，在操纵手柄位置、车速、节气门开度等满足一定条件(如选挡手柄位于前进低挡位置，且车速大于 10km/h、节气门开度小于 1/8)时，向强制制动器电磁阀发出电信号，打开强制制动器的控制油路，使之接合或制动，让自动变速器具有反向传递动力的能力，从而在汽车滑行时可以实现发动机制动。

7. 使用输入轴转速传感器的控制

ECU 在进行换挡油压控制、减小转矩控制、锁止离合器控制时，利用输入轴转速进行计算，使控制的时间更加准确，从而获得最佳的换挡感觉和乘坐舒适性。

8. 超速行驶控制

只有当选挡操纵手柄位于 D 位且超速开关打开时，汽车才能升入超速挡。当汽车以巡航方式在超速挡行驶时，若实际车速低于 4 km/h，巡航控制单元向 ECU 发出信号，要求自动退出超速挡。另外，还可以防止自动变速器在发动机冷却液温度低于 60℃ 时进入超速挡工作。

9. 故障自诊断

电控自动变速器 ECU 具有内置的自我诊断系统，它不断监控各传感器、信号开关、电磁阀及其线路。当有故障时，ECU 使故障指示灯闪烁，以提醒驾驶员或维修人员；并将故障内容以故障码的形式存储在存储器中，以便维修人员采用人工或仪器的方式读取故障码。当故障排除后，故障指示灯将停止闪烁，但故障码仍然会保留在 ECU 存储器中。

10. 失效保护

当自动变速器出现故障时，为了尽可能使自动变速器保持最基本的工作能力，以维持汽车行驶，便于汽车进厂维修，电控自动变速器 ECU 都具有失效保护功能。

知识拓展：电控系统故障码的读取及清除与自动变速器性能试验

## 任务实施

1. 任务描述

针对自动挡汽车无法正常换挡的故障，为变速器进行拆装及检查，重点检查变速液压控制系统，根据液压泵及阀体的状态制定具体的维修方案，独立完成整个维修过程并能够修复后装车使用。

2. 准备工作

(1)配备多媒体的一体化教室、整车实训车间；

(2)主流车型自动变速器 4 台、整车 4 辆；

(3)故障诊断仪 4 台，工作台 4 台，常用工具及专用工具 4 套；

(4)相关资料、维修手册 1 套。

3. 技术要求与注意事项

(1)根据维修工单，对自动变速器电子控制系统进行故障检修；

(2)自动变速器故障代码、数据流的读取及故障原因分析对应；

(3)在操作开始前，要求穿着实训服、工作鞋，禁止佩戴饰物进行作业；

(4)车辆正确停放至举升机位，进行必要的防护，挂入驻车/P 挡，拉紧驻车制动器操纵杆；

(5)注意举升机操作安全，升降平稳，注意周围环境，车辆升至较高位置时需要检查是否锁止并安装安全支架；

(6)操作完成后，需将工具设备、资料等放回原位，并正确处理废旧零件、辅料、废液等，注意现场 6S 规范。

4. 实施步骤

(1)小组讨论知识积累部分讲解的知识；

(2)借助维修手册，收集自动变速器的电控系统基本参数、结构特点等相关信息；

(3)参照维修手册的拆装检修流程，制订合理的工作计划；

(4)教师对计划的安全性、可行性进行审核并指导学生做好准备工作；

(5)组织学生按计划步骤实施变速器电子控制系统的诊断和检修任务；

(6)小组在实施过程中进行展示，并由教师进行点评；

(7)对任务的实施进行总结和评价；

(8)完成任务工单的填制。

## 学习测试

### 一、填空题

1. 自动变速器中，按控制方式主要有________和________两种形式。

2. 电控自动变速器的组成有________、________、________和电子控制系统。

3. 液力机械变速器由________、________及________组成。

4. 液力传动有________传动和________传动两类。

5. 液力偶合器的工作轮包括________和________，其中，________是主动轮，________是从动轮。

6. 液力偶合器和液力变矩器实现传动的必要条件是________。

7. 液力变矩器的工作轮包括________、________和________。

8. 一般来说，液力变矩器的传动比越大，则其变矩系数________。

9. 行星齿轮变速器的换挡执行元件包括________、________及________。

10. 液力机械变速器的总传动比是指变速器________转矩与________转矩之比。也等于液力变矩器的________与齿轮变速器的________的乘积。

## 二、选择题

1. 大部分自动变速器 N-D 换挡延时时间小于(　　)s。

A. 1.0 ~ 1.2　　B. 0.6 ~ 0.8　　C. 1.2 ~ 1.5　　D. 1.5 ~ 2.0

2. 目前，多数自动变速器有(　　)个前进挡。

A. 2　　B. 3　　C. 4　　D. 5

3. 电控自动变速器脉冲线性电磁阀电阻一般为(　　)Ω。

A. 10 ~ 15　　B. 15 ~ 20　　C. 8 ~ 10　　D. 2 ~ 6

4. 一般自动变速器离合器的自由间隙为(　　)mm。

A. 0.5 ~ 1.0　　B. 0.5 ~ 2.0　　C. 2.0 ~ 2.5　　D. 2.5 ~ 3.0

5. 变速器增加超速挡可以(　　)。

A. 提高发动机转速　　B. 降低发动机负荷

C. 提高动力性　　D. 提高经济性

6. 自动变速器的油泵，一般由(　　)驱动。

A. 变矩器外壳　　B. 泵轮　　C. 变速器外壳　　D. 导轮

7. 自动变速器的制动器用于(　　)。

A. 行车制动　　B. 驻车制动

C. 发动机制动　　D. 其运动零件与壳体相连

8. (　　)是一个通过选挡杆联动装置操纵的滑阀。

A. 速度控制阀　　B. 节气门阀　　C. 手动控制阀　　D. 强制低挡阀

9. 自动变速器中的(　　)用来连接或脱开输入轴、中间轴、输出轴和行星齿轮机构，实现转矩的传递。

A. 多片离合器　　B. 湿式多片制动器　　C. 单向离合器　　D. 电磁阀

10. 自动变速器中行星齿轮机构的动力是由(　　)输入。

A. 飞轮　　B. 泵轮　　C. 涡轮　　D. 导轮

11. 电控自动变速器的电脑控制(　　)。

A. 换挡阀　　B. 电磁阀　　C. 手动阀　　D. 节气门阀

12. 所列四个字母中(　　)在自动变速器上表示行驶挡。

A. P　　B. N　　C. R　　D. D

13. 液力机械变速器液压控制系统的(　　)是自动变速器控制油液流向的主要装置。

A. 油泵　　B. 阀体　　C. 蓄能器　　D. 变矩器

14. 自动变速器液压控制系统中改善换挡品质的有(　　)。

A. 换挡阀　　B. 节流阀　　C. 调速阀　　D. 节气门阀

15. 行星齿轮变速传动元件中不包括(　　)。

A. 行星齿轮　　B. 行星齿轮架　　C. 太阳轮　　D. 齿圈

16. 所有液力机械变速器液压系统中都存在三种基本控制油压,即主油路油压、节气门阀油压和(　　)。

A. 速度阀油压　　B. 手动阀油压　　C. 换挡阀油压　　D. 缓冲控制阀油压

17. 电控液力机械变速器的换挡控制中,以换挡电磁阀取代了液压控制中换挡信号(　　)的功用。

A. 节气门阀和速度阀　　B. 调压阀和缓冲阀

C. 锁止阀和换挡阀　　D. 手动阀和降挡阀

18. 单行星排传动中,(　　)为固定元件时,将成为倒挡输出。

A. 太阳轮　　B. 行星架　　C. 齿圈　　D. 行星轮

19. 在液力机械变速器中,(　　)没有改善换挡品质的功用。

A. 缓冲阀　　B. 节流孔　　C. 限流阀　　D. 速度阀

20. 液力机械变速器基本维护项目不包括(　　)。

A. 变速器油面和油质检查　　B. 换挡手柄检调

C. 脉冲电磁阀检查　　D. 发动机怠速检调

21. 当代轿车上配置的无级变速器是通过(　　)来改变速比的。

A. 两轴式变速机构　　B. 三轴式变速机构

C. 一对锥齿轮传动　　D. 可变带轮旋转直径

22. 变矩器的传递效率(　　)。

A. =1　　B. >1　　C. ≤1　　D. 都正确

23. 自动变速器中的油泵是由(　　)驱动的。

A. 电机　　B. 液压

C. 发动机通过变矩器泵轮　　D. 输出轴

24. 车用自动变速器主要是依据(　　)两个信号来自动变换各前进挡。

A. 车速和节气门开度　　B. 机油压力和冷却液温度

C. 发动机转速和机油温度　　D. 车轮转速传感器

25. 以下换挡执行元件中,(　　)的工作是自动的。

A. 离合器　　B. 制动器　　C. 单向离合器　　D. 接合套

26. 一般情况下,自动变速器油(ATF)的更换里程一般为2年或(　　)km。

A. 2000　　B. 60000　　C. 10000　　D. 4000

27. 遇到冰雪道路,应将自动变速器的操纵杆置于(　　)。

A. P位　　B. D位　　C. 强制低挡位置　　D. N位

28. 自动变速器车辆在某些挡位上,将没有发动机制动功能。其原因是(　　)。

A. 采用制动器作换挡执行元件　　B. 采用离合器作换挡执行元件

C. 采用单向离合器作换挡执行元件　　D. 采用同步器作换挡执行元件

29. 汽车起步加速时，适当提前增加挡位可(　　)。

A. 提高车辆的经济性　　B. 提高车辆的动力性

C. 提高车辆的加速能力　　D. 提高爬坡能力

30. 装用自动变速器的汽车，起步时变速器操纵杆可置于(　　)。

A. P位　　B. D位或S位或L位　　C. N位　　D. 任意位

## 三、判断题

1. 液力偶合器和液力变矩器均属静液传动装置。(　　)

2. 液力变矩器在一定范围内，能自动地、无级地改变传动比和转矩比。(　　)

3. 液力偶合器在正常工作时，泵轮转速总是小于涡轮转速。(　　)

4. 只有当泵轮与涡轮的转速相等时，液力偶合器才能起传动作用。(　　)

5. 目前的自动变速器在液力变矩器和发动机之间装有锁止系统。这两个零件锁止的效果类似于直接传动。(　　)

6. 液力偶合器既可以传递转矩，又可以改变转矩。(　　)

7. 汽车在运行中，液力偶合器可以使发动机与传动系统彻底分离。(　　)

8. 液力变速器的变矩作用主要是通过导轮实现的。(　　)

9. 一般来说，综合式液力变矩器比普通液力变矩器的传动效率低。(　　)

10. 自动变速器都属于自动无级变速。(　　)

11. 汽车上设置变速器是为了改变发动机转矩，增加发动机功率(　　)

12. 使用自动变速器最大的优点是可以在一定范围内实现自动换挡，大大降低了驾驶员的劳动强度。(　　)

13. 检查自动变速器油面高度时，发动机应处于熄火状态。(　　)

14. 节气门拉索将发动机的负荷信号传给变速器的液压控制系统。(　　)

15. 读取自动变速器的故障代码，维修人员一定能判断出故障原因所在。(　　)

16. P挡在制动时使用，以防止车辆滑溜。在P挡时不允许起动发动机。(　　)

17. R挡是倒挡，可以起动发动机，但一般情况不允许。(　　)

18. D挡可以在所有前进挡传动比中选择挡位。(　　)

19. 自动变速电控系统的主要执行器是电磁阀和电动机。(　　)

20. 液力偶合器本身不能无级变速，也不起变矩作用。(　　)

21. 液力变矩器能在一定范围内自动地、无级地改变转矩比，以适应汽车行驶阻力的变化。(　　)

22. 液力变矩器内的单向离合器的作用是在汽车倒车时，保护变矩器不受损伤。(　　)

23. 由于导轮的作用，液力变矩器在涡轮转速低的工况下可以增大输出转矩。(　　)

24. 自动变速器的行星齿轮传动机构，只有当中心轮、行星架和齿圈三元件分别为固定、主动、从动时，才能实现变速传动。(　　)

## 四、简答题

1. 变速器的功用是什么？手动变速器与自动变速器的区别是什么？
2. 液力耦合器的工作特点是什么？
3. 液力变矩器由哪几个工作轮组成？其工作特点是什么？
4. 液力偶合器和液力变矩器各有何优点？
5. 简述单排行星齿轮机构的结构及其变速原理。
6. 简述换挡离合器的结构及其工作原理。
7. 换挡制动器的结构有哪几种类型？其结构和原理是什么？
8. 液力机械式变速器有何优缺点？广泛应用于何种车辆？
9. 具有自动变速器的汽车为什么不能长距离牵引？
10. 简述液力机械变速器电子控制装置的组成和控制原理。
11. 列出在自动变速器中采用行星齿轮组的三个原因。
12. 列出 ATF 在变速器中起的三个作用。
13. 简述电控自动变速器 ECU 的功能。
14. 绘出主油路油压在 D 挡和 R 挡时随节气门变化的曲线。
15. 简述辛普森轮系的结构特点。
16. 简述拉维娜行星齿轮结构特点。

# 项目五

## 无级变速器加速冲击故障检修

### 【企业场景对接】

在4S店售后车间，请你按照维修工单的要求，熟练完成无级变速器检查与故障检修，能够独立完成无级变速器的拆装、部件检查及更换等任务；在维修过程中接受车主的咨询，就该车无极自动变速器在组成结构、变速原理、各部件作用等方面向客户做系统全面的介绍，并简明扼要地解释传动带、控制阀、齿轮传动机构等部件的工作原理、日常维护注意事项等。与客户交流时注意态度和蔼，论述思路清晰。

### 【岗位能力对接】

工作岗位技能标准与专业课程融合对接，本项目教学内容与汽车维修技师岗位能力要求中对应的模块及职业技能要求如下。

| 工 作 领 域 | 工 作 任 务 | 职 业 技 能 |
|---|---|---|
| 汽车维修技师岗 | 工作安全与作业准备 | 安全注意事项 |
| | | 工具和设备的使用注意事项 |
| | 汽车变速器系统检测维修 | 自动变速器车上检测维修 |
| | | 自动变速器车下维修 |
| 汽车维修技术总监岗 | 汽车变速器系统诊断分析 | 自动变速器故障诊断分析 |

## 任务1　检修无级变速器机械系统

### 提出任务

一辆搭载01JFR2型无级变速器的奥迪A6 2.8L轿车，其车速在10km/h、30km/h、50km/h及70km/h时，存在抖动现象。请你根据维修工单要求对该车进行故障检修，首先对机械系统进行检查,根据检查结果制定具体的维修方案,独立完成整个维修过程,修复后车辆能够正常运转,且无异响、漏油现象。

## 任务目标

通过本任务的学习,达到以下目标:

◎ 看懂维修工单,并根据工单进行实际操作;
◎ 对无级变速器机械系统进行独立正确的拆装;
◎ 对无级变速器机械系统各部件进行检查,并制定合理的维修方案;
◎ 独立完成无级变速器机械系统的检修;
◎ 对已完成的任务进行记录和评价,并正确处理废旧零件、辅料、废液等。

## 相关知识

### 一　无级变速器简介

电控机械无级自动变速器(Coutinuously Variable Transmission,CVT)采用传动带和工作直径可变的主、从动轮相配合来传递动力,以实现传动比的连续改变,从而得到传动系统与发动机工况的最佳匹配,提高整车的燃油经济性和动力性,改善驾驶员的操纵方便性和乘员的乘坐舒适性。

典型无级变速器的结构如图5-1所示,变速器的核心部分是传动带轮变速机构,利用传动带传递动力,实现无级变速。

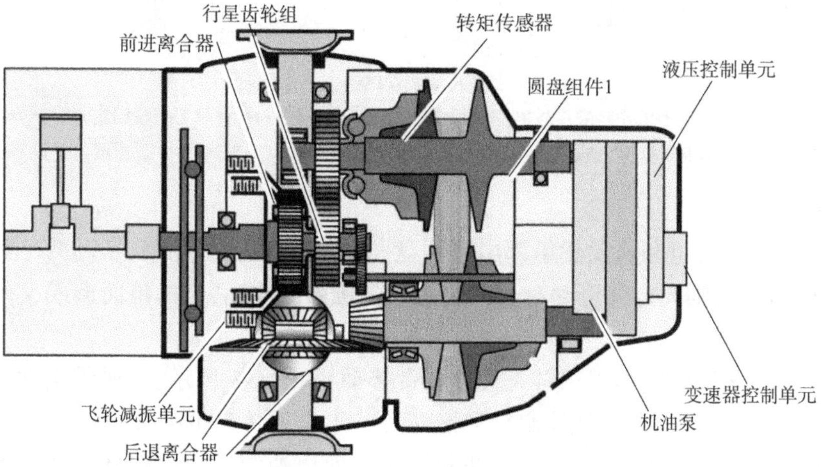


图5-1　无级变速器内部结构

### 二　CVT结构和工作原理

1.基本原理

CVT的工作原理如图5-2所示。该系统主要包括主动轮组、从动轮组、金属带和油泵等基本部件。

发动机输出轴输出的动力首先传到 CVT 的主动轮,然后通过 V 形传动带传递到从动轮,最后经减速器、差速器传递给车轮来驱动汽车。工作时通过主动轮与从动轮的可动盘做轴向移动来改变主动轮、从动轮锥面与 V 形传动带啮合的工作半径,从而使传动比变化。可动盘的轴向移动量的大小是由驾驶员通过控制系统调节主动轮、从动轮液压泵油缸压力来实现。主动轮和从动轮的工作半径的连续调节实现无级变速。

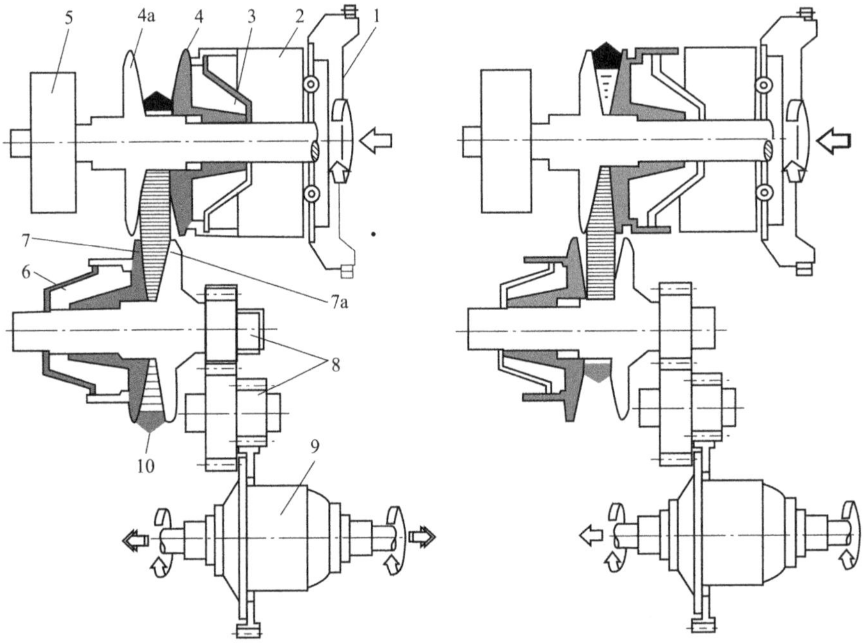


图 5-2　CVT 传动装置结构与工作原理

1-发动机飞轮;2-离合器;3-主动工作轮液压控制缸;4-主动工作轮可动部分;4a-主动工作轮固定部分;5-液压泵;6-从动工作轮液压控制缸;7-从动工作轮可动部分;7a-从动工作轮固定部分;8-中间减速器;9-主减速器与差速器;10-金属带

2. 系统结构

(1)轮缸:主动轮组和从动轮组都由可动盘和固定盘组成,与油缸靠近的一侧带轮可以在轴上滑动,另一侧则固定。可动盘与固定盘都是锥面结构,它们的锥面形成 V 形槽来与 V 形金属传动带啮合。

(2)金属带:无级变速器采用链条或金属带传动,如图 5-3 所示,金属带由两束金属环和几百个金属片构成,它们的锥面形成 V 形槽来与 V 形金属传动带啮合。

(3)油泵:为传动系统提供控制、冷却和润滑的液压油源。常用的液压油泵有齿轮泵和叶片泵两种形式。油泵的工作压力取决于负载。

(4)起步离合器 :主要包括湿式多片离合器、电磁离合器和液力变矩器三种类型。CVT 使用多片湿式离合器,可使 CVT 结构紧凑,实现平顺起步,提高起步舒适性。

(5)中间减速机构 :由于无级变速机构可提供的传动比在 0.445 ~2.6,不能完全满足整车传动比变化范围的要求,因而设有中间减速机构。

(6)控制系统:控制系统是用来实现 CVT 系统传动速比无级自动变化,分为机-液控制系统和电-液控制系统。电-液控制系统利用电子控制系统，容易实现控制算法，对系统进行精确的控制。

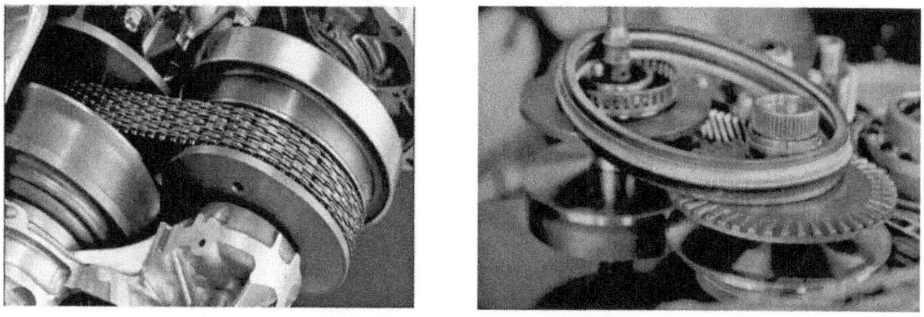

图 5-3　金属链和金属带的结构

## 任务实施

1. 任务描述

对一辆加速冲击的无级变速器车辆进行故障检修，首先对机械系统进行检查，根据检查结果制定具体的维修方案，独立完成整个维修过程，修复后车辆能够正常运转，且无异响、漏油现象。

2. 准备工作

(1)配备多媒体的一体化教室；

(2)无级变速器轿车 1 辆/组；

(3)举升机 1 台/组；

(4)相关资料、维修手册 1 套。

3. 技术要求与注意事项

(1)根据维修工单，对无级变速器机械系统进行正确的拆装检修；

(2)按照维修手册要求的步骤进行拆卸，注意专用工具的正确使用；

(3)注意传动带/链的拆卸安装，与传动带轮之间的配合；

(4)在操作开始前，要求穿着实训服、工作鞋，禁止佩戴饰物进行作业；

(5)注意无级变速器台架操作安全，检查固定是否可靠，操作旋转时注意防止部件掉落；

(6)操作完成后，需将工具设备、资料等放回原位，并正确处理废旧零件、辅料、废液等，注意现场 6S 规范。

4. 实施步骤

(1)小组讨论知识积累部分讲解的知识；

(2)借助各种相关资料，收集对应车型的基本参数、结构特点等相关信息；

(3)充分利用收集到的资料，制订合理的工作计划；

(4)教师对计划的安全性、可行性进行审核并指导学生做好准备工作；

(5)组织学生按计划步骤实施无级变速器机械系统检查，维护任务；

(6)小组在实施过程中进行展示，并由教师进行点评；

(7)对任务的实施进行总结和评价；

(8)完成任务工单的填制。

# 任务2　检修无级变速器液压控制系统

## 提出任务

因事故导致一辆吉利远景轿车的变速器漏油,变速器无法换挡,驾驶员踩加速踏板时该车无法前进。请你根据维修工单要求对该车进行故障检修,因排除了机械系统的问题,故对液压控制系统进行检查,根据检查结果制定具体的维修方案,独立完成整个维修过程,使该车能够正常运转,且无异响、漏油现象。

## 任务目标

通过本任务的学习,达到以下目标:

◎ 看懂维修工单,并根据工单进行实际操作;

◎ 独立分析无级变速器液压控制系统油路图;

◎ 根据故障现象判断液压控制系统的故障原因并制定合理的维修方案;

◎ 正确熟练地完成油泵和阀体的检修;

◎ 对已完成的任务进行记录和评价,并正确处理废旧零件、辅料、废液等。

## 相关知识

### 一　液压控制系统功能

1. 夹紧力控制

合理控制金属带的夹紧力是减少液压能量损失、提高传动效率的必要措施。夹紧力过小,金属带和带轮之间会出现打滑现象,这不仅降低传动效率,还会加剧金属带和带轮的磨损;夹紧力过大,显著增大液压能量损失、降低传动效率,同时会导致金属带张力过大,缩短使用寿命。

液压控制系统应该能在车辆行驶的极限工况下提供其所需的极限液压力(从动带轮液压缸的压力);同时保证该液压力在工作范围内精确可调。

2. 速比控制

为了满足经济性和动力性要求,应根据整车的行驶条件,按照驾驶员的意图自动实现传动系统速比动态最佳匹配。液压控制系统必须具备以下能力:速比快速变化时向主、从动带轮液压缸提供足够的瞬时流量;提供保证速比变化过程所需的压力变化要求;尽量减少夹紧力与速比控制之间的耦合效应。

3. 离合器控制

液压控制系统必须具备向前进/倒挡离合器液压缸提供足够的瞬时流量的能力,并且保证离合器接合后的稳态压力;保证分离时实现前进/倒挡离合器液压缸的快速泄荷。起步离合器需要满足接合平顺、分离彻底的要求,而离合器的控制问题实际上是离合器主、从动盘之间的正压力控制问题，只要合理控制主、从动盘之间的压力，就能满足汽车的起步平顺的要求。

4. 液力变矩器锁止/解锁控制

在汽车起步过程中，液力变矩器是最佳的缓冲装置，但其传动效率较低。在满足一定的条件时，将液力变矩器的泵轮和涡轮通过锁止离合器刚性连接，实现动力的直接传递，可以有效提高液力变矩器的传动效率。液压控制系统必须提供锁止离合器锁止时所需的稳态压力，并可根据 TCU 发出的指令完成解锁/锁止油路的自动切换。

5. 润滑和冷却

CVT 传递动力过程中，各摩擦副相互配合会引起功率的损失，同时会造成相应部件的局部高温。液压控制系统需要向这些部件提供一定流量的液压油，这些液压油不仅起润滑作用，在各相对运动摩擦表面形成润滑油膜，以减少摩擦阻力和磨损，还起冷却作用，对部件进行局部冷却，保证其正常工作温度。同时液压控制系统必须向散热器提供一定流量的液压油，以保证整个变速器内液压油的正常工作温度。过低的油温会导致液压油的黏度过高，降低变速器的传动效率；而过高的油温会降低润滑效果，破坏运动部件的配合间隙，加速机件磨损。

## 二　液压控制系统方案

液压控制系统方案有单压力液压回路（图 5-4）和双压力液压回路（图 5-5）。

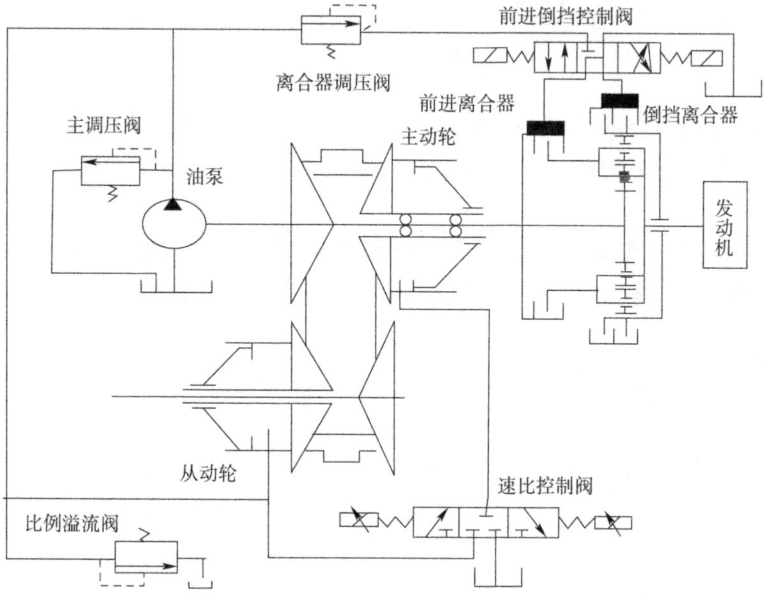


图 5-4　单压力液压回路

## 三　液压系统常用控制阀

液压系统常用控制阀主要有三种。

（1）夹紧力控制阀（比例溢流阀）：与液压泵并联来调节液压系统的主压力，同时调节从动带轮的油缸液压，从而控制金属带的夹紧力。

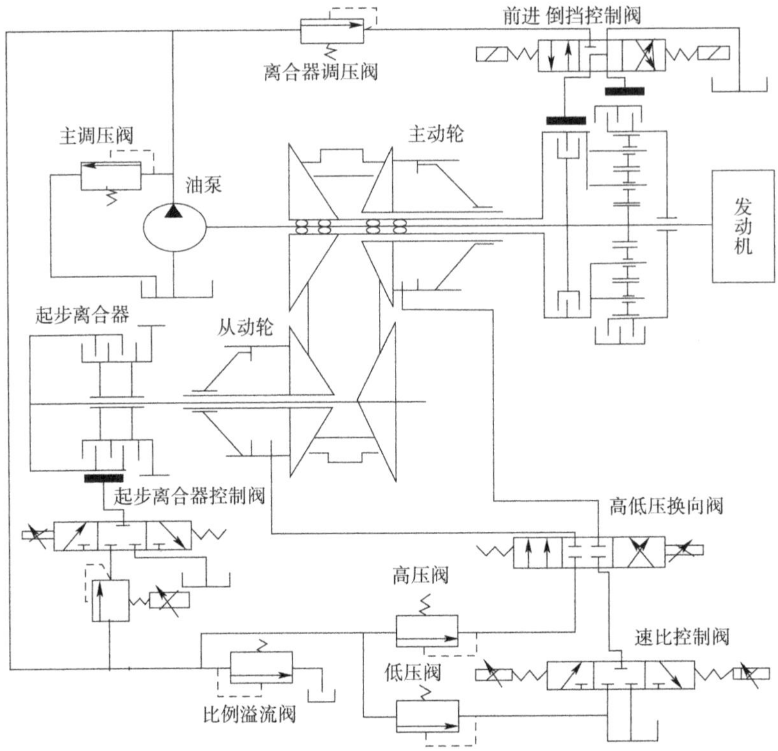


图 5-5 双压力液压回路

(2)速比控制阀(比例减压阀):串联于夹紧力控制阀和主动带轮油缸间,起降压和稳压的作用,同时调节主动带轮的油缸液压,从而改变主从动轮的工作半径,达到调节速比的目的。

(3)高速开关阀:主要以脉冲宽度调制(PWM)信号控制。脉宽调制是将随时间做幅值变化的模拟连续信号转化为在一定周期中高压电平占空比作相应变化的脉冲周期信号。

## 任务实施

1. 任务描述

对一辆加速冲击的无级变速器车辆进行故障检修,检查其液压控制系统,根据检查结果制定具体的维修方案,独立完成整个维修过程,修复后,车辆能够正常运转,且无异响、漏油现象。

2. 准备工作

(1)配备多媒体的一体化教室;

(2)无级变速器轿车 1 辆/组;

(3)举升机 1 台/组;

(4)相关资料、维修手册 1 套。

3. 技术要求与注意事项

(1)根据维修工单,对无级变速器液压控制系统进行检修;

(2)注意参照维修手册,结合无级变速器液压控制系统图进行系统检修;
(3)液压系统中的密封圈和垫片多为一次性的,拆装后需要更换新件;
(4)在操作开始前,要求穿着实训服、工作鞋,禁止佩戴饰物进行作业;
(5)注意无级变速器台架操作安全,检查固定是否可靠,操作旋转时注意防止部件掉落;
(6)操作完成后,需将工具设备、资料等放回原位,并正确处理废旧零件、辅料、废液等,注意现场6S规范。

4. 实施步骤

(1)小组讨论知识积累部分讲解的知识;
(2)借助各种相关资料,收集对应车型的基本参数、结构特点等相关信息;
(3)充分利用收集到的资料,制订合理的工作计划;
(4)教师对计划的安全性、可行性进行审核并指导学生做好准备工作;
(5)组织学生按计划步骤实施无级变速器液压控制系统检查,维护任务;
(6)小组在实施过程中进行展示并由教师进行点评;
(7)对任务的实施进行总结和评价;
(8)完成任务工单的填制。

## 任务3　检修无级变速器电子控制系统

### 提出任务

一辆奥迪轿车,变速器入D挡反应慢,加速时有冲击的现象。请你根据维修工单要求对该车进行故障检修,检查电子控制系统,利用故障诊断仪读取故障代码,根据检查结果制定具体的维修方案,独立完成整个维修过程,修复后车辆能够正常运转,且无异响、漏油现象。

### 任务目标

通过本任务的学习,达到以下目标:
◎ 能看懂维修工单,并根据工单进行实际操作;
◎ 对无级变速器机械系统进行独立正确的拆装;
◎ 对无级变速器机械系统各部件进行检查并制定合理的维修方案;
◎ 独立完成无级变速器机械系统的检修;
◎ 对已完成的任务进行记录和评价,并正确处理废旧零件、辅料、废液等。

### 相关知识

自动变速器的电子控制系统主要由传感器、控制单元和执行机构等组成。

#### 一　传感器及开关信号

自动变速器的电子控制系统主要传感器有:变速器输入转速传感器(监测主动链轮的转速);变速器输出转速传感器(监测从动链轮装置的转速);自动变速器油压传感器(监测前

进位和倒挡制动器油压)。自动变速器油压传感器可以监测接触压力,该压力由转矩传感器调节,因接触压力总是与实际变速器输入转矩成比例,因此可以计算出变速器输入转矩。

该系统主要开关信号包括:多功能开关、制动开关、“强制降挡”信号、手/自一体模式开关等。

## 二 控制单元

控制单元一般集成在变速器内,直接用螺栓紧固在液压控制单元上。控制单元接收驾驶员动作、车辆运动状态和路面情况信息,计算加速踏板动作频率和加速踏板角度位置(驾驶员评价)、车速和车辆加速情况。利用该信息和逻辑组合,在发动机转速范围内,通过改变传动比,将变速器输出转速设定在最佳动力性和燃油经济性间,使汽车操作性和驾驶性能与驾驶员输入信号尽可能匹配,主要功能如图5-6所示。

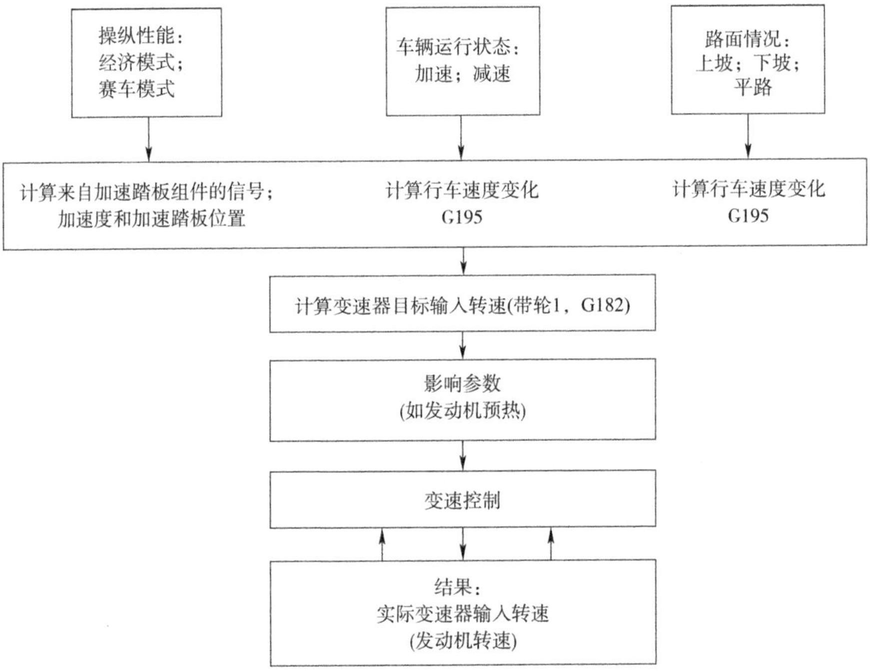


图5-6 动态控制程序(DRP)框图

## 三 执行机构

无级变速器的执行机构主要是换挡电磁阀、液压控制电磁阀等,用来控制系统中油液的压力和流向,在控制单元的控制下,实现换挡。

知识拓展:奥迪轿车01J电控机械无级自动变速器

### 任务实施

1. 任务描述

对一辆加速冲击的无级变速器车辆进行故障检修,检查其电子控制系统,利用故障诊断仪读取故障代码,根据检查结果制定具体的维修方案,独立完成整个维修过程，修复后车辆能够正常运转，且无异响、漏油现象。

2. 准备工作

(1)配备多媒体的一体化教室；

(2)无级变速器轿车1辆/组；

(3)举升机1台/组；

(4)相关资料、维修手册1套。

3. 技术要求与注意事项

(1)根据维修工单，对无级变速器电子控制系统进行故障检修；

(2)注意无级变速器故障代码、数据流的读取及故障原因分析及对应；

(3)在操作开始前，要求穿着实训服、工作鞋，禁止佩戴饰物进行作业；

(4)车辆正确停放至举升机位，进行必要的防护，挂入驻车/P挡，拉紧驻车制动器；

(5)注意举升机操作安全，升降平稳，注意周围环境，车辆升至较高位置时需要检查是否锁止并安装安全支架；

(6)操作完成后，需将工具设备、资料等放回原位，并正确处理废旧零件、辅料、废液等，注意现场6S规范。

4. 实施步骤

(1)小组讨论知识积累部分讲解的知识；

(2)借助各种相关资料，收集对应车型的基本参数、结构特点等相关信息；

(3)充分利用收集到的资料，制订合理的工作计划；

(4)教师对计划的安全性、可行性进行审核并指导学生做好准备工作；

(5)组织学生按计划步骤实施无级变速器电子控制系统检查、维护任务；

(6)小组在实施过程中进行展示并由教师进行点评；

(7)对任务的实施进行总结和评价；

(8)完成任务工单的填制。

## 学习测试

### 一、填空题

1. CVT的中文全称是________。无级变速指可以________获得变速范围内任何传动比的变速系统。

2. 通过无级变速可以得到________与________工况的最佳匹配。常见的无级变速器有________和________(VDT-CVT)。

3. 采用________和工作直径可变的________相配合传递动力，可以实现传动比的连续改变。

4. 为实现无级变速，按传动方式可采用________、________和________三种方式。液体传动分为两类：一类是________，另一类为液力式。

5. 发动机输出轴输出的动力首先传递到CVT的________，然后通过传递到________，最后经________、差速器传递给车轮来驱动汽车。

6. 在内部没有________后，CVT 通过两个可以改变直径的________和来传递发动机的力量，实现转矩输出。

7. 强制降挡功能：驾驶员通过把节气门踏板________，激活接通强制降挡开关，告知自动变速器控制单元，现在需要最大________，为此，发动机转速被调整到最大功率处的转速，直到加速踏板角度减小为止。

## 二、判断题

1. 无级变速器(即速比可以无限极变化的自动变速器)是一种精密先进的自动变速器。（　　）

2. 无级变速器最大的设计限度在其输出转矩方面。（　　）

3. 通过液压驱动传动带轮，当主动轮距离变大，速比变大，无级变速器处于减速挡。（　　）

## 三、简答题

1. 目前国内市场上能见到的、采用了无级变速器的车辆主要有哪些？请列举至少三种。

2. 无级变速和自动挡有什么区别？

3. 辅助减速机构的作用是什么？

# 项目六

# 双离合自动变速器跳挡故障检修

**【企业场景对接】**

在4S店售后车间，请你按照维修工单的要求，熟练完成双离合自动变速器检查及维护操作。在维修过程中接受车主的咨询，就该车双离合自动变速器在组成、结构、各总成作用、布置特点、干湿类型等方面向客户做系统全面的介绍；并简明扼要地解释干湿离合器、变速器轴、齿轮传动机构等部件的工作原理、日常维护的注意事项等，与客户交流时注意态度和蔼，论述思路清晰。

**【岗位能力对接】**

工作岗位技能标准与专业课程融合对接，本项目教学内容与汽车维修技师岗位能力要求中对应的模块及职业技能要求如下。

| 工作领域 | 工作任务 | 职业技能 |
|---|---|---|
| 汽车维修技师岗 | 工作安全与作业准备 | 安全注意事项 |
| | | 工具和设备的使用注意事项 |
| | 汽车变速器系统检测维修 | 自动变速器车上检测维修 |
| | | 自动变速器车下维修 |
| 汽车维修技术总监岗 | 汽车变速器系统诊断分析 | 自动变速器故障诊断分析 |

## 任务1　检修双离合自动变速器机械系统

**提出任务**

一辆大众迈腾轿车来店进行维护，其行驶里程为40000km，维修接待员进行登记后将工单交给你，请你为该车进行基本维护，重点检查变速器机械系统，完成工单的填制与故障的检修；同时针对客户提出的问题进行解答，简明扼要地解释双离合器自动变速器的工作原理、日常维护注意事项等。举升车辆时请安全规范地操作。

## 任务目标

通过本任务的学习，达到以下目标：

◎ 理解双离合自动变速器的基本结构；

◎ 掌握双离合自动变速器的换挡基本原理；

◎ 分析双离合自动变速器的动力传递路线；

◎ 系统熟练地介绍双离合自动变速器的作用、形式等相关内容；

◎ 具有与客户顺畅交流和就向车主深入讲解车辆双离合自动变速器的能力。

## 相关知识

### 一 双离合自动变速器简介

双离合自动变速器（Dual Clutch Transmission，DCT）也称直接换挡变速器（Direct Shift Gearbox，DSG），是基于手动变速器发展而来的。

1. 结构特点

典型六挡双离合自动变速器的结构如图6-1（在1挡时）所示。双离合自动变速器的基本结构与手动换挡变速器一样，齿轮组支承在三根轴上。变速器中有两个离合器，通过变速器的控制和执行机构来操纵离合器和换挡机构。

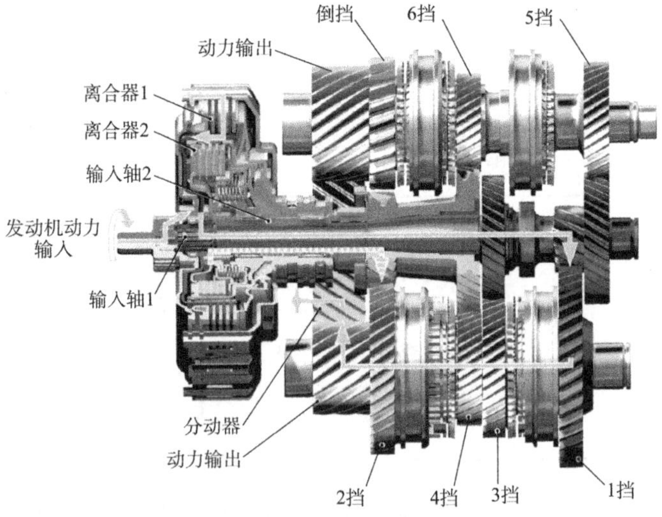


图6-1 双离合自动变速器结构

双离合自动变速器与常规的中间轴换挡变速器的排列基本相似，它们之间的根本区别是双离合器变速器的主轴是分开的，包括一根实心轴、一根套在实心轴外的空心轴。实心轴与空心轴靠齿轮组连接在一起。变速器输入端的实心轴和空心轴都装有离合器，将排列各挡的齿轮分为偶数挡齿轮和奇数挡齿轮两组,分别由两个离合器进行控制。

2. 工作原理

双离合器式自动变速器有两组离合器,前进位、倒挡每个挡位都有同步器操作模式,也可以实现手自动一体换挡模式。其工作原理是通过将变速器挡位按奇数、偶数分开布置,分别与两个离合器连接,通过切换两个离合器的工作状态,就可以完成换挡动作。因为在换挡时嵌入两个挡位(即主动挡和预选的相邻挡位),所以能在两个挡位间迅速换挡而没有牵引力中断。

3. 性能

双离合自动变速器的优点是效率高,换挡时没有牵引力中断,能跳过一个挡,具有良好的换挡品质和车辆动力性、经济性。其缺点是体积较大,支承力大,结构粗实。

## 二　双离合自动变速器机械系统组成

1. 双离合自动变速器主动轮

支撑环将转矩传递给双离合器内的主动轮,如图 6-2 所示。为此,支撑环与主动轮固定连接在一起。主动轮以浮动轮方式支撑在输入轴 2 上。

如果操纵其中一个离合器,则转矩会通过主动轮传递给相应的离合器从动盘,然后继续传递给相应的输出轴。

2. 离合变速器

离合变速器(图 6-3)可以处于两个位置:发动机停机和怠速运转时,两个离合器分离;行驶状态时,两个离合器中始终只有一个离合器接合。

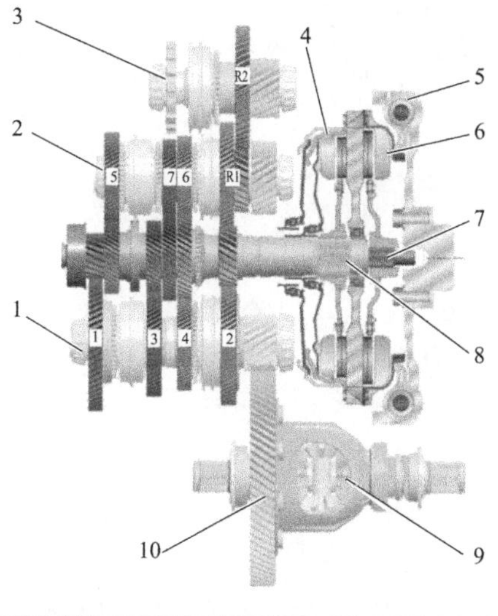


图 6-2　双离合变速器内部结构

1-输出轴 1;2-输出轴 2;3-输出轴;4-离合器 K2;5-双质量飞轮;6-离合器 K1;7-输入轴 1;8-输入轴 2;9-差速器;10-主减速齿轮

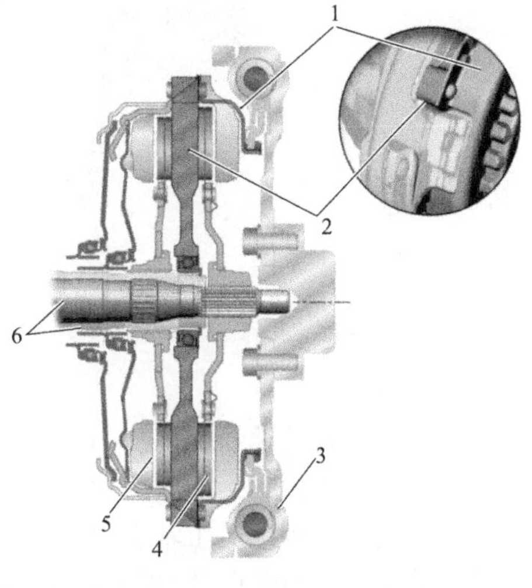


图 6-3　离合变速器内部结构

1-支撑环 1;2-主动轮;3-双质量离合器;4-离合器 K1;5-离合器 K2;6-输入轴 1 和 2

离合器 K1 将 1 挡、3 挡、5 挡和 7 挡的转矩传递给输入轴 1,其工作原理如图 6-4 所示。离合器 K1 操纵时,接合杆将接合轴承压向盘形弹簧。这种压力运动在多个转向点处转换为拉力运动。因此,将离合器压盘拉向离合器从动盘以及主动轮。转矩传递给输入轴 1。

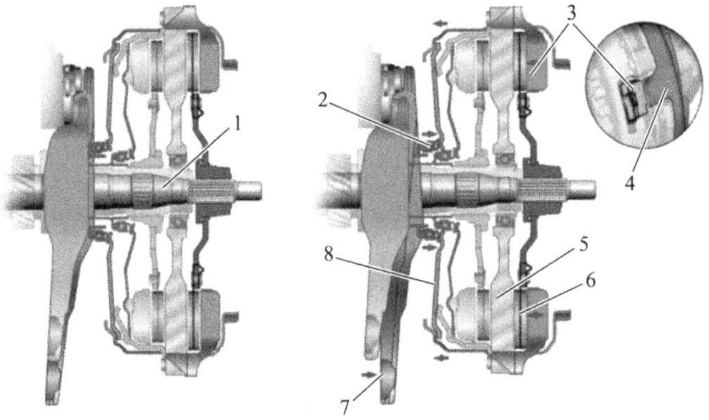


图 6-4　离合器 K1 工作原理

1-输入轴;2-接合轴承;3-离合器压盘;4-盘形弹簧;5-主动轮;6-离合器从动盘;7-接合杆;8-盘形弹簧

离合器 K2 将 2、4、6 和 R 挡的转矩传递给输入轴 2,其工作原理如图 6-5 所示。离合器 K2 操纵接合杆时,接合轴承压向离合器压盘的盘形弹簧。由于盘形弹簧支撑在离合器壳体上,因此,离合器压盘压向主动轮,转矩传递给输入轴 2。

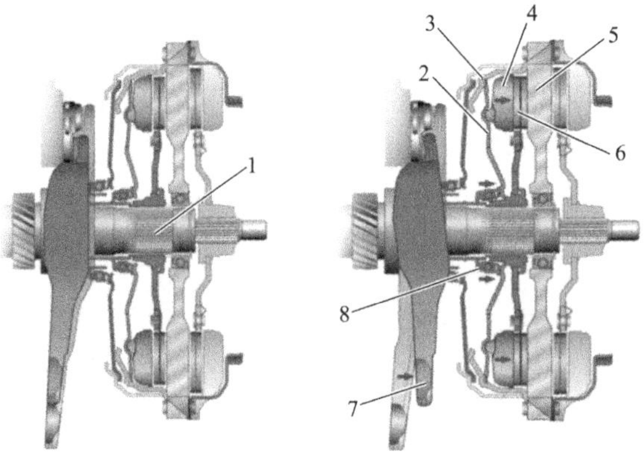


图 6-5　离合器 K2 工作原理

1-输入轴;2-盘形弹簧;3-支撑点;4-离合器压盘;5-主动轮;6-离合器从动盘;7-接合杆;8-接合轴承

3. 输入轴

输入轴安装在变速器壳体内,其结构如图 6-6a)所示。每个输入轴都通过花键与一个离合器连接。输入轴根据当前所挂挡位将发动机转矩传递给输出轴。输入轴为中空轴。输入轴穿过中空的输入轴。每个轴上都有一个将输入轴支撑在变速器壳体内的球轴承。

输入轴 1 结构如图 6-6b)所示,通过花键与离合器 K1 连接。通过输入轴 1 可换到 1、3、5 和 7 挡。变速器输入转速传感器 G632 的脉冲信号轮位于该轴上,用于获取变速器输入转速。

输入轴 2 采用空心轴结构,如图 6-6c)所示。该部件通过花键与 K2 连接。通过输入轴 2 可换到 2、4、6 和 R 挡。变速器输入转速传感器 G612 的齿轮位于该轴上,用于获取变速器输入转速。

4. 输出轴

变速器壳体内有 3 个输出轴(图 6-6)。输入轴根据当前所挂挡位将发动机转矩传递给输出轴。每个输出轴上有一个输出齿轮，该齿轮将转矩传递给差速器的主减速器齿轮。

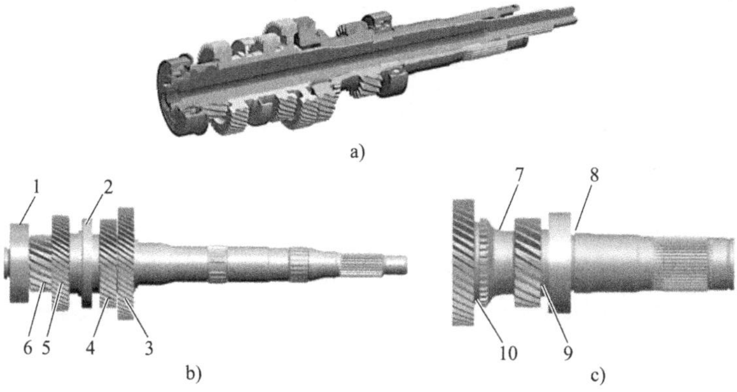


图 6-6　输入轴的结构

1-轴承；2-传感器 G632 靶轮；3-7 挡齿轮；4-3 挡齿轮；5-5 挡齿轮；6-1 挡齿轮；7-传感器 G612 的靶轮；8-轴承；9-2/R 挡齿轮；10-4/6 挡齿轮

输出轴 1 如图 6-7 所示，其上装有 1、2 和 3 挡换挡齿轮；3 个挡位都配有 3 件式同步器；4 挡换挡齿轮；4 挡配有 2 件式同步器；输出轴 2 如图 6-8 所示，其上装有用于 5、6 和 7 挡的 2 件式同步换挡齿轮；倒车挡位 R 挡 1 和 R 挡 2 的中间齿轮；输出轴 3 如图 6-9 所示，其上装有 R 挡的 1 件式同步换挡齿轮；驻车锁止轮。

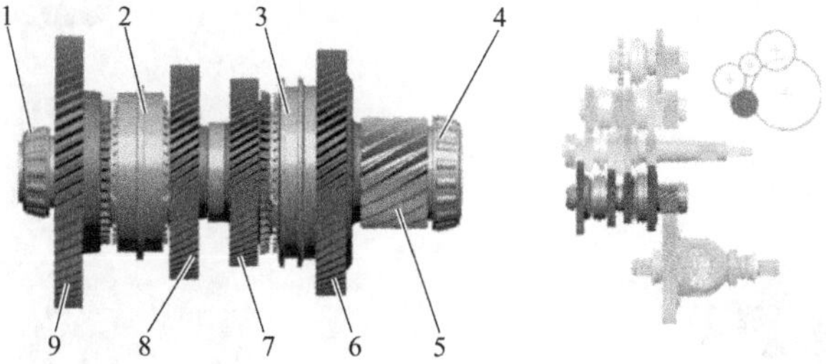


图 6-7　输出轴 1

1-轴承；2-1/3 挡同步器；3-2/4 挡同步器；4-轴承；5-输出齿轮；6-2 挡齿轮；7-4 挡齿轮；8-3 挡齿轮；9-1 挡齿轮

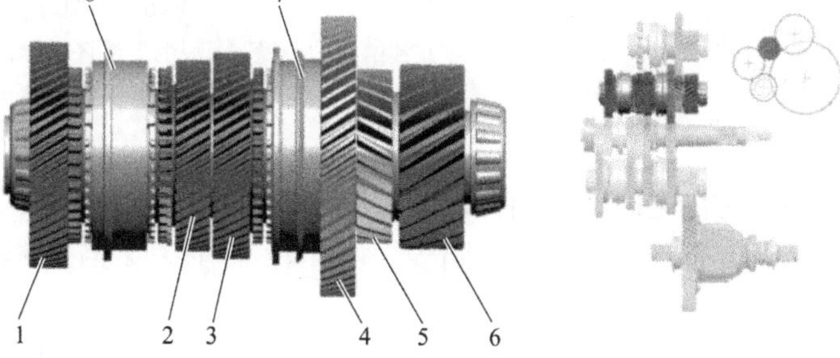


图 6-8　输出轴 2

1-5 挡齿轮；2-7 挡齿轮；3-6 挡齿轮；4-R 挡中间齿轮 1；5-R 挡中间齿轮 2；6-输出齿轮；7-6/R 挡同步器；8-5/7 挡同步器

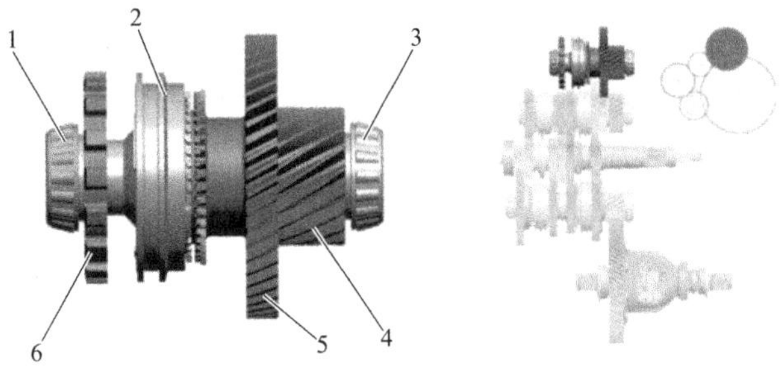


图 6-9　输出轴 3

1-轴承;2-同步器齿套;3-轴承;4-输出齿轮;5-R 挡齿轮;6-P 挡锁止机构齿轮

5. 差速器

差速器通过半轴将转矩继续传递给车轮,其结构如图 6-10 所示。

6. 驻车锁

为了安全停放车辆且避免在未拉紧驻车制动器的情况下无意间溜车,双离合自动变速器内集成了一个驻车锁,其结构如图 6-11 所示。止动爪通过变速器操纵杆与变速器上驻车锁止杆之间的拉线以纯机械方式插入。

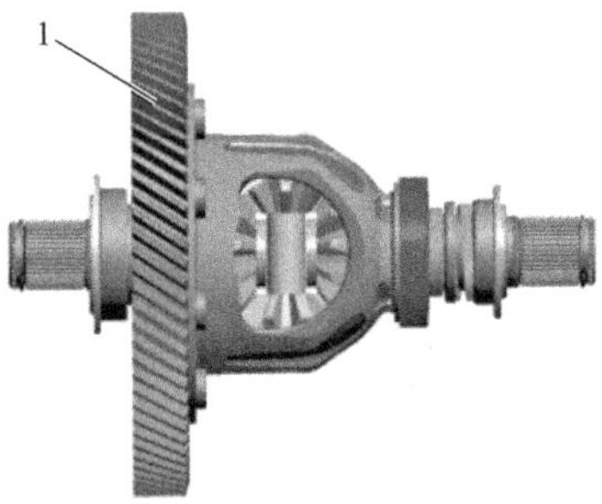


图 6-10　差速器

1-主减速齿轮

图 6-11　驻车锁

1-锁销复位弹簧;2-锁销;3-连接球销;4-下压装置;5-棘爪弹簧;6-主动销;7-主动销预紧弹簧;8-锁止齿轮

7. 挡位同步器

为了在换挡时使不同转速同步,所有挡位都使用一个带锁块的锁止式同步器。一件至三件式同步器根据换挡负荷使各挡位转速同步。图 6-12 所示为 2 挡、4 挡和 R 挡同步器的结构。

## 三　双离合自动变速器动力传递

双离合自动变速器主要由两个相互独立的子变速器组成,其工作原理如图 6-13 所示。每个子变速器的功能结构都与手动变速器相同。每个子变速器都有一个离合器。离合器由机械电子单元根据待挂挡位进行控制、接合和分离。通过离合器 K1 以及子变速器 1 和输出轴 1 换到 1、3、5 和 7 挡。2、4、6 挡和倒车挡由离合器 K2 以及子变速器 2 和输出轴 2 和 3 控制。原则上始终有一个子变速器传递动力。另一个子变速器已经能够换到下一挡，因为该挡的离合器仍处于分离状态。每个挡位都有一个常规的手动变速器同步和换挡单元。

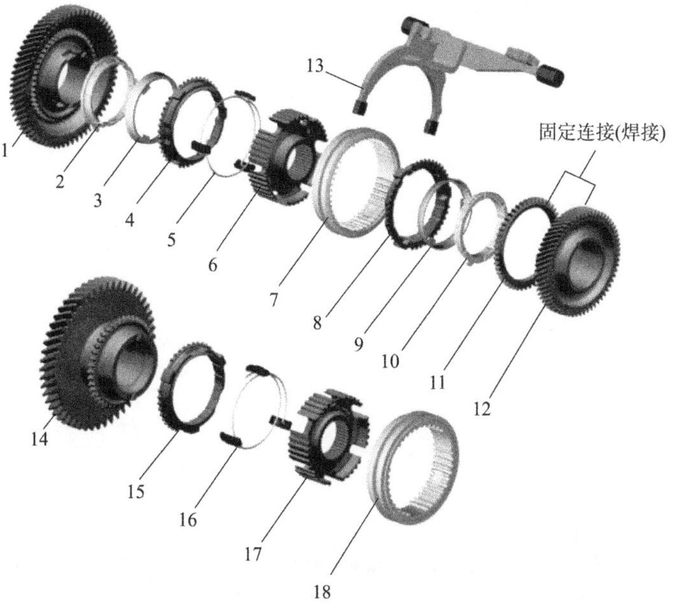


图 6-12　2 挡、4 挡和 R 挡同步器的结构

1-2 挡换挡齿轮；2-同步环（内部）；3-外环（中间环）；4-同步环（外部）；5-锁块；6-同步器毂；7-啮合套；8-同步环（外部）；9-中间环；10-同步环（内部）；11-啮合齿；12-4 挡换挡齿轮；13-同步器毂；14-R 挡换挡齿轮；15-同步环；16-锁块；17-同步器毂；18-啮合套

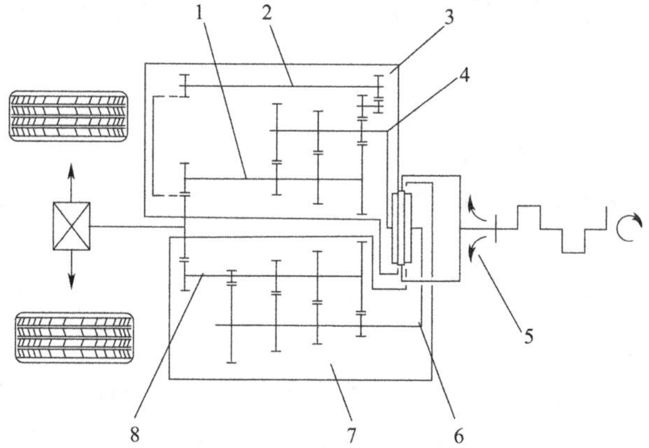


图 6-13　双离合自动变速器工作原理

1、2-输出轴；3-变速器传动部分；4-驱动轴；5-发动机转矩；6-驱动轴；7-变速器传动部分；8-变速器传动部分

## 四　各挡位动力传递路线分析

转矩通过离合器 K1 或 K2 输入变速器。每个离合器驱动一个输入轴。输入轴 1 由离合

器 K1 驱动，输入轴 2 由离合器 K2 驱动。各挡动力传递到差速器的路线如图 6-14 所示。

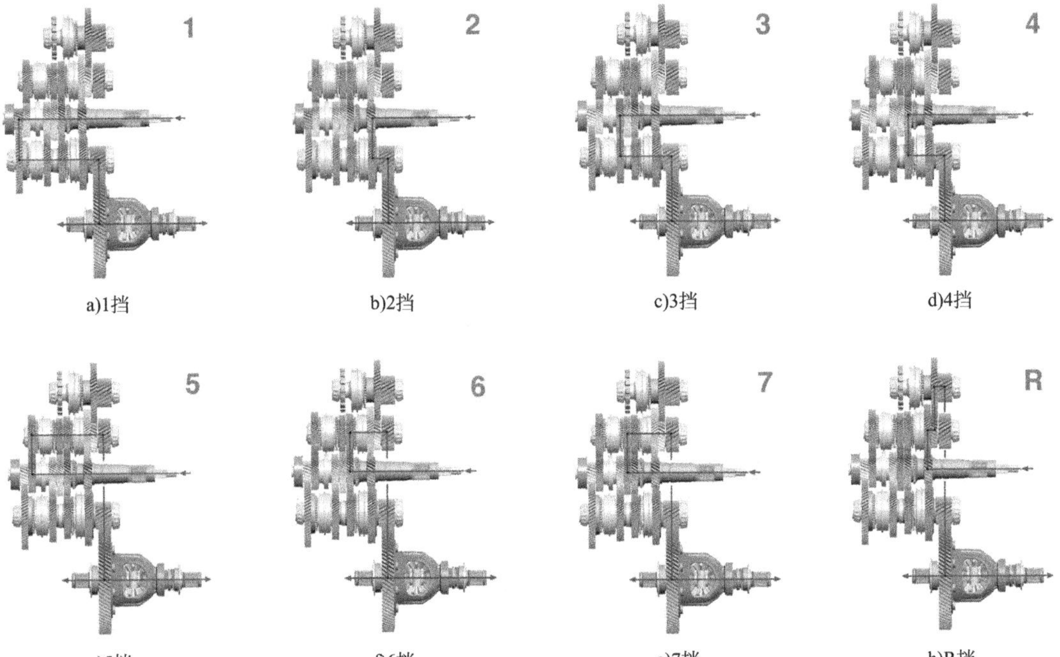


a)1挡 b)2挡 c)3挡 d)4挡

e)5挡 f)6挡 g)7挡 h)R挡

图 6-14 变速器各挡位动力传递路线

## 任务实施

1. 任务描述

对一辆频繁跳挡的双离合变速器车辆进行故障诊断与检修，首先对机械系统进行检查，根据检查结果制定具体的维修方案，独立完成整个维修过程，修复后车辆能够正常运转，且无异响、漏油现象。

2. 准备工作

(1)配备多媒体的一体化教室；

(2)双离合自动变速器轿车 1 辆/组；

(3)举升机 1 台/组；

(4)相关资料、维修手册 1 套。

3. 技术要求与注意事项

(1)根据维修工单，对双离合自动变速器机械系统进行正确的拆装检修；

(2)注意拆装过程中，双离合自动变速器的动力传递路线分析；

(3)按照维修手册要求的步骤拆卸，注意专用工具的正确使用；

(4)在操作开始前，要求穿着实训服、工作鞋，禁止佩戴饰物进行作业；

(5)注意变速器台架操作安全，检查固定是否可靠，操作旋转时注意防止部件掉落；

(6)操作完成后，需将工具设备、资料等放回原位，并正确处理废旧零件、辅料、废液等，注意现场 6S 规范。

4. 实施步骤

(1)小组讨论知识积累部分讲解的知识;
(2)借助各种相关资料,收集对应车型的基本参数、结构特点等相关信息;
(3)充分利用收集到的资料,制订合理的工作计划;
(4)教师对计划的安全性、可行性进行审核并指导学生做好准备工作;
(5)组织学生按计划步骤实施双离合自动变速器机械系统检查及维护任务;
(6)小组在实施过程中进行展示,并由教师进行点评;
(7)对任务的实施进行总结和评价;
(8)完成任务工单的填制。

## 任务2　检修双离合自动变速器液压控制系统

### 提出任务

一辆上汽大众斯柯达轿车行驶里程为67000km,因起步时加速踏板空转,行驶过程中出现间歇性插冲现象,来店进行检修,维修接待员进行登记后将工单交给你,请你按要求为车辆自动变速器进行检查,完成工单的填制;同时针对客户提出的问题进行解答,简明扼要地解释双离合自动变速器各个部件的工作原理、日常维护注意事项等,并为客户检修这台变速器,举升车辆时要注意安全规范操作。

### 任务目标

通过本任务的学习,达到以下目标:
◎ 看懂维修工单,并根据工单进行实际操作;
◎ 对双离合自动变速器进行独立正确的拆装;
◎ 对双离合自动变速器各部件进行检查并得出维修意见;
◎ 独立完成双离合自动变速器的检修;
◎ 对已完成的任务进行记录和评价,并正确处理废旧零件、辅料、废液等。

### 相关知识

#### 一　变速器油循环回路

1. 机械电子模块油循环回路

双离合器变速器有两个彼此独立的液压油循环回路:机械变速器油循环回路,机械电子模块油循环回路,分别使用不同的液压油工作。每个油循环回路都采用专门针对需求定制的液压油。

(1)机械变速器油循环回路。

机械变速器及其轴和齿轮的液压油供给与普通手动变速器一样,对此不做详细说明。机械变速器内的油容量为1.7L。

(2)机械电子模块油循环回路。

机械电子模块油循环回路与机械变速器油循环回路是分开的。油泵输送规定压力的液压油,以实现机械电子单元液压组件功能。机械电子模块内的油容量为1.1L,其油循环回路如图6-15所示。

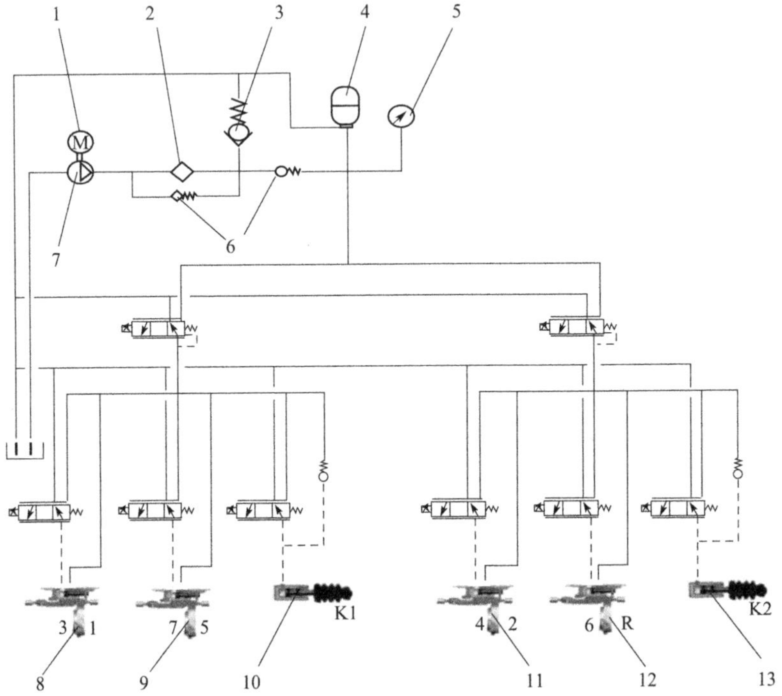


图6-15 机械电子模块油循环回路

1-液压泵电机V401;2-滤清器;3-限压阀;4-蓄压器;5-液压压力传感器G270;6-单向阀;7-液压泵;8-挡位调节器1-3;9-挡位调节器5-7;10-离合器调节器K1;11-挡位调节器4-2;12-挡位调节器6-R;13-离合器调节器K2

2. 液压泵

液压泵安装在机械电子模块内,其结构如图6-16所示。该部件由一个液压泵和一个电机组成。液压泵电机是无电刷式直流电机,电机由机械电子单元的电子控制单元根据压力需求控制。电机通过插接式联轴器驱动液压泵。

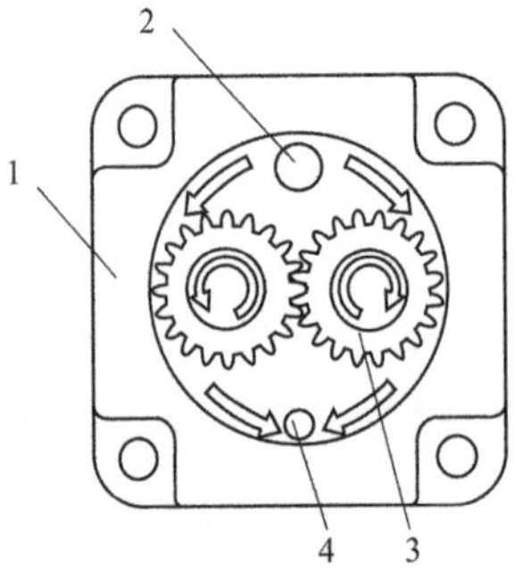


图6-16 液压泵结构

1-壳体;2-抽吸侧;3-驱动齿轮;4-压力侧

液压泵按齿轮泵原理工作。液压泵抽吸液压油,然后以大约7MPa的压力将液压油压入油循环回路。液压油在泵壳壁与齿隙之间从抽吸侧输送至压力侧。

3. 液压压力传感器G270和限压阀

液压泵将液压油压过滤清器压向限压阀、蓄压器和液压压力传感器。限压阀和液压压力传感器上的液压油压力达到大约7MPa时,控制单元关闭电机和液压泵。旁通阀能够保证滤清器通道堵塞时的系统功能。

4. 蓄压器

蓄压器是按照气压存储器形式设计的。液压泵关闭时,其为液压系统提供油压。其存储容量为0.2L。

5. 电磁阀

(1)子变速器压力调节电磁阀。

子变速器压力调节电磁阀调节子变速器1、2的油压。若其识别出某子变速器出现故障,压力调节电磁阀可以关闭相应的子变速器。

(2)挡位调节器电磁阀。

挡位调节器电磁阀调节挡位调节器的油量。每个挡位调节器都可以换到两个挡位。若未换挡,则油压使挡位调节器保持在空挡。若变速器操纵杆位于位置"P"且点火开关关闭时,则挂入1挡和倒车挡。

(3)离合器调节器电磁阀。

离合器调节器电磁阀调节离合器调节器的油量。离合器调节器用于操纵离合器K1和K2。断电时电磁阀打开且离合器分离。

## 二　液压控制系统原理

1. 换挡

与传统手动变速器一样,液压控制系统通过换挡拨叉来换挡。每个换挡拨叉分别换到两个挡位,其两侧支撑在变速器壳体内,安装位置如图6-17所示。

挡位调节器和换挡拨叉换挡过程中,通过集成在机械电子单元内的挡位调节器实现换挡拨叉的移动。

与直接换挡变速器02E一样,换挡拨叉的操纵也以液压方式进行。换挡时,机械电子单元的电子控制单元控制相应的挡位调节器电磁阀。以换到1挡为例,换挡过程如图6-18所示。

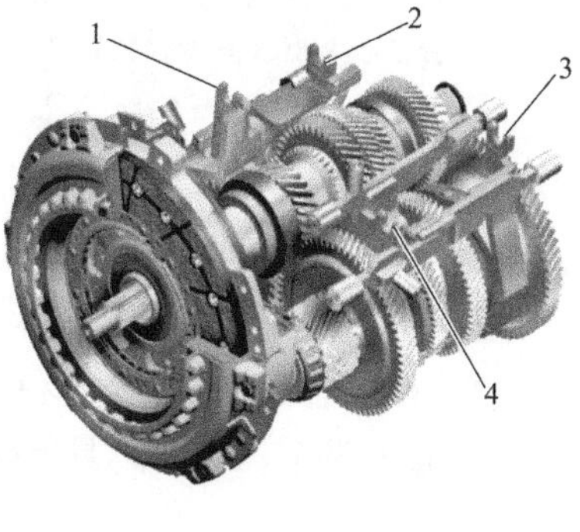


图6-17　换挡拨叉安装位置

1-6/R挡换挡拨叉;2-5/7挡换挡拨叉;3-1/3挡换挡拨叉;4-2/4挡换挡拨叉

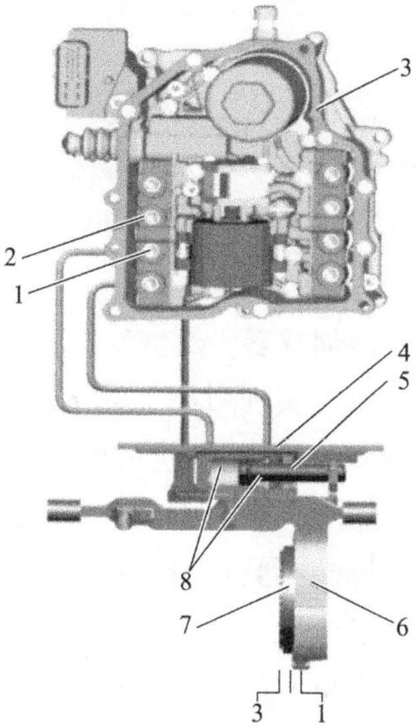


图6-18　换挡过程

1-N433 1/3挡;2-N436压力调节阀(子变速器1);3-机械电子单元;4-挡位调节器缸;5-挡位调节器活塞;6-换挡拨叉;7-啮合套;8-活塞室

起始位置时，通过控制油压，1 挡和 3 挡挡位调节器电磁阀 N433 使挡位调节器活塞保持在空挡“N”，这时没有换到挡位。子变速器 1 内的阀门 4 N436 控制子变速器 1 内的油压。

换到 1 挡时，挡位调节器阀提高左侧活塞室内的油压，因此，将挡位调节器活塞向右压。由于换挡拨叉和啮合套与挡位调节器活塞连接，因此也向右移动。啮合套移动，挂入 1 挡。

2. 挡位调节器和换挡拨叉

挡位调节器活塞与换挡拨叉连接。换挡时，换挡拨叉活塞在油压作用下移动，此时活塞带动换挡拨叉和啮合套，啮合套操纵同步器毂并挂入挡位，机械电子单元通过挡位调节器的永久磁铁和行程传感器识别换挡拨叉的新位置。挡位调节器如图 6-19 所示，换挡拨叉如图 6-20 所示。

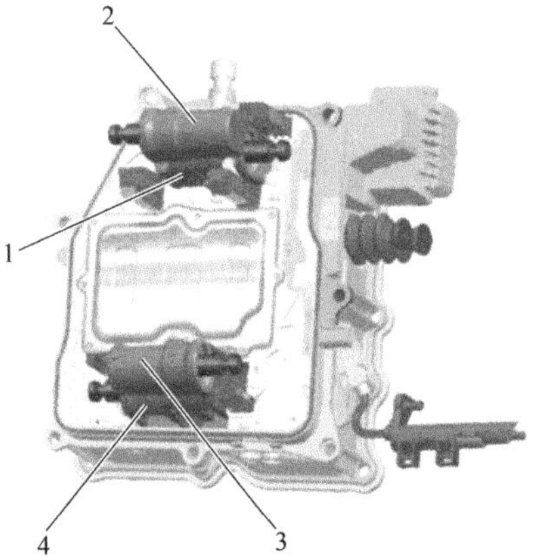


图 6-19　挡位调节器

1-5 挡/7 挡挡位调节器；2-6 挡/R 挡挡位调节器；3-2 挡/ 4 挡挡位调节器；4-1 挡/3 挡挡位调节器

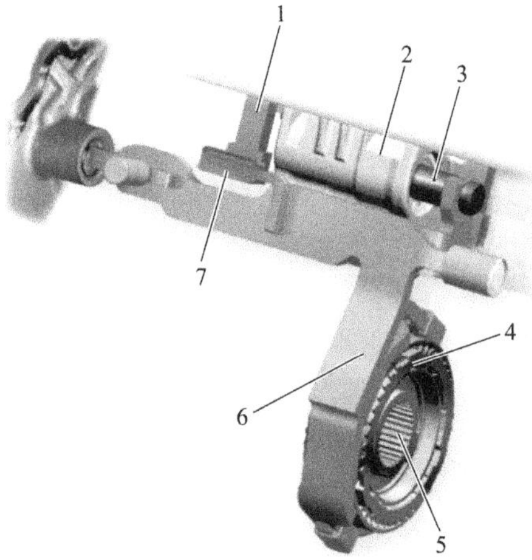


图 6-20　换挡拨叉

1-挡位调节器行程传感器；2-挡位调节器缸；3-挡位调节器活塞；4-啮合套；5-同步器毂；6-换挡拨叉；7-永久磁铁

3. 离合器调节器

以液压方式实现对离合器 K1 和 K2 的操纵。为此，两个离合器在机械电子单元中各有一个离合器调节器，其结构如图 6-21 所示。离合器调节器由一个离合器调节器缸和离合器调节器活塞组成。离合器调节器活塞操纵离合器的接合杆。离合器调节器活塞上有一个永久磁铁，以供离合器行程传感器识别活塞位置，为此，调节器缸和调节器活塞不具有磁性。

4. 离合器操纵

机械电子单元的电子控制单元控制电磁阀，以操纵离合器子变速器 1 内的阀门 3 N435 控制离合器 K1、子变速器 2 内的阀门 3 N439 控制离合器 K2。

以 K1 操纵为例，其工作过程如图 6-22 所示，离合器未操纵时，离合器调节器活塞处于静止位置，电磁阀 N435 向回流方向打开，压力调节阀 N436 使子变速器的压力油流向机械电子单元的储油室。

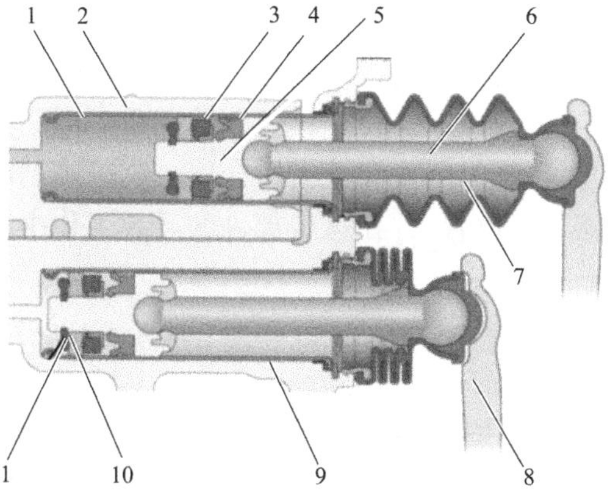


图 6-21　离合器调节器

1-离合器调节器缸；2-离合器调节器 K1；3-永久磁铁；4-皮碗；5-离合器调节器活塞；6-活塞杆；7-防尘套；8-接合杆；9-离合器调节器 K2；10-导向环；11-支撑环

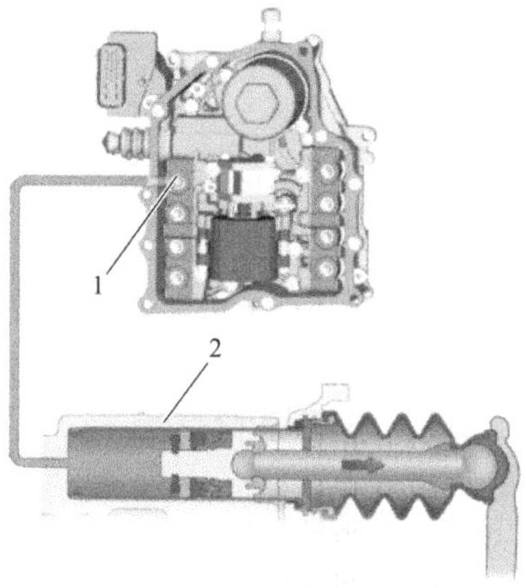


图 6-22　离合器调节器工作过程

1-N435；2-离合器调节器 K1

## 三　双离合器变速器机械电子单元

机械电子单元是变速器的中央控制单元，其组成如图 6-23 所示。它将电子控制单元和电液控制单元组合为一个部件。电子机械单元用凸缘安装在变速器上，构成一个独立单元，其具有独立于机械变速器的机油循环回路。这种独立紧凑型单元的优点是除一个传感器外，其他传感器和执行机构都位于机械电子单元内。

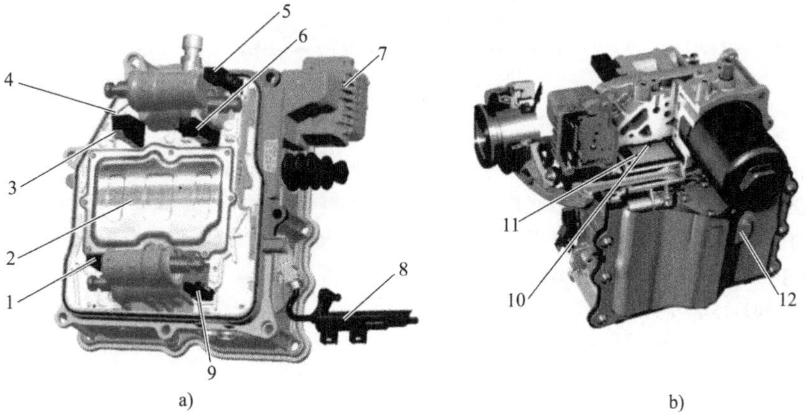


图 6-23　机械电子单元

1-调节器行程传感器 2 G488（1/3 挡）；2-带有集成传感器系统的电子控制单元；3-变速器输入转速传感器 G632；4-挡位调节器行程传感器 G489（5/7 挡）；5-挡位调节器行程传感器 G490（6/R 挡）；6-变速器输入转速传感器 G162；7-车辆插头；8-变速器输入转速传感器 G182；9-挡位调节器行程传感器 G487（4/2 挡）；10-离合器 K2 行程传感器 G618；11-离合器 K1 行程传感器 G617；12-变速器液压压力传感器 G270

由于采用单独的机油系统，因此，机械变速器的磨屑不会进入机械电子单元内。低温特性良好,因为无须满足变速器的黏度特性要求。

机械电子单元的电子控制单元是变速器的中央控制单元。该电子控制单元汇集了所有传感器信号和其他控制单元信号,电子控制单元引导和监控所有运行情况。电子控制单元中集成了 11 个传感器,只有变速器输入转速传感器 G182 位于该控制单元外。电子控制单元以液压方式控制和调节 8 个电磁阀,用以切换 7 个挡位和操纵离合器。电子控制单元学习(适应)离合器位置和当前挡位时的挡位调节器位置,并在这些部件的后续工作中参考学到的信息。

## 四 电液控制单元

电液控制单元集成在机械电子模块中,其组成如图 6-24 所示。它能够产生换挡和操纵离合器所需的油压。由串联了液压泵的液压泵电机产生油压及对其进行控制。油蓄压器确保始终有足够的油压供给电磁阀。

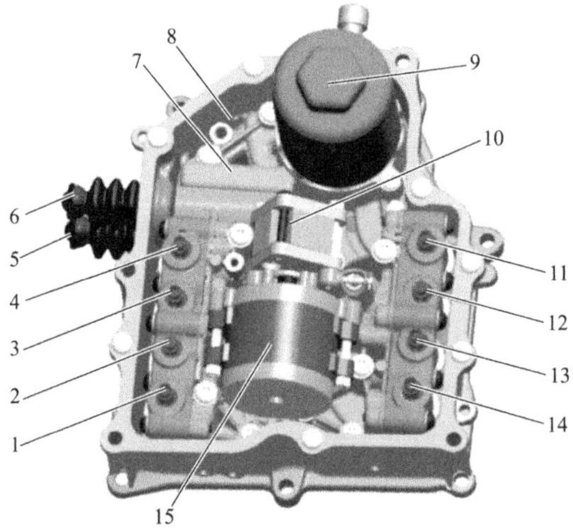


图 6-24 电液控制单元

1-子变速器 1 的阀门 N433(1/3 挡挡位调节阀);2-子变速器 1 的阀门 N436(子变速器压力调节器);3-子变速器 1 的阀门 N434(5/7 挡挡位调节阀);4-子变速器 1 的阀门 N435(K1 离合器阀);5-至离合器 K2;6-至离合器 K1;7-离合器行程传感器 1/2 G617/G618;8-电液控制单元;9-蓄压器;10-液压泵;11-子变速器 2 的阀门 N438(6/R 挡挡位调节阀);12-子变速器 2 的阀门 N440(子变速器压力调节器);13-子变速器 2 的阀门 N438(K2 离合器阀);14-子变速器 2 的阀门 N437(2/4 挡挡位调节阀);15-液压泵电机 V401

## 任务实施

1. 任务描述

对一频繁跳挡的双离合自动变速器车辆进行故障检修,对液压控制系统进行检查,根据检查结果制定具体的维修方案,独立完成整个维修过程,修复后车辆能够正常运转,且无异响、漏油现象。

2. 准备工作

(1)配备多媒体的一体化教室;

(2)双离合自动变速器轿车1辆/组;
(3)举升机1台/组;
(4)相关资料、维修手册1套。

3.技术要求与注意事项

(1)根据维修工单,对双离合自动变速器液压控制系统进行检修;
(2)注意区分手动挡变速器和双离合自动变速器的换挡控制方式差异;
(3)液压系统中的密封圈和垫片多为一次性的,拆装后需要更换新件;
(4)在操作开始前,要求穿着实训服、工作鞋,禁止佩戴饰物进行作业;
(5)注意双离合变速器台架操作安全,检查固定是否可靠,操作旋转时注意防止部件掉落;
(6)操作完成后,需将工具设备、资料等放回原位,并正确处理废旧零件、辅料、废液等,注意现场6S规范。

4.实施步骤

(1)小组讨论知识积累部分讲解的知识;
(2)借助各种相关资料,收集对应车型的基本参数、结构特点等相关信息;
(3)充分利用收集到的资料,制订合理的工作计划;
(4)教师对计划的安全性、可行性进行审核并指导学生做好准备工作;
(5)组织学生按计划步骤实施双离合自动变速器液压控制系统检查及维护任务;
(6)小组在实施过程中进行展示,并由教师进行点评;
(7)对任务的实施进行总结和评价;
(8)完成任务工单的填制。

## 任务3 检修双离合自动变速器电子控制系统

### 提出任务

一辆上汽大众迈腾轿车的行驶里程为67000km,起步时,加速踏板空转,行驶过程中闯动,来店进行检修,维修接待员进行登记后将工单交给你,请你按要求为车辆自动变速器进行检查,完成工单的填制;同时针对客户提出的问题进行解答,简明扼要地解释双离合自动变速器各个部件的工作原理及日常维护注意事项等。检修变速器时,注意在举升车辆过程中进行安全规范操作。

### 任务目标

通过本任务的学习,达到以下目标:
◎ 看懂维修工单,并根据工单进行实际操作;
◎ 对双离合自动变速器进行独立正确的拆装;
◎ 对双离合自动变速器各部件进行检查并得出维修意见;
◎ 独立完成双离合自动变速器的检修;
◎ 对已完成的任务进行记录和评价,并正确处理废旧零件、辅料、废液等。

## 相关知识

### 一 系统组成与结构

变速器管理系统组成如图 6-25 所示，其结构如图 6-26 所示。

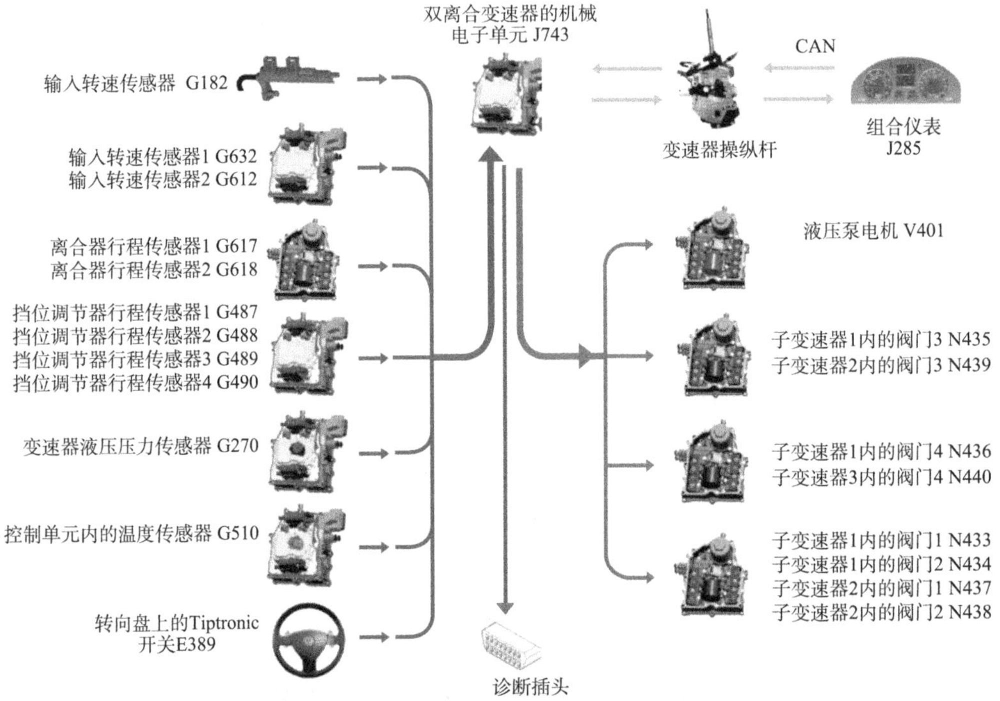


图 6-25 变速器管理系统组成

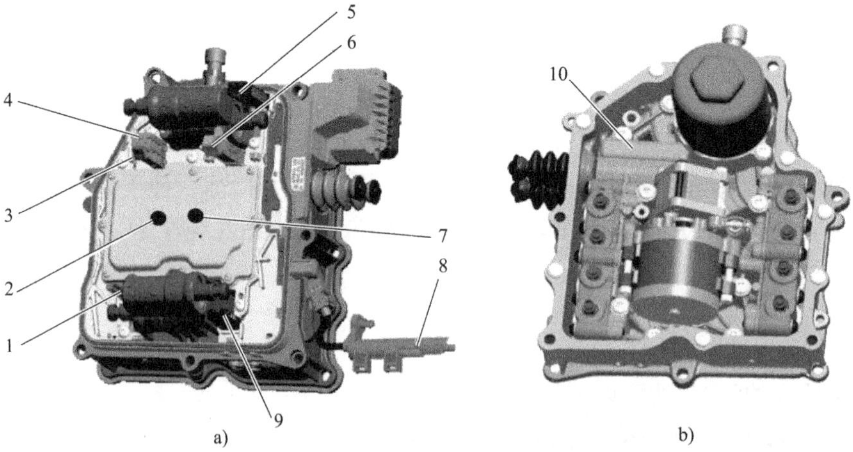


图 6-26 变速器管理系统结构

1-调节器行程传感器 2 G488(1/3 挡)；2-控制单元内的温度传感器 G510；3-变速器输入转速传感器 1 G632；4-挡位调节器行程传感器 3 G489(5/7 挡)；5-挡位调节器行程传感器 4 G490(6/R 挡)；6-变速器输入转速传感器 G162；7-变速器液压压力传感器 G270；8-变速器输入转速传感器 G182；9-挡位调节器行程传感器 1 G487(4/2 挡)；10-离合器行程传感器 1/2 G617/G618

## 二　工作原理

变速器管理系统工作原理如图 6-27 所示。

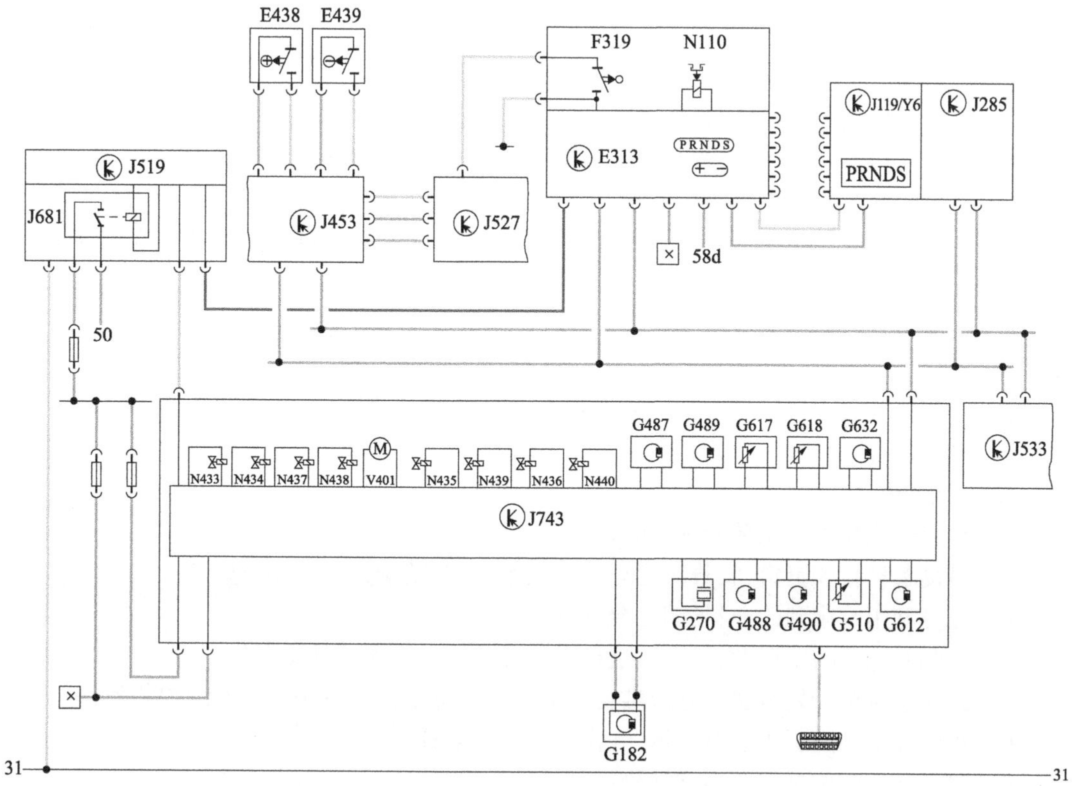


图 6-27　变速器管理系统工作原理

E313-变速器操纵杆；E438-转向盘上的 Tiptronic 换高挡开关；E439-转向盘上的 Tiptronic 换低挡开关；F319-变速器操纵杆 P 挡锁止开关；G182-变速器输入转速传感器；G270-变速器液压压力传感器；G487-挡位调节器行程传感器 1；G488-挡位调节器行程传感器 2；G489-挡位调节器行程传感器 3；G490-挡位调节器行程传感器 4；G510-控制单元内的温度传感器；G612-变速器输入转速传感器 2；G617-离合器行程传感器 1；G618-离合器行程传感器 2；G632-变速器输入转速传感器 1；J119-多功能显示屏；J285-组合仪表控制单元；J453-多功能方向盘控制单元；J519-车载电位控制单元；J527-转向柱电子装置控制单元；J533-数据总线诊断接口；J681-总线端 15 供电继电器 2；J743-双离合器变速器机械电子单元；N110-选挡杆锁电磁铁；N433-子变速器 1 内的阀门 1；N434-子变速器 1 内的阀门 2；N435-子变速器 1 内的阀门 3；N436-子变速器 1 内的阀门 4；N437-子变速器 2 内的阀门 1；N438-子变速器 2 内的阀门 2；N439-子变速器 2 内的阀门 3；N440-子变速器 2 内的阀门 4；V401-液压泵电机；Y6-选挡杆位置显示器

## 任务实施

1. 任务描述

对一频繁跳挡的双离合自动变速器车辆进行故障检修，对电子控制系统进行检查，利用故障诊断仪读取故障代码，根据检查结果制定具体的维修方案，独立完成整个维修过程，修复后车辆能够正常运转，且无异响、无漏油现象。

2. 准备工作

(1)配备多媒体的一体化教室;

(2)双离合自动变速器轿车 1 辆/组;

(3)举升机 1 台/组;

(4)相关资料、维修手册 1 套。

3. 技术要求与注意事项

(1)根据维修工单,对双离合自动变速器电子控制系统进行故障检修;

(2)自动变速器故障代码、数据流的读取及故障原因分析对应;

(3)在操作开始前,要求穿着实训服、工作鞋,禁止佩戴饰物进行作业;

(4)车辆正确停放至举升机位,进行必要的防护,挂入驻车/P 挡,拉紧驻车制动器操纵杆;

(5)注意举升机操作安全、升降平稳,车辆升至较高位置时需要检查是否锁止并安装安全支架;

(6)操作完成后,需将工具设备、资料等放回原位,并正确处理废旧零件、辅料、废液等,注意现场 6S 规范。

4. 实施步骤

(1)小组讨论知识积累部分讲解的知识;

(2)借助各种相关资料,收集对应车型的基本参数、结构特点等相关信息;

(3)充分利用收集到的资料,制订合理的工作计划;

(4)教师对计划的安全性、可行性进行审核并指导学生做好准备工作;

(5)组织学生按计划步骤实施双离合自动变速器电子控制系统检查及维护任务;

(6)小组在实施过程中进行展示,并由教师进行点评;

(7)对任务的实施进行总结和评价;

(8)完成任务工单的填制。

## 学习测试

### 一、填空题

1. ________基于手动变速器发展而来的,其工作原理是通过将变速器挡位按________分开布置,分别与两个________连接,通过切换两个离合器的工作状态,就可以完成________动作。

2. 由于在 DSG 中没有使用________等可以吸收系统振动的元件,所以需要采用________来吸收系统的扭转振动。

3. 液压控制系统主要负责接受________的控制指令,对________和________的换挡机构进行操纵。液压控制系统主要包括________、换挡机构控制部分和冷却部分。

4. 在 DCT 中,必须实现换挡过程的自动化,这就要增加________来完成换挡任务,通常使用一个________两个________来控制。每个挡有一个________。

5. 为了保证换挡时拨叉到达________,拨叉位置应受到精确控制。________是换挡拨叉位置精确度控制装置，________把拨叉位置传给电脑确定拨位。

## 二、选择题

1. DSG 变速器中，双离合器的作用是(　　)。

A. 切断发动机的转矩

B. 实现变速器的挡位变换

C. 将发动机转矩传递给不同的传输组件

D. 减小发动机转矩引起的振动

2. 影响双离合器控制的参数有(　　)。

A. 发动机转速和车辆行驶速度

B. 车辆行驶速度和发动机转矩

C. 制动压力和发动机转速

D. 发动机转矩和发动机转速

3. DSG 变速器中，输入轴 1 上的齿轮有(　　)

A. 1 挡和倒挡齿轮　　B. 4 挡和 6 挡齿轮

C. 2 挡齿轮　　D. 6 挡

4. 变速器操纵杆拉索的作用(　　)。

A. 将变速器操纵杆位置信息传给控制单元

B. 操纵驻车锁

C. 将变速器操纵杆置于空挡位置

D. DSG 变速器中没有变速器操纵杆拉索

5. 迈腾匹配的 DSG 变速器的变速器油更换周期是(　　)。

A. 2 年　　B. 60000km

C. 2 年或 60000km　　D. 免维护

## 三、判断题

1. 为了保证换挡时拨叉到达指定位置，拨叉位置应受到精确控制，因此，需要行程传感器把拨叉位置传给电脑确定拨位。(　　)

2. 迈腾双离合自动变速器的离合器 K2 与 1、3、5 挡齿轮相连。(　　)

3. 迈腾双离合自动变速器的离合器 K1 与 2、4、6 齿轮相连。(　　)

4. 在 DCT 中，必须实现换挡过程的自动化，这就要增加自动换挡机构来完成换挡任务，通常使用 2 个拨叉两个油缸来控制。每个挡有一个同步器。(　　)

5. 双离合器式自动变速器有两组离合器，前进位、倒挡每个挡位都有同步器操作模式，也可以实现手自动一体换挡模式。(　　)

6. 将排列各挡的齿轮分为偶数挡齿轮和奇数挡齿轮两组。(　　)

7. 因为在换挡时嵌入两个挡位(即主动挡和预选的相邻挡位)，所以能在两个挡位间迅速换挡，如同液力自动变速器那样而没有牵引力中断。(　　)

## 四、简答题

1. 请分析双离合自动变速器的优缺点。
2. 结合图说明双离合自动变速器换挡的原理。
3. 双离合自动变速为什么需要扭转减振器?

# 项目七

## 万向传动装置异响故障检修

**【企业场景对接】**

在4S店售后车间，针对一辆客户反映传动轴部分异响的汽车，请你接受顾客抱怨，了解该车万向传动装置的类型、结构、故障现象及持续时间等信息；根据初步诊断制订合理的维修计划，完成维修工单的派发；按照工单要求对车辆进行检修，按照具体的情况对万向节、中间支承和传动轴进行拆解检修。根据检修结果制订具体的维修方案，独立完成整个维修过程，装车使用，传动轴装复后能够正常运转，且无异响、漏油现象。

**【岗位能力对接】**

工作岗位技能标准与专业课程融合对接，本项目教学内容与汽车维修技师岗位能力要求中对应的模块及职业技能要求如下。

| 工作领域 | 工作任务 | 职业技能 |
|---|---|---|
| 汽车维修技师岗 | 工作安全与作业准备 | 安全注意事项 |
| | | 工具和设备的使用注意事项 |
| | 汽车传动系统检测维修 | 传动轴万向节检修 |
| 汽车维修技术总监岗 | 汽车传动系统诊断分析 | 传动轴万向节故障诊断分析 |

## 任务1　检修万向节

### 提出任务

一辆五十铃12座旅行车起步及正常行驶时，主减速器发出“咕噜咕噜”的响声，滑行时响声特别清晰,并且传动轴也有异响。请你根据维修工单要求对该车进行检修,首先对传动轴进行拆解检修,检查各处万向节是否有松旷、变形等现象,根据检查结果制订具体的维修方案,独立完成整个维修过程,传动轴装复后能够正常运转,且无异响、漏油现象。

## 任务目标

通过本任务的学习,达到以下目标:

◎ 看懂维修工单,并根据工单进行实际操作;

◎ 分析万向节损坏后对车辆运行的影响;

◎ 根据故障现象判断万向节松旷的故障;

◎ 完成万向节的检测,判定其技术状况;

◎ 制定万向节的维修方案;

◎ 按照方案,熟练地进行万向节的故障排除及装配作业;

◎ 对已完成的任务进行记录和评价,并正确处理废旧零件、辅料、废液等。

## 相关知识

### 一 万向传动装置概述

1. 作用与组成

万向传动装置的作用是连接不在同一直线上的两根轴(如变速器输出轴和主减速器输入轴),并保证在两轴之间的夹角和距离经常变化的情况下,仍能可靠地传递动力,如图 7-1 所示。

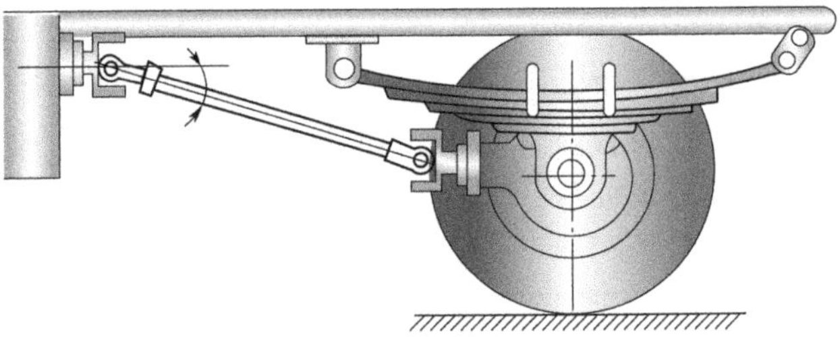

图 7-1 万向传动装置示意图

万向传动装置主要由万向节、传动轴及中间支承组成,如图 7-2 所示。

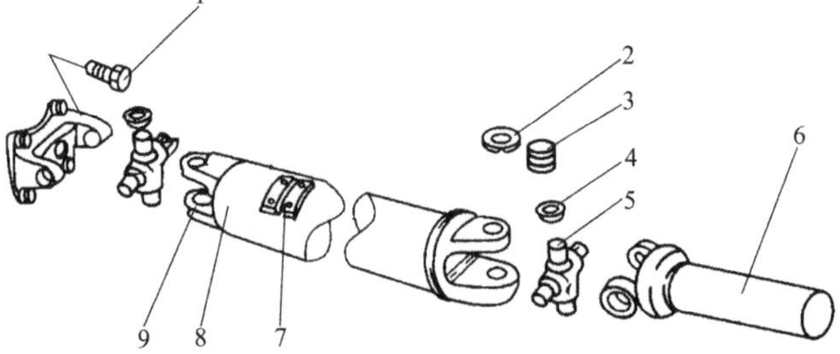


图 7-2 万向传动装置的组成

1-螺栓;2-卡环;3-轴承;4-油封;5-十字轴;6-滑动叉;7-平衡片;8-套管;9-万向节叉

2. 应用

万向传动装置的应用十分普遍，如图 7-3 所示，在汽车上主要有以下几个方面。

（1）安装于变速器（或分动器）与驱动桥之间。汽车的变速器、离合器与发动机一般合为一体装在车架上，驱动桥通过悬架与车架相连。在负荷变化及汽车在不平路面行驶时引起的跳动，会使驱动桥输入轴与变速器输出轴间的夹角和距离发生变化。

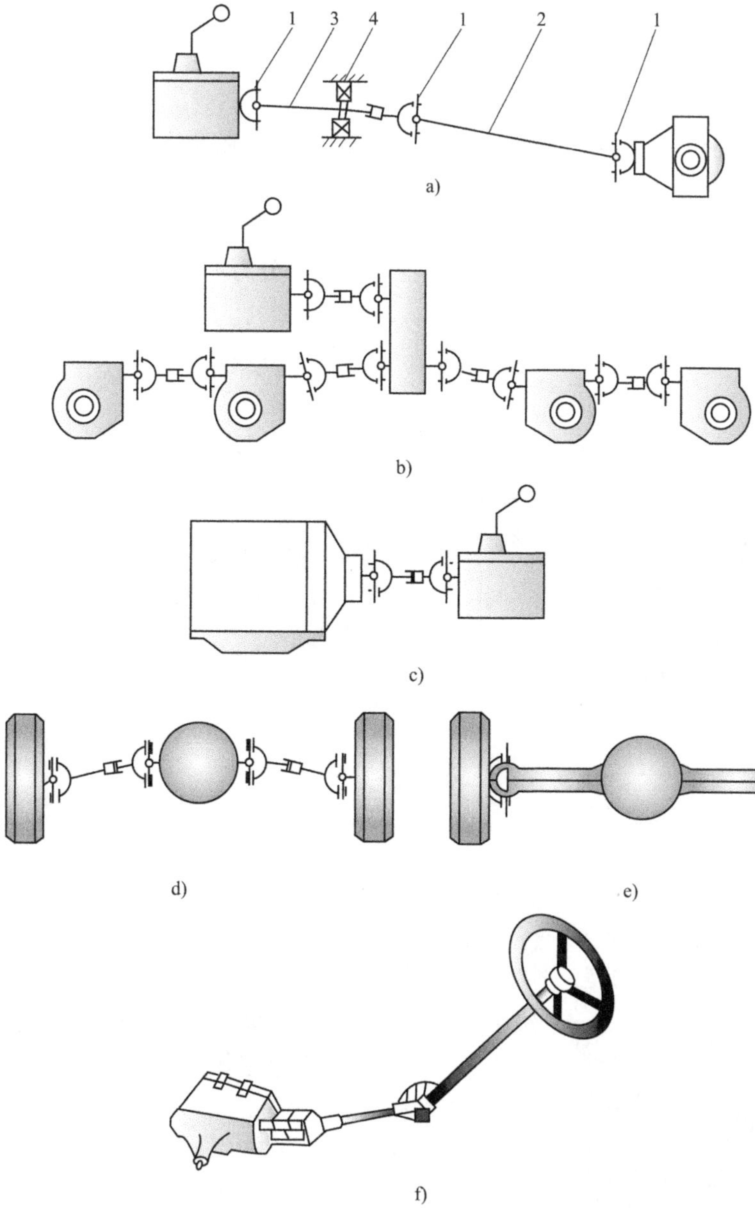


图 7-3　万向传动装置的应用

1-万向节；2-后传动轴；3-前传动轴；4-中间支承

（2）安装于越野汽车变速器与分动器之间。为消除车架变形及制造、装配误差等引起的轴线同轴度误差对动力传递的影响，需装有万向传动装置。

(3)安装于汽车的转向驱动桥中。汽车转向驱动桥的半轴是分段的,转向时两段半轴轴线相交交角变化,因此要用到万向节。

(4)安装于断开式驱动桥的半轴上。主减速器壳在车架上是固定的,桥壳上下摆动,半轴是分段的,需用到万向节。

(5)安装于汽车的转向操纵机构中。部分汽车的转向轴装有万向传动装置以利于转向机构的总体布置。

## 二 万向节

万向节即万向接头,是万向传动装置的核心组成部件,作用是实现变角度动力传递,应用于需要改变传动轴线方向的位置。

万向节的种类很多,根据万向节在扭转方向上是否有明显的弹性可分为刚性万向节和挠性(柔性)万向节。其中,刚性万向节按照速度特性又可分为不等速万向节、准等速万向节和等速万向节三种,万向节的类型如图 7-4 所示。

- 万向节
  - 刚性万向节
    - 不等速万向节 —— 十字轴式万向节
    - 准等速万向节
      - 双联式准等速万向节
      - 凸块式准等速万向节
      - 三销轴式准等速万向节
      - 球面滚轮式准等速万向节
    - 等速万向节
      - 球叉式等速万向节
      - 球笼式等速万向节
  - 挠性万向节
    - 橡胶盘
    - 橡胶块
    - 橡胶金属套筒

图 7-4 万向节类型

### 1. 十字轴式万向节

十字轴式万向节(图 7-5)是一种不等速万向节,又称为普通万向节,是目前汽车传动系统中应用最广的一种万向节,它允许相邻两轴在最大交角为 15°~20°的情况下工作。

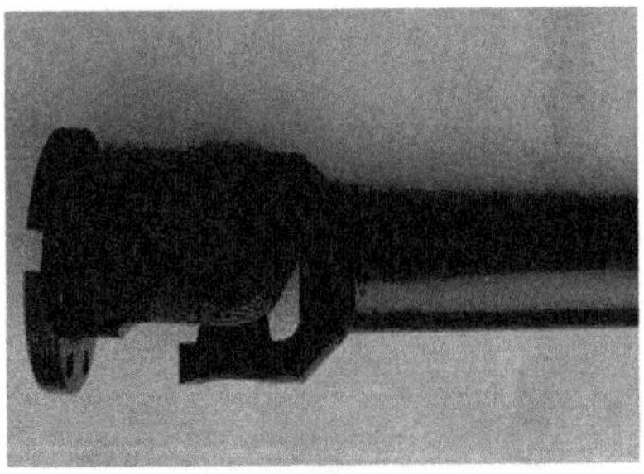

图 7-5 十字轴式万向节

(1)结构。

十字轴式万向节的结构如图 7-6 所示,它由一个十字轴 6、两个万向节叉(7,10)和四个滚针轴承 9 等组成。两万向节叉 7 和 10 上的孔分别套在十字轴 7 的两对轴颈上。这样当主动轴转动时,从动轴既可随之转动,又可绕十字轴中心在任意方向摆动,这样就适应了夹角和距离同时变化的需要。在十字轴轴颈和万向节叉孔间装有滚针轴承 9，滚针轴承外圈靠卡环 8 轴向定位。

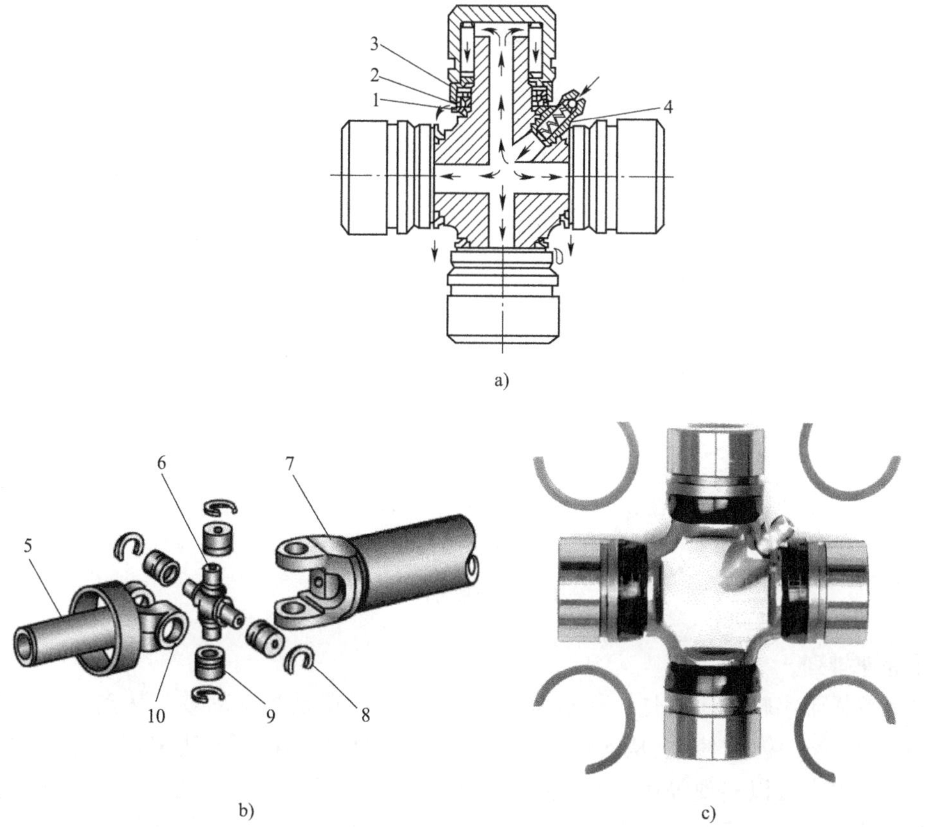


图 7-6　十字轴式万向节结构图

1-油封挡盘；2-油封；3-油封座；4-注油嘴；5-套筒；6-十字轴；7、10-万向节叉；8-卡环；9-轴承

为了润滑轴承，十字轴上一般安有注油嘴并有油路通向轴颈。润滑油可从注油嘴注到十字轴轴颈的滚针轴承处。十字轴上设有安全阀，当十字轴内腔润滑脂压力超过允许值时，阀打开润滑脂外溢，使油封不会因油压过高而损坏。油封可以避免润滑脂流出及尘垢进入轴承。为提高轴承的使用寿命，现代汽车多采用橡胶油封，当油腔内的润滑油压力大于允许值时，多余的润滑油从油封内圆表面与十字轴轴颈接触处溢出，故无须安装安全阀。

（2）特性。

①速度特性。

如图 7-7a）所示：$V_a = \omega_1 r = \omega_2 r\cos\alpha \ \omega_2 = \frac{\omega_1}{\cos\alpha}$，此时 $\omega_2 > \omega_1$；如图 7-7b）所示，当主动叉轴转过 90°：$V_b = \omega_1 r \cos\alpha = \omega_2 r \omega_2 = \omega_1 \cos\alpha$，此时 $\omega_2 < \omega_1$。

当十字轴式万向节的主动叉等角速转动时，从动叉非等角速转动。当主动叉轴以等角速旋转时,从动叉轴非等角速转动,从图 7-7a)转到图 7-7b)位置,从动叉轴的角速度由最大值变至最小值。主动叉轴再转 90°,从动叉轴的角速度由最小值变至最大值。从动叉轴角速度变化的周期为 180°。

从动叉轴不等速程度随轴间夹角的增大而变大,而主、从动轴的平均转速是相等的,即主动轴转一圈时,从动轴也转一圈。不等速是针对转动一圈内的角速度而言。单个普通万向节的不等速性会使从动轴及与其相连的传动部件产生扭转振动,产生附加的交变载荷,影响零部件使用寿命。

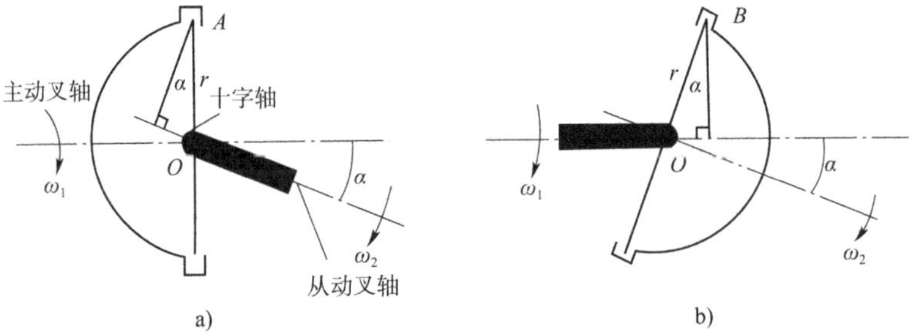


图 7-7　速度特性示意图

②等速排列。

单个普通十字轴万向节是一种不等速万向节,其特点是当主动轴与从动轴之间有夹角时,不能进行等速传递,使主、从动轴的角速度发生周期性不等,而合理采用双十字轴万向节传动的设计方案可以实现等速传递;将主、从动轴的角速度在两轴之间的夹角变动时仍然相等的万向节称为等角速度万向节或等速万向节;准等速万向节是一种近似等速万向节的万向节,可以通过分度机构等部件实现主、从动轴之间的近似等速传递。

等速排列的条件下,输入轴与输出轴与传动轴的夹角相等,传动轴两端的万向节叉在同一平面内。

其排列方式为如下。

a. 平行排列:第一个万向节的从动叉和第二个万向节的主动叉与传动轴相连,且传动轴两端的万向节叉在同一平面内;输入轴、输出轴轴线平行,如图 7-8 所示。

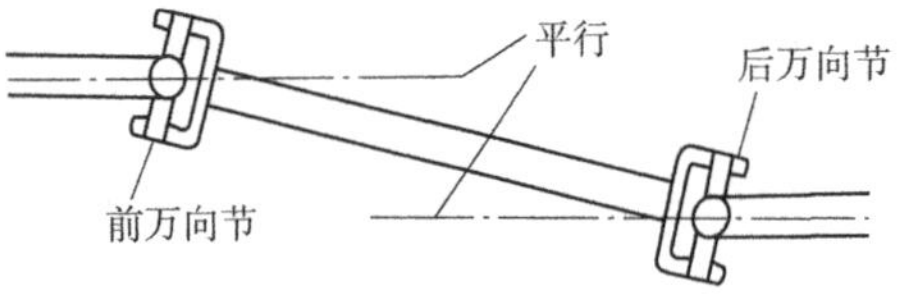


图 7-8　等速排列示意图

b. 等腰三角形排列:输入轴、输出轴同传动轴三轴线成等腰三角形。

通过正确的装配工艺可以保证与传动轴两端相连的万向节叉在同一平面内。变速器与主减速器的相对位置不是固定的,对于条件 $\alpha_1=\alpha_2$ 而言,采用驱动轮独立悬架时,才有可能通过整车的总体布置来实现。驱动轮采用非独立悬架时,由于弹性悬架的振动,主减速器输入轴与变速器输出轴的相对位置不断变化,不可能在任何情况下都保证 $\alpha_1=\alpha_2$,此时万向传动装置只能使传动的不等速性尽可能小。

所谓等速传动，是对传动轴两端的输入轴和输出轴而言。对传动轴来说，只要夹角不为零，就为不等角速转动，而与传动轴的排列方式无关。

(3)检修。

十字轴式万向节的损伤形式主要有裂纹、磨损等。十字轴轴颈表面有疲劳剥落、磨损沟槽或滚针压痕深度在0.10mm以上时，应更换。滚针轴承的油封失效、滚针断裂、轴承内圈有疲劳剥落时，应更换。十字轴与轴承的最小配合间隙应符合原厂规定，最大配合间隙应符合表7-1的规定。

**十字轴与轴承的配合间隙(mm)**　　表7-1

| 十字轴轴颈直径 | ≤18 | 18~23 | >23 |
|---|---|---|---|
| 最大配合间隙 | 符合原厂规定 | 0.10 | 0.14 |

2.准等速万向节

(1)双联式万向节。

双联式万向节(图7-9)由两个十字轴万向节组合而成。为了保证两万向节连接的轴工作转速趋于相等，可设有分度机构。偏心十字轴双联式万向节取消了分度机构，也可确保输出轴与输入轴接近等速。五分度杆的双联式万向节，在越野车的转向驱动桥中应用较广泛。此时采用主销中心偏离万向节中心1~3.5mm的方法，使两万向节的工作转速接近相等。双联式万向节的主要优点是允许两轴间的夹角较大(一般可达50°，偏心十字轴双联式万向节可达60°)，轴承密封性好，效率高，工作可靠，制造方便。缺点是结构较复杂，外形尺寸较大，零件数目较多。当应用于转向驱动桥时，由于双联式万向节轴向尺寸较大，为使主销轴线的延长线与地面交点到轮胎的接地印迹中心偏离程度小，需用较大的主销内倾角。

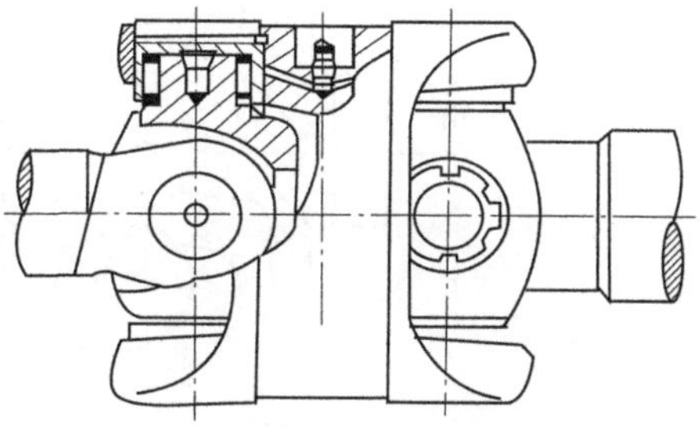

图7-9　双联式万向节结构

(2)凸块式万向节。

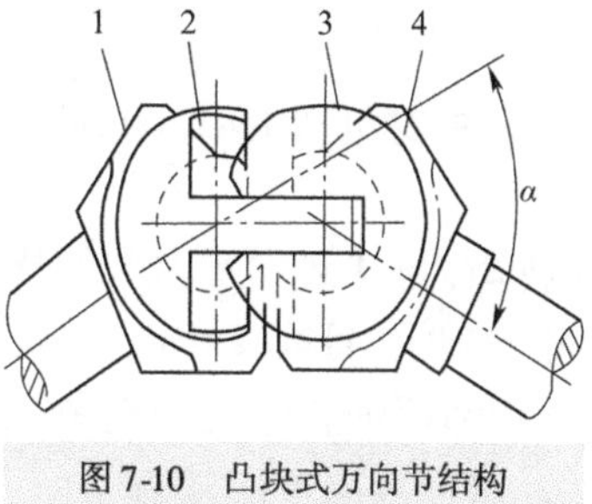


图7-10　凸块式万向节结构
1-左万向节叉；2-左凸块；3-右凸块；4-右万向节叉

就运动副来看，凸块式万向节(图7-10)也是一种双联式万向节。它主要由两个万向节叉(1和4)以及两个特殊形状的凸块(2和3)组成。两凸块相当于双联万向节装置中两端带有位于同一平面上的两万向节叉的中间轴及两十字销，因此，可以保证输入轴与输出轴近似等速。这种结构工作可靠，加工简单，允许的万向节夹角较大(可达50°)。但是由于工作面均为滑动摩擦，所以效率低，摩擦表面易磨损，且对密封和润滑要求较高。它主要用于中型以上越野车的转向驱动桥。

(3)三销轴式万向节。

三销轴式万向节(图7-11)是由双联式万向节演变而来。它主要由两个偏心轴叉、两个三销轴和六个滚针轴承组成。三销轴式万向节允许所连接的两轴最大夹角为45°，易于密

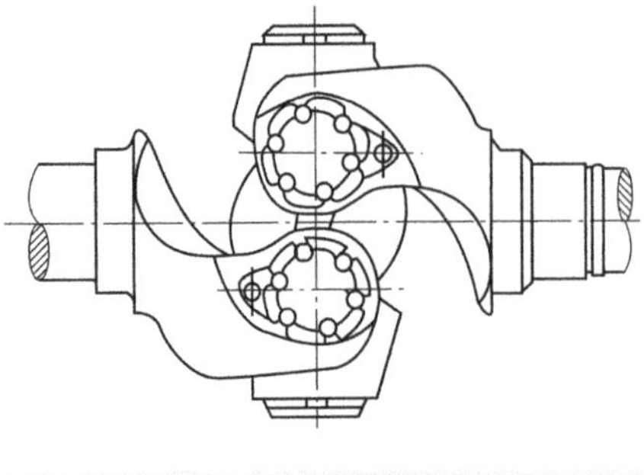

图 7-11　三销轴式万向节结构

封。但其外形尺寸较大,零件形状较复杂,毛坯需要精确模锻。由于在工作中三销轴间有相对轴向滑动,万向节的两轴受有附加弯矩和轴向力,所以主动轴一侧需装轴向推力轴承。这种结构目前用于个别中、重型越野车的转向驱动桥中。

3. 等速万向节

(1)球叉式万向节。

球叉式万向节按其钢球滚道形状不同可分为圆弧槽和直槽两种形式。

圆弧槽滚道型的球叉式万向节[图 7-12a)]由两个万向节叉、四个传力钢球和一个定心钢球组成。直槽滚道型球叉式万向节[图 7-12b)]两个球叉上的直槽与轴的中心线倾斜相同的角度,彼此对称。

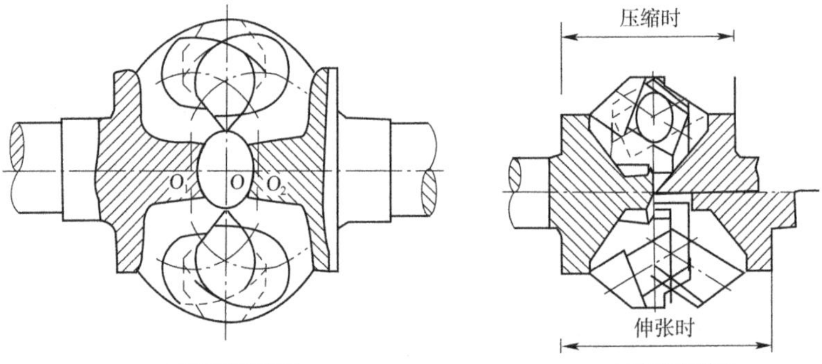


a)圆弧槽滚道型　　b)直槽滚道型

图 7-12　球叉式万向节结构

圆弧槽型球叉式万向节主要应用于轻、中型越野车的转向驱动桥中。直槽型球叉式万向节主要应用于断开式驱动桥中,当半轴摆动时,用它可补偿半轴的长度变化而省去滑动花键。

(2)球笼式万向节。

球笼式万向节(图 7-13)是目前应用最为广泛的等速万向节。主要包括 Rzeppa 型球笼式万向节、Birfield 型球笼式万向节和伸缩型球笼式万向节。

球笼式等速万向节可在两轴最大交角为 42°的情况下传递转矩,与球叉式万向节相比,其承载能力强、结构紧凑、拆装方便,因此应用越来越广泛。在此基础上,目前又推出三球销式等速万向节(图 7-14),特点是保证两轴角速度接近相等;允许相邻两轴有较大的交角,最大可达 45°,可使汽车获得较小的转弯半径,提高汽车的机动性。这种万向节的缺点是所占空间较大。

4. 挠性(柔性)万向节

挠性万向节(图 7-15)依靠其中弹性元件的弹性变形来保证在相交两轴间传动时不发生干涉。弹性元件可以是橡胶盘、橡胶金属套筒、铰接块、六角环形橡胶圈等多种形状。

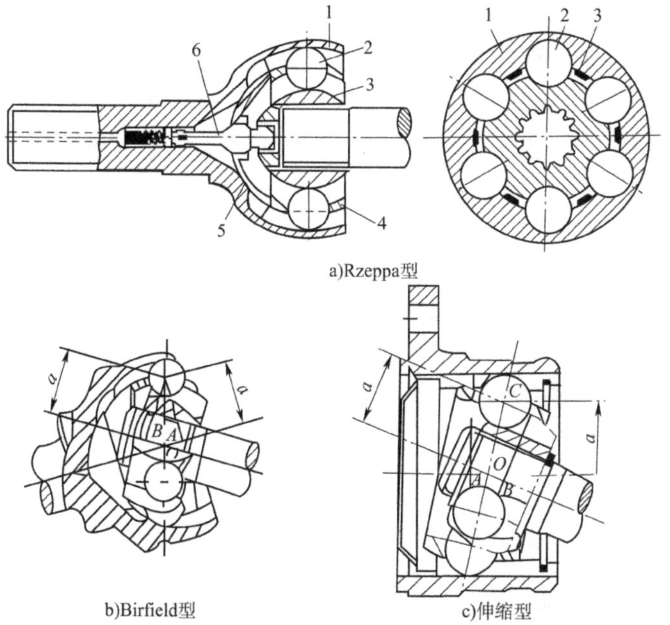


图 7-13　球笼式万向节结构

1-球形壳;2-钢球;3-星形套;4-球笼;5-导向盘;6-分度杆

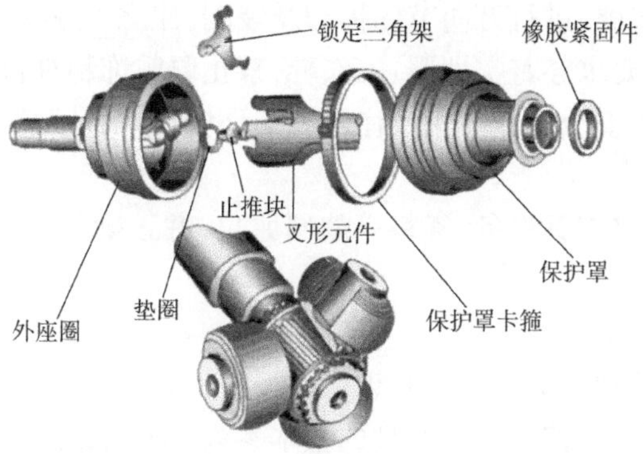


图 7-14　三球销式万向节结构

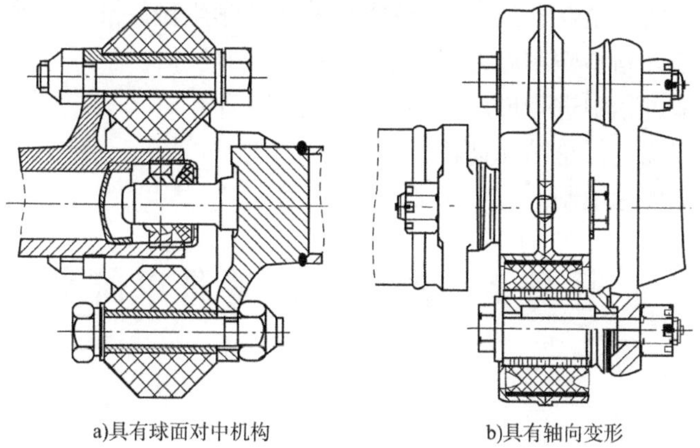


图 7-15　环形挠性万向节

挠性万向节能减小传动系统的扭转振动、动载荷和噪声，结构简单，使用中不需润滑，一般用于两轴间夹角不大(一般为 3° ~ 5°) 和很小轴向位移的万向传动场合。如它常在轿车万向节传动中，被用作靠近变速器的第一万向节或安装在重型汽车发动机与变速器间、越野汽车变速器与分动器之间，以消除制造安装误差和车架变形对传动的影响。

## 任务实施

1. 任务描述

一辆汽车行驶时底盘发出异响，对该车辆进行检修，首先对传动轴进行拆解检修，检查各处万向节是否有松旷、变形等现象，根据检查结果制订具体的维修方案，独立完成整个维修过程，传动轴装复后能够正常运转，且无异响、漏油现象。

2. 准备工作

(1) 配备多媒体的一体化教室；

(2) 手动或自动挡轿车 1 辆/组；

(3) 举升机 1 台/组；

(4) 相关资料、维修手册 1 套。

3. 技术要求与注意事项

(1) 根据维修工单，对万向节进行检修，判定其技术状况；

(2) 按照维修手册步骤，进行万向节的拆卸及装配，注意做好润滑；

(3) 在操作开始前，要求穿着实训服、工作鞋，禁止佩戴饰物进行作业；

(4) 注意举升机操作安全，升降平稳，注意周围环境，车辆升至较高位置时需要检查是否锁止并安装安全支架；

(5) 操作完成后，需将工具设备、资料等放回原位，并正确处理废旧零件、辅料、废液等，注意现场 6S 规范。

4. 实施步骤

(1) 小组讨论知识积累部分讲解的知识；

(2) 借助各种相关资料，搜集对应车型的基本参数、结构特点、布置形式等相关信息；

(3) 充分利用搜集到的资料，制订合理的工作计划；

(4) 教师对计划的安全性、可行性进行审核并指导学生做好准备工作；

(5) 组织学生按计划步骤实施万向节的检查及维护任务；

(6) 小组在实施过程中进行展示，并由教师进行点评；

(7) 对任务的实施进行总结和评价；

(8) 完成任务工单的填制。

# 任务 2　检修传动轴和中间支承

## 提出任务

一辆五十铃 12 座旅行车起步及正常行驶时，主减速器发出"咕噜咕噜"的响声，滑行时响声特别清晰，同时传动轴也有异响。请你根据维修工单要求对该车进行检修，包括对传动轴和中间支承的拆解检修。根据检查结果制订具体的维修方案，独立完成整个维修过程，传动轴装复后能够正常运转，且无异响、漏油现象。

## 任务目标

通过本任务的学习，达到以下目标：

◎ 看懂维修工单，并根据工单进行实际操作；

◎ 分析传动轴与中间支承损坏后对车辆的影响；

◎ 根据现象判断传动轴动不平衡、中间支承松旷故障；

◎ 完成传动轴与中间支承的检测，判定其技术状况；

◎ 制定传动轴维修方案；

◎ 根据方案拆装和检修传动轴、中间支承；

◎ 对已完成的任务进行记录和评价，并正确处理废旧零件、辅料、废液等。

## 相关知识

### 一　传动轴的功用及结构

1. 功用

传动轴用于连接变速器（或分动器）和驱动桥，在转向驱动桥和断开式驱动桥中，则用来连接差速器和驱动轮。

2. 结构

传动轴（图7-16）通常是一壁厚均匀的管轴，有实心轴和空心轴之分。多为空心轴，一般用厚度为1.5～3.0mm且厚薄均匀的钢板卷焊而成，超重型货车则直接采用无缝钢管。转向驱动桥、断开式驱动桥或微型汽车的传动轴通常制成实心轴。

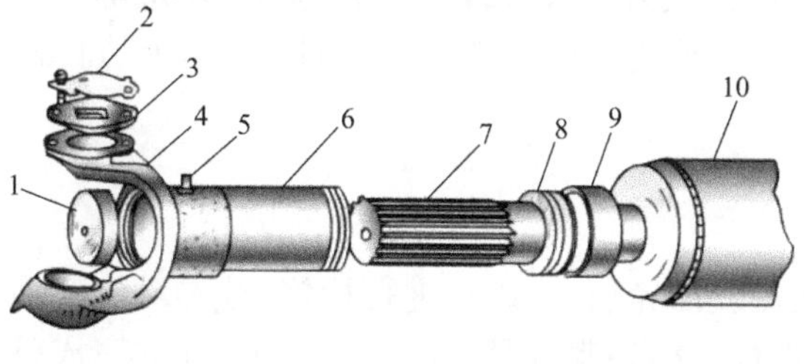


图7-16　传动轴的结构

1-盖子；2-盖板；3-盖垫；4-万向节叉；5-加油嘴；6-伸缩套；7-滑动花键槽；8-油封；9-油封盖；10-传动轴管

传动轴过长时，自振频率降低，易产生共振。故将其分成两段并加中间支撑。中间传动轴前端焊有万向节叉，后端焊有花键轴，其上套装带内花键的凸缘盘；主传动轴前端焊有花键轴，其上套装滑动叉并可在花键轴上轴向滑动，使传动轴可伸缩，适应变速器与驱动桥相对位置的变化，花键部分用润滑脂润滑，并用油封（即橡胶伸缩套）防漏。为了防水、防尘，滑动叉前端装有带小孔的堵盖，后端与轴管间装有可伸缩的橡胶套，其两端用带开口销的带箍卡紧。传动轴两端用十字轴万向节分别与输入轴和输出轴连接。为了减少传动轴中花键连接的轴向移动阻力和磨损,有的传动轴在花键槽内设置滚动元件,将滑动摩擦改为滚动摩擦。

## 二 中间支承的功用及结构

1. 功用

中间支承安装在车架横梁上,能补偿传动轴轴向和角度安装方向的误差,以及汽车行驶过程中因发动机窜动或车架变形等引起的位移。

2. 结构

中间支承由轴承、带油封的盖、支架、弹性元件等组成,其结构如图7-17所示。

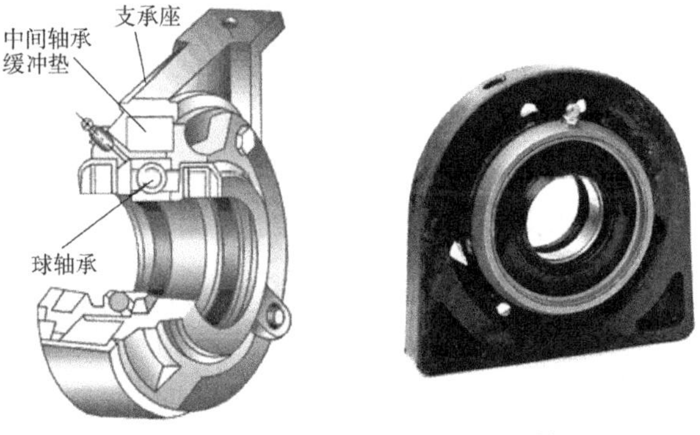


图7-17 传动轴中间支承的结构

## 三 传动轴的检修

传动轴两端的连接件安装好后,应进行动平衡试验。在质量轻的一侧补焊平衡片,使其不平衡量不超过规定值。为防止装错位置和破坏平衡,滑动叉、轴管都刻有带箭头的记号,装配时应使记号对准,此时两端万向节叉也正好在同一平面内。为保持平衡,油封上两个带箍的开口销应装在间隔180°的位置上,万向节的螺钉、垫片等零件不应随意改换规格。为加注润滑脂方便,万向节和滑动叉上的滑脂嘴应在一条直线上,且万向节上的润滑脂嘴应朝向传动轴。

## 任务实施

1. 任务描述

一辆汽车行驶时底盘发出异响,对该车进行检修,首先对传动轴进行拆解检修,检查传动轴和中间支承等,根据检查结果制订具体的维修方案,独立完成整个维修过程,传动轴装复后能够正常运转,且无异响、漏油现象。

2. 准备工作

(1)配备多媒体的一体化教室;

(2)手动或自动挡轿车1辆/组;

(3)举升机1台/组;

(4)相关资料、维修手册1套。

3. 技术要求与注意事项

(1)根据维修工单,进行传动轴的检修;

(2)传动轴动平衡后注意做好标记,装配时将标记对正;

(3)在操作开始前,要求穿着实训服、工作鞋,禁止佩戴饰物进行作业;

(4)注意举升机操作安全,升降平稳,注意周围环境,车辆升至较高位置时需要检查是否锁止并安装安全支架;

(5)操作完成后,需将工具设备、资料等放回原位,并正确处理废旧零件、辅料、废液等,注意现场6S规范。

4. 实施步骤

(1)小组讨论知识积累部分讲解的知识;

(2)借助各种相关资料,收集对应车型的基本参数、结构特点等相关信息;

(3)充分利用收集到的资料,制订合理的工作计划;

(4)教师对计划的安全性、可行性进行审核并指导学生做好准备工作;

(5)组织学生按计划步骤实施传动轴及中间支承的检查及维护任务;

(6)小组在实施过程中进行展示,并由教师进行点评;

(7)对任务的实施进行总结和评价;

(8)完成任务工单的填制。

## 学习测试

### 一、填空题

1. 万向传动装置一般由________和________组成,有时还加装________。

2. 万向传动装置用来传递轴线________且相对位置________的转轴之间的动力。

3. 万向传动装置除用于汽车的传动系统外,还可用于________和________。

4. 目前,汽车传动系统中广泛应用的是________万向节。

5. 如果双十字轴式万向节要实现等速传动,则第一万向节的________必须与第二万向节的________在同一平面内。

6. 等速万向节的基本原理是从结构上保证万向节在工作过程中________。

7. 传动轴在高速旋转时,由于离心力的作用将产生剧烈振动。因此,当传动轴与万向节装配后,必须满足________要求。

8. 为了避免运动干涉,传动轴中设有由________和________组成的滑动花键连接。

9. 单个万向节传动的缺点是具有________性,从而传动系统受到扭转振动,使用寿命降低。

10. 双联式万向节用于转向驱动桥时,可以没有________,但必须在结构上保证双联式万向节中心位于________与________的交点,以保证________传动。

11. 目前轿车上常用的等速万向节为________,也有采用球叉式万向节。

### 二、选择题

1. 十字轴式万向节的十字轴轴颈一般都是(　　)。

A. 中空的　　B. 实心的　　C. 无所谓　　D. A、B、C均不正确

2. 十字轴式万向节的损坏是以(　　)的磨损为标志。

A. 十字轴轴颈　B. 滚针轴承　C. 油封　D. 万向节叉

3. 十字轴式不等速万向节，当主动轴转过一周时，从动轴转过(　　)。

A. 一周　B. 小于一周　C. 大于一周　D. 不一定

4. 双十字轴式万向节实现准等速传动的前提条件之一是(　　)(设 $\alpha_1$ 为第一万向节两轴间夹角，$\alpha_2$ 为第二万向节两轴间的夹角)。

A. $\alpha_1 = \alpha_2$　B. $\alpha_2 > \alpha_2$　C. $\alpha_1 < \alpha_2$　D. 与 $\alpha_1$ 和 $\alpha_2$ 无关

5. 以下万向节中属于等速万向节的是(　　)。

A. 球笼式　B. 双联式　C. 球叉式　D. 三销轴式

6. 为了提高传动轴的强度和刚度，传动轴一般都做成(　　)。

A. 空心的　B. 实心的　C. 半空、半实的　D. 无所谓

7. 主、从动轴具有最大交角的万向节是(　　)。

A. 球笼式　B. 球叉式　C. 双联式　D. 三销轴式

## 三、判断题

1. 刚性万向节是靠零件的铰链式联接来传递动力的，而挠性万向节则是靠弹性零件来传递动力的。(　　)

2. 对于十字轴式万向节来说，主、从动轴的交角越大，则传动效率越高。(　　)

3. 对于十字轴式万向节来说，主、从动轴之间只要存在交角，就存在摩擦损失。(　　)

4. 只有驱动轮采用独立悬架时，有实现第一万向节两轴间夹角等于第二万向节两轴间夹角的可能。(　　)

5. 双联式万向节实际上是一套传动轴长度减缩至最小的双万向节等速传动装置。(　　)

6. 球叉式万向节的传动钢球数比球笼式万向节多，所以承载能力强、耐磨、使用寿长。(　　)

7. 挠性万向节一般用于主、从动轴间夹角较大的万向传动的场合。(　　)

8. 传动轴两端的万向节叉，安装时应在同一平面内。(　　)

9. 汽车行驶过程中，传动轴的长度可以自由变化。(　　)

10. 单个十字轴万向节在有夹角时传动的不等速性是指主、从动轴的平均转速不相等。(　　)

## 四、简答题

1. 举例说明万向传动装置在汽车上的应用(列举三例即可)。

2. 如何利用双十字轴式万向节实现等速的条件?

3. 什么是单个刚性十字轴万向节的不等速性? 不等速性会给汽车传动带来哪些危害? 怎样实现主、从动轴的等角速传动?

4. 什么是准等速万向节? 试举出两种准等速万向节。

5. 为什么传动轴采用滑动花键连接?

6. 汽车传动系统为什么要采用万向传动装置?

# 项目八 驱动桥过热故障检修

**【企业场景对接】**

在4S店售后车间,请你根据维修工单要求对一辆客户反映驱动桥发热的车辆进行检修,了解该车驱动桥的类型、结构、故障现象及持续时间等信息;根据初步诊断制订合理的维修计划,完成维修工单的派发;按照工单要求对车辆进行检修,根据具体的情况对主减速器、差速器、半轴和桥壳进行拆解检修,根据检修结果制定具体的维修方案,独立完成整个维修过程,装车使用,驱动桥装复后能够正常运转,且无异响、无过热、无漏油现象。

**【岗位能力对接】**

工作岗位技能标准与专业课程融合对接,本项目教学内容与汽车维修技师岗位能力要求中对应的模块及职业技能要求如下。

| 工作领域 | 工作任务 | 职业技能 |
|---|---|---|
| 汽车维修技师岗 | 工作安全与作业准备 | 安全注意事项 |
| | | 工具和设备的使用注意事项 |
| | 汽车传动系统检测维修 | 齿圈和主动小齿轮检测维修 |
| | | 半轴检测维修 |
| | 差速器检测维修 | 差速器壳体总成检测维修 |
| 汽车维修技术总监岗 | 汽车传动系统诊断分析 | 齿圈和主动小齿轮故障诊断分析 |
| | | 半轴故障诊断分析 |
| | 汽车差速器检测维修 | 差速器壳体总成故障诊断分析 |

## 任务1　检修主减速器、差速器

### 提出任务

一辆丰田海狮12座汽车因驱动桥过热、异响现象来店进行维修,其行驶里程为

96000km，维修接待员进行登记后将工单交给你，请你向客户了解具体的故障，进行相关检测，找出故障点，并能够参照维修手册和相关资料，对驱动桥进行必要的拆解检修；检修完毕后装车，车辆应能正常运行，且无异响、漏油等现象，工作完成后注意工单的填制和试车。

## 任务目标

通过本任务的学习，达到以下目标：

◎ 看懂维修工单，并根据工单进行实际操作；
◎ 分析主减速器、差速器损坏后对车辆工作的影响；
◎ 完成主减速器、差速器的检测，判定其技术状况；
◎ 制订主减速器、差速器的维修方案；
◎ 根据方案拆装、检修和调整主减速器、差速器；
◎ 对已完成的任务进行记录和评价，并正确处理废旧零件、辅料、废液等。

## 相关知识

### 一 概述

发动机的动力经过离合器、变速器、万向传动装置后，传递给驱动桥。在驱动桥上将动力分配给两侧车轮。

1. 驱动桥的组成

驱动桥是汽车传动系统的最后一个总成，驱动桥一般由主减速器、差速器、半轴、桥壳等组成，如图 8-1 所示。发动机的动力传递至驱动桥后，首先经过主减速器减速增矩，再由差速器分配给左、右半轴，最后通过半轴外端的凸缘传动驱动车轮的轮毂。驱动桥的主要零部件都装在驱动桥的桥壳中，桥壳由主减速器壳和半轴套管组成。

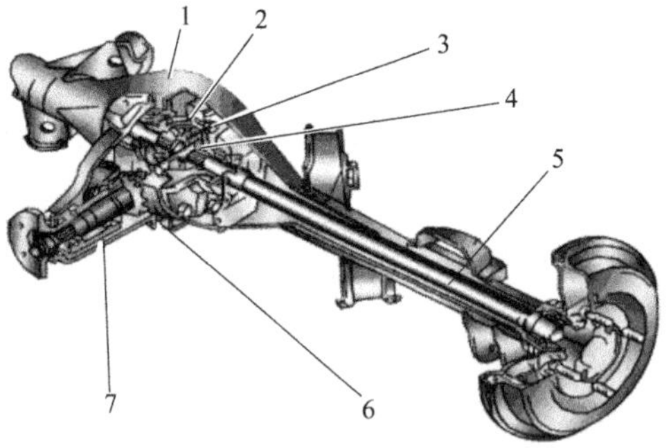


图 8-1 驱动桥的组成

1-桥壳；2-差速器壳；3-差速器行星齿轮；4-差速器半轴齿轮；5-半轴；6-主减速器行动齿轮；7-主减速器主动小齿轮

2. 驱动桥的功用

驱动桥的功用是将由万向传动装置传来的发动机转矩传递给驱动车轮，并经降速增矩、改变动力传动方向等，使汽车正常行驶，而且允许左、右驱动车轮以不同的转速旋转。

具体来说，主减速器的功用是降速增矩，改变动力传动方向；差速器的功用是允许左、右驱动车轮以不同的转速旋转；半轴的功用是将动力由差速器传给驱动车轮。

3. 驱动桥的分类

按照悬架结构的不同，驱动桥可以分为整体式驱动桥和断开式驱动桥，整体式驱动桥又称为非断开式驱动桥。

（1）整体式驱动桥。

整体式驱动桥与非独立悬架配用，如图 8-2 所示。输入驱动桥的动力首先传到主减速器主动小齿轮，经主减速器减速增矩后，再由差速器分配给左、右两个半轴，最后传至驱动轮。其中驱动桥壳通过悬架与车身或车架相连，由中间的主减速器壳和两边与之刚性连接的半轴套管组成。两侧车轮安装在刚性桥壳上，从保证半轴与车轮无法在横向平面内相对运动。

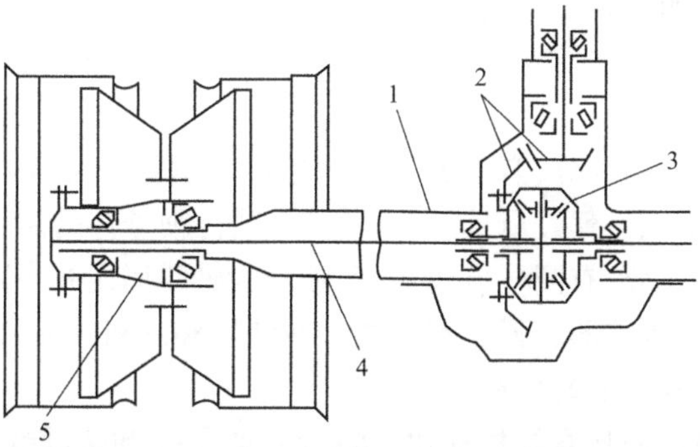


图 8-2　整体式驱动桥（非断开式驱动桥）

1-驱动桥壳；2-主减速器；3-差速器；4-半轴；5-轮毂

（2）断开式驱动桥。

断开式驱动桥与独立悬架配用，如图 8-3 所示。主减速器壳固定在车架或车身上，为了与独立悬架相适应，驱动桥壳需要分为用铰链连接的几段。为适应驱动轮独立上、下跳动的需要，差速器与车轮之间的半轴也要分段，各段之间用万向节连接。

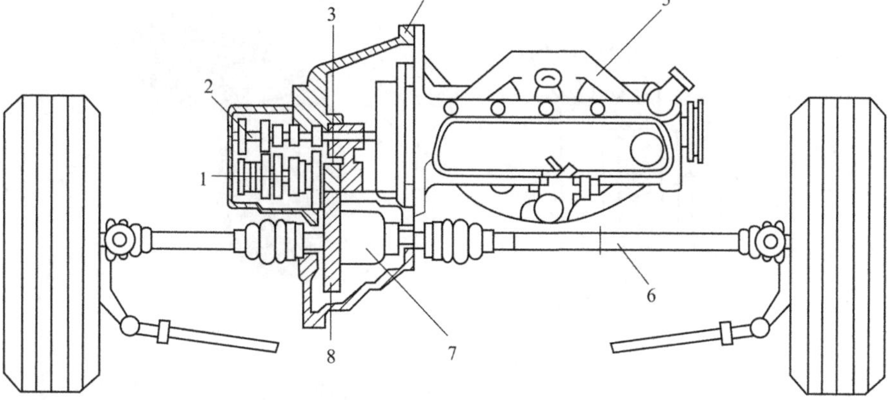


图 8-3　断开式驱动桥

1-变速器第二轴；2-变速器第一轴；3-主减速器主动齿轮；4-变速器驱动桥壳；5-发动机；6-传动轴；7-差速器；8-主减速器从动齿轮

## 二 主减速器

1. 主减速器的功用

主减速器的功用主要有以下几部分。

①将万向传动装置传来的发动机转矩传给差速器。

②在动力的传动过程中要将转矩增大并降低转速。

③对于纵置发动机,还要将转矩的旋转方向改变90°。

2. 主减速器的类型

为满足不同的使用要求,主减速器的结构形式也有所不同。

①按参加减速传动的齿轮副数目分,有单级主减速器和双级主减速器。在双级主减速器中,若第2级减速齿轮有2对,并分置于两侧齿轮附近,实际上成为独立部件,则称为轮边减速器。

②按主减速器传动比挡数分,有单速式主减速器和双速主减速器式。前者的传动比是固定的,后者有两个传动比供驾驶员选择,以适应不同行驶条件的需要。

③按齿轮副结构形式分,有圆柱齿轮式(又可分为轴线固定式主减速器和轴线旋转式主减速器,即行星齿轮式主减速器)、圆锥齿轮式主减速器和准双曲面齿轮式主减速器。

3. 单级圆锥齿轮主减速器的结构

单级圆锥齿轮主减速器具有结构简单、体积小、质量轻和传动效率高等优点,其结构示意图如图8-4所示。单级准双曲面齿轮主减速器由于齿形为双曲面,与普通螺旋圆锥齿轮相比,不仅齿轮的工作平稳性更好,轮齿的弯曲强度和接触强度更高,还具有主动齿轮的轴线可相对从动齿轮轴线偏移的特点。当主动锥齿轮轴线向下偏移时,如图8-5所示,在保证一定离地间隙的情况下,可降低主动锥齿轮和传动轴的位置,因而使车身和整个重心降低,这有利于提高汽车行驶的稳定性。

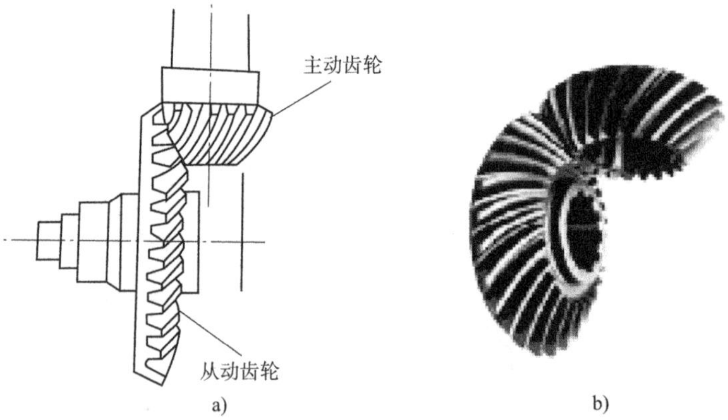


图8-4 单级主减速器示意图

如图8-6所示,在单级准双曲面锥齿轮主减速器中,主动锥齿轮与输入轴制成一体,用圆锥滚子轴承安装在主减速器壳的轴承孔中,并被台阶轴向定位,用来承受在主减速器工作时,对主动锥齿轮产生的轴向力和径向力。因为主动锥齿轮处于圆锥滚子轴承支撑点的外面，所以让两轴承小端相对，这样能增大有效支撑点的距离，并使轴承有效支撑点距锥齿轮更近，有利于增加主动锥齿轮的支撑刚度。输入轴前端的固定螺母把垫圈、叉形凸缘、轴承内圈、预紧调整垫片、隔离套管、轴承内圈、齿轮前后位置调整垫片等固定在车轮前端面上。

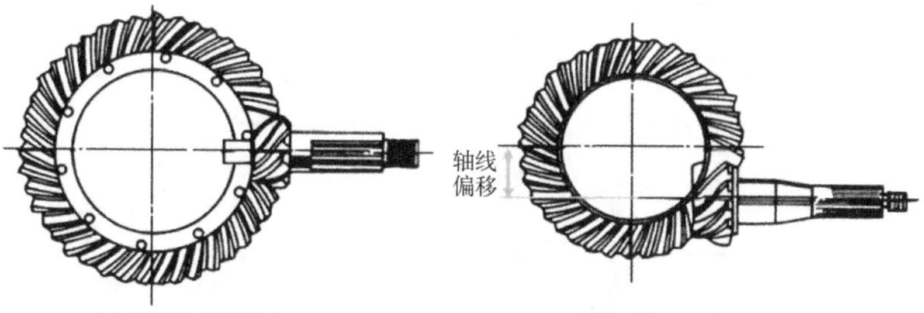


a)曲线齿锥齿轮传动　　b)准双曲面锥齿轮传动

图 8-5　两种不同齿形锥齿轮主减速器对比

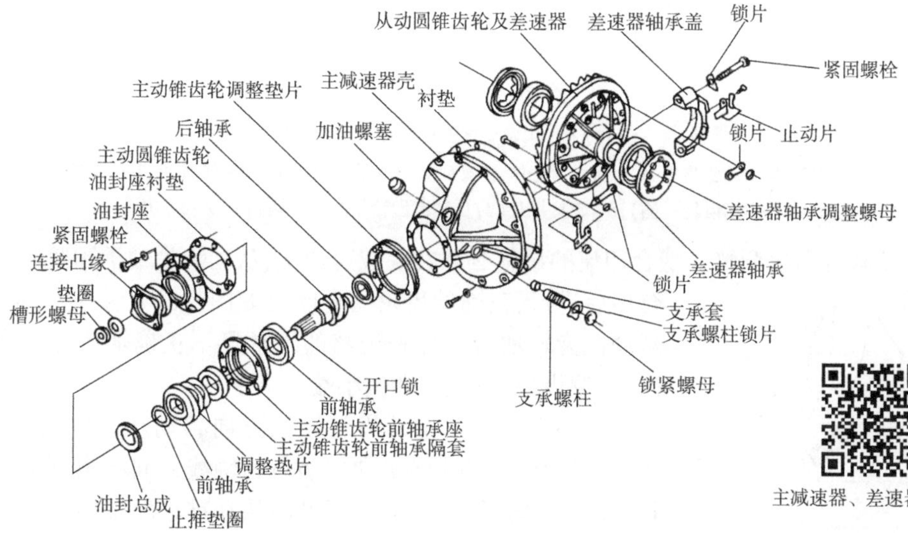


主减速器、差速器的结构

图 8-6　分解后的主减速器总成

从动锥齿轮被螺栓固定在差速器壳上，差速器壳又被两个圆锥滚子轴承支撑在主减速器壳内。因为从动锥齿轮处于两个圆锥滚子轴承之间，所以让两轴承的大端相对，能够适当减小两轴承有效支撑点距离，对增加从动锥齿轮的支撑刚度是有利的。

4. 主减速器调整

主减速器装配后的调整对主减速器能否正常工作是非常重要的。主、从动锥齿轮之间必须有正确的相对位置，才能使两齿轮啮合传动时冲击噪声较轻，而且轮齿沿其长度方向磨损较均匀，针对主减速器主要调整三个方面的内容。

(1)轴承预紧力调整。装配主减速器时，圆锥滚子轴承应有一定的装配预紧度，即在消除轴承间隙的基础上，再给予一定的压紧力。其目的是减小在锥齿轮传动过程中产生的轴向力引起的齿轮轴的轴向位移，以提高轴的支撑刚度，保证锥齿轮副的正常啮合。但预紧度也不能过大，过大则传动效率低，且加速轴承磨损。为调整圆锥滚子轴承的预紧度，通常在两轴承内座圈之间隔离套的一端装有一组厚度不同的调整垫片，如图 8-7 所示。如发现预紧度过大，则增加垫片的总厚度；反之，减小垫片的总厚度。

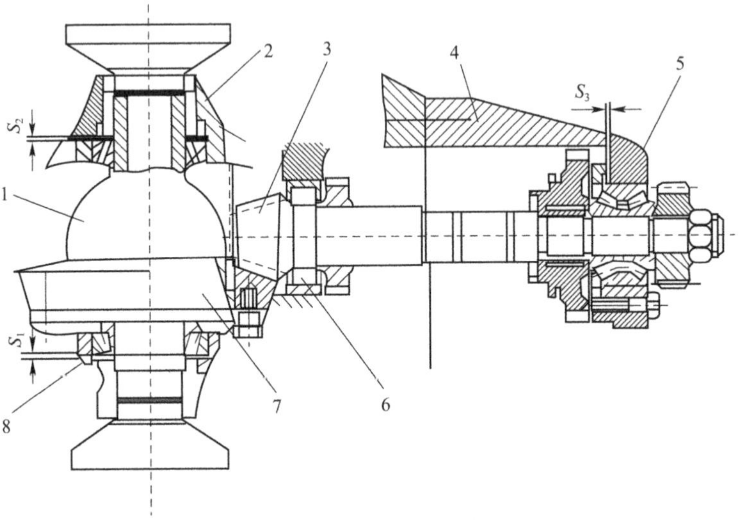


图 8-7　主减速器调整垫片

1-差速器；2-变速器前壳体；3-主动锥齿轮；4-变速器后壳体；5-双列圆锥滚子轴承；6-圆柱滚子轴承；7-从动锥齿轮；8-圆锥滚子轴承；$S_1$-调整垫片（从动锥齿轮一侧）；$S_2$-调整垫片（与从动锥齿轮相对的一侧）；$S_3$-调整垫片

（2）齿轮啮合印痕调整。啮合印痕的调整必须在主减速器主、从动齿轮轴承预紧度调整合格后进行，正确的齿轮啮合印痕如图 8-8 所示，通常是主、从动锥齿轮轴向移位来调整的。常见不正确啮合印痕有偏齿顶、偏齿根、偏大端和偏小端。

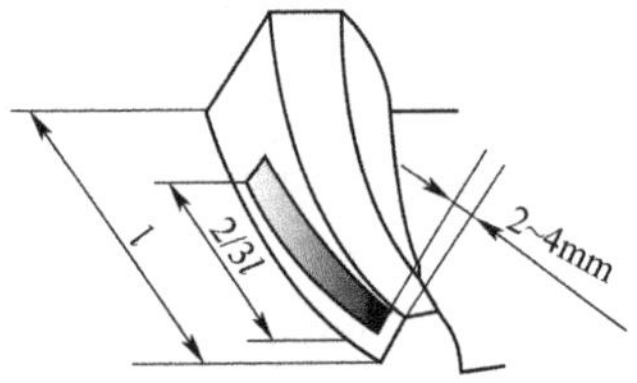


图 8-8　正确啮合印痕

如偏大端可向主动齿轮轴线方向移动从动锥齿轮，如图 8-9a）所示；偏小端可向主动齿轮轴线方向移离从动锥齿轮，如图 8-9b）所示。偏齿顶可向从动锥齿轮轴线方向移离主动齿轮，如图 8-9c）所示；偏齿根可向从动锥齿轮轴线方向移动主动齿轮，如图 8-9d）所示。先按照图中标示的实线调整，后按虚线调整。

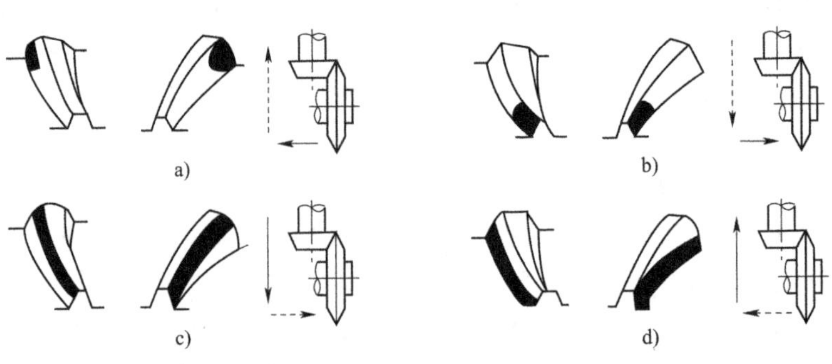


图 8-9　啮合印痕调整方法

（3）齿轮啮合间隙调整。齿轮啮合间隙应为 0.15～0.40mm。若间隙大于规定值，应使从动锥齿轮靠近主动锥齿轮，反之则远离。为保持已调整好的差速器圆锥滚子轴承预紧度不变，一端调整螺母拧入的圈数应等于另一端调整螺母拧出的圈数。

## 三　差速器

1. 功用

差速器的功用是将主减速器传来的动力传给左、右两半轴，并在必要时允许左、右半轴以不同转速旋转，使左、右驱动车轮相对地面做纯滚动而不是滑动。

当汽车转弯行驶时，内、外两侧车轮中心在同一时间内移过的曲线不同，外侧车轮移过的距离大于内侧，如图 8-10 所示。若两侧车轮都固定在同一刚性转轴上，两轮角速度相等，则外轮必然是边滚动边滑移，内轮必然是边滚动边滑转。必须保证两个车轮能以不同的角速度旋转。

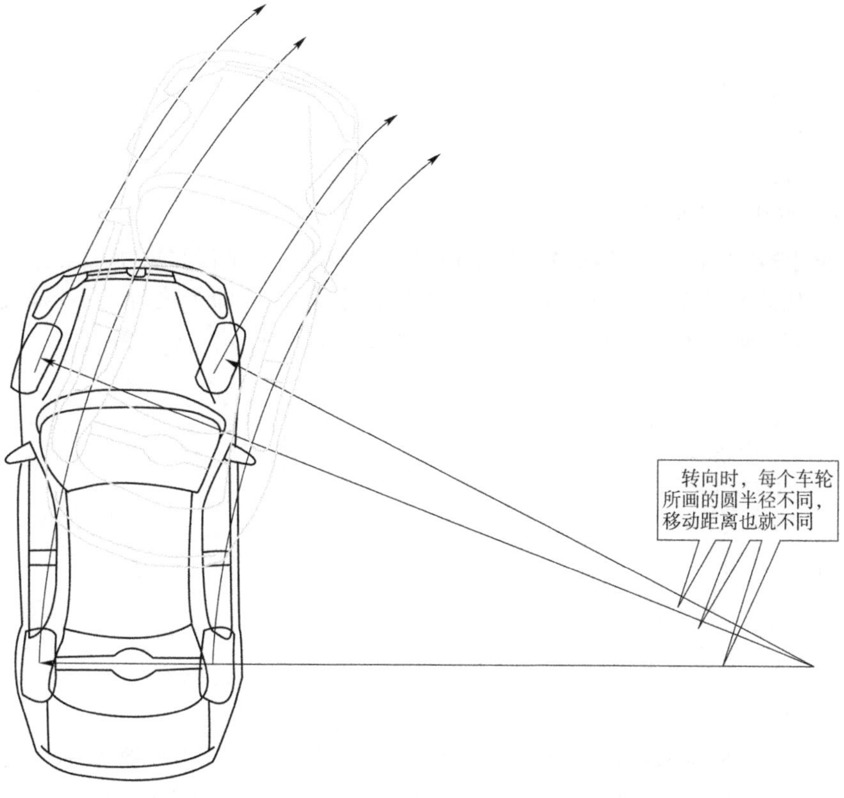


图 8-10　车轮转向时运动轨迹

若主减速器从动齿轮通过一根整轴同时带动两个驱动轮，则两轮角速度只能是相等的，必须将两侧车轮的驱动轴断开（称为半轴），而由主减速器从动齿轮通过一个差速齿轮系统——差速器，分别驱动两侧半轴和驱动轮。

2. 结构

如图 8-11 所示，齿轮差速器主要由圆锥行星齿轮、半轴齿轮、十字轴、垫片、差速器壳等组成，其中行星齿轮套在十字轴轴颈上，半轴齿轮与行星齿轮相互啮合，并一起装在差速器壳内，两半壳用螺栓紧固。行星齿轮的背面和差速器壳相应位置的内表面，均做成球面，保证行星齿轮对正中心，以和两个半轴齿轮正确地啮合。

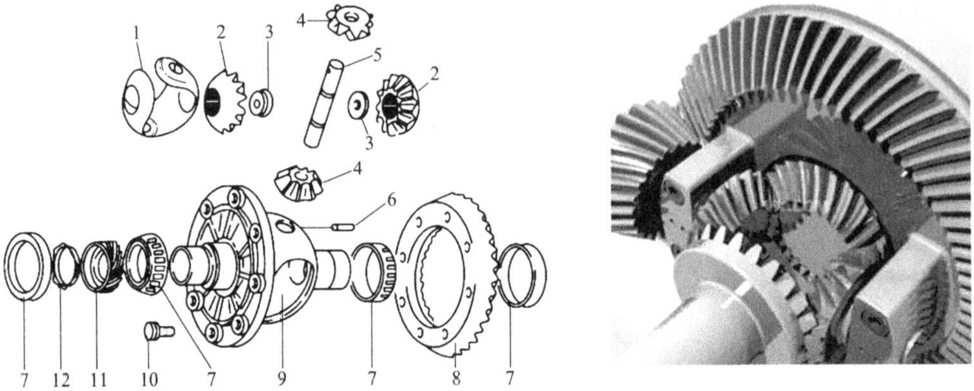


图 8-11　差速器的结构图

1-复合式推力垫片；2-半轴齿轮；3-螺纹套；4-行星齿轮；5-行星齿轮轴；6-止动销；7-圆锥滚子轴承；8-主减速器从动锥齿轮；9-差速器壳；10-螺栓；11-车速表齿轮；12-车速表齿轮锁紧套筒

3. 工作原理

(1) 汽车直线行驶时。

此时两侧驱动车轮所受到的地面阻力相同，并经半轴、半轴齿轮反作用于行星齿轮两啮合点 $A$ 和 $B$，如图 8-12 所示。这时行星齿轮相当于等臂杠杆，即行星齿轮不自转，只随差速器壳和行星齿轮轴一起公转，两半轴无转速差，即 $n_1 = n_2 = n_0$，$n_1 + n_2 = 2n_0$。

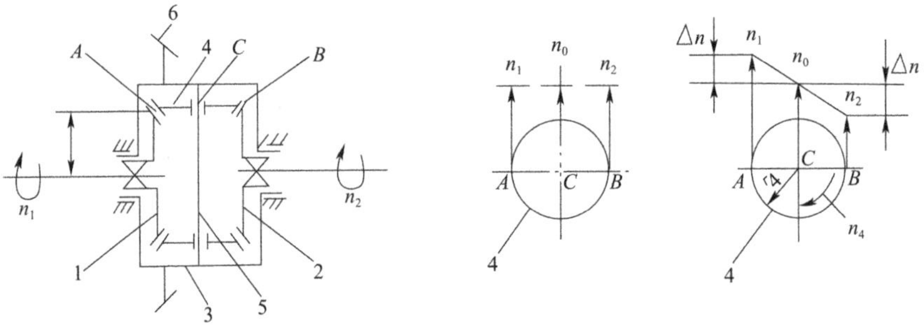


图 8-12　差速器运动原理

1、2-半轴齿轮；3-差速器壳；4-行星齿轮；5-行星齿轮轴；6-主减速器从动齿轮

同样，由于行星齿轮相当于等臂杠杆，主减速器传动差速器壳体上的转矩 $M_0$ 等分给两半轴齿轮（半轴），即 $M_1 = M_2 = M_0/2$。

(2) 汽车转向行驶时。

此时两侧驱动车轮所受到的地面阻力不同。如果车辆右转，右侧（内侧）驱动车轮所受的阻力大，左侧（外侧）驱动车轮所受的阻力小。这两个阻力经半轴、半轴齿轮反作用于行星齿轮两啮合点 $A$ 和 $B$（图 8-10），使行星齿轮除了随差速器壳公转外还顺时针自转，设自转转速为 $n_4$，则左半轴齿轮的转速增加，右半轴齿轮的转速降低，且左半轴齿轮增加的转速等于右半轴齿轮降低的转速。设半轴齿轮的转速变化为 $\Delta n$，则 $n_1 = n_0 + \Delta n$；$n_2 = n_0 - \Delta n$，即汽车右转时，左侧（外侧）车轮转得快，右侧（内侧）车轮转得慢，实现纯滚动。此时依然有 $n_1+n_2=2n_0$。

由于行星齿轮的自转，行星齿轮孔与行星齿轮轴轴径间以及齿轮背部与差速器壳体之间都产生摩擦。如图 8-13 所示，行星齿轮所受的摩擦力矩 $M_T$ 方向与其自转方向相反，并传到左、右半轴齿轮，使转得快的左半轴的转矩减小，转得慢的右半轴的转矩增加。所以当左、右驱动车轮存在转速差时，$M_1=(M_0-M_T)/2$，$M_2=(M_0+M_T)/2$。但由于有推力垫片的存在，实际中的 $M_T$ 很小，可以忽略不计，则 $M_1=M_2=M_0/2$。

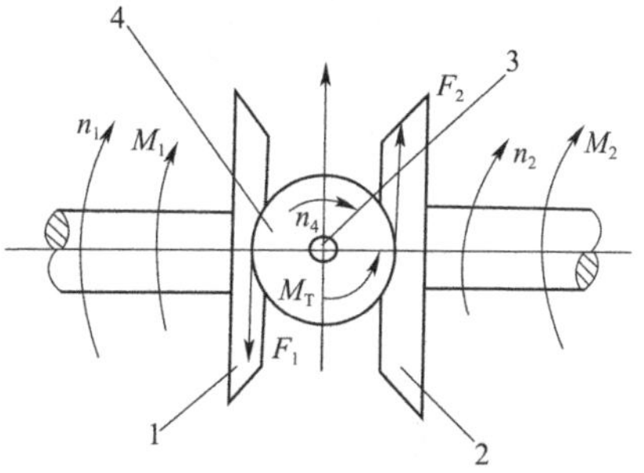


图 8-13　差速器转矩分配原理

1、2-半轴齿轮；3-行星齿轮轴；4-行星齿轮

差速器的调整

## 任务实施

1. 任务描述

一辆汽车出现驱动桥过热现象，对该车辆进行检修，经检测后找出故障点，并能够参照维修手册和相关资料，对主减速器、差速器进行必要的拆解检修；检修完毕装车，车辆应能正常运行，且无异响、漏油等现象，工作完成后注意工单的填制和试车。

2. 准备工作

（1）配备多媒体的一体化教室；

（2）丰田海狮或其他车型驱动桥台架 4 台；

（3）工作台 4 台，常用工具及专用工具 4 套；

（4）相关资料、维修手册 1 套。

3. 技术要求与注意事项

（1）根据维修工单，完成主减速器、差速器的检测，判定其技术状况；

（2）在操作开始前，要求穿着实训服、工作鞋，禁止佩戴饰物进行作业；

（3）进行驱动桥检查需要佩戴手套，防止因过热导致高温灼伤；

（4）注意举升机操作安全，升降平稳，注意周围环境，车辆升至较高位置时需要检查是否锁止并安装安全支架；

（5）调整主减速器时，注意驱动桥总成台架操作安全，检查固定是否可靠，操作旋转时注意防止部件掉落；

（6）操作完成后，需将工具设备、资料等放回原位，并正确处理废旧零件、辅料、废液等，注意现场 6S 规范。

4. 实施步骤

（1）小组讨论知识积累部分讲解的知识；

（2）借助各种相关资料，收集对应车型的基本参数、结构特点等相关信息；

（3）充分利用收集到的资料，制订合理的工作计划；

（4）教师对计划的安全性、可行性进行审核并指导学生做好准备工作；

（5）组织学生按计划步骤实施主减速器、差速器的检查，调整任务；

(6)小组在实施过程中进行展示,并由教师进行点评;
(7)对任务的实施进行总结和评价;
(8)完成任务工单的填制。

# 任务2　检修半轴及桥壳

## 提出任务

一辆小型货车因后桥托底损坏而无法行驶,其行驶里程为57000km,维修接待员进行登记后将工单交给你,请你向客户了解具体的故障,进行相关检测,找出故障点,并能够参照维修手册和相关资料,对后桥进行必要的拆解检修或更换需要的部件;检修完毕装车,车辆应能正常行驶,工作完成后注意工单的填制和试车。

## 任务目标

通过本任务的学习,达到以下目标:
◎ 看懂维修工单,并根据工单进行实际操作;
◎ 分析半轴、桥壳损伤对车辆性能的影响;
◎ 熟练地拆装半轴及桥壳;
◎ 制定半轴、桥壳的维修方案;
◎ 根据方案对半轴、桥壳进行检修和装配;
◎ 对已完成的任务进行记录和评价,并正确处理废旧零件、辅料、废液等。

## 相关知识

### 一　半轴概述

半轴也叫驱动轴(constant velocity joint,CVJ),是将差速器与驱动轮连接起来的轴。半轴是变速器减速器与驱动轮之间传递转矩的轴,其内外端各有一个万向节,分别通过万向节上的花键与减速器齿轮及轮毂轴承内圈连接。在实车上的位置如图8-14所示。

图8-14　半轴在实车上的位置

1. 作用及结构

半轴是将差速器传来的动力传给左右驱动轮,用来在差速器与驱动轮之间传递动力。

半轴是差速器与驱动桥之间传递较大转矩的实心轴,其内端一般采用花键与差速器的半轴齿轮连接,外端通过凸缘盘或花键等方式与驱动轮的轮毂相连。

2. 分类

半轴因驱动桥结构形式的不同而不同,非断开式驱动桥中的半轴为刚性整轴;转向驱动桥和断开式驱动桥中的半轴分段并用万向节连接。

根据半轴与驱动轮的轮毂在桥壳上的支承形式及半轴受力情况的不同,现代汽车基本上采用了全浮式半轴和半浮式半轴两种形式。普通非断开式驱动桥的半轴,可根据外端支承形式不同分为全浮式、3/4 浮式和半浮式三种。

(1)全浮式半轴。

全浮式半轴广泛应用于各种类型的载重汽车上。东风 EQ1090E 型汽车全浮式半轴结构如图 8-15a)所示,半轴 6 外端带有直接锻造出的凸缘盘;轮毂 9 通过螺栓 7 与凸缘盘连接;轮毂通过两个相距较远的圆锥滚子轴承 8 和 10 支承在半轴套管 1 上;半轴套管与驱动桥壳 12 压配成一体,半轴与驱动桥壳无直接联系。轮毂内的两个圆锥滚子轴承的安装方向务必使其能分别承受向内和向外的轴向力,以防止轮毂连同半轴在侧向力作用下发生轴向位移。轴承预紧度可通过调整螺母 2 调整,并用锁紧垫圈 4 和锁紧螺母 5 将其锁定。

(2)半浮式半轴。

半浮式半轴多用于各类小汽车上,红旗 CA7560 型汽车的半浮式半轴结构如图 8-15b)所示,其半轴 2 内端支承与全浮式支承相同,即半轴内端不承受弯矩。半轴外端锥面上有纵向键槽及螺纹,轮毂 6 通过键 5 与半轴锥部连接,并用锁紧螺母 4 紧固。半轴通过圆锥滚子轴承 3 直接支承在驱动桥壳凸缘 7 内。可见,路面作用在驱动轮上的各方向反作用力都必须经半轴传递给驱动桥壳。轴承 3 除了承受径向力外,还要承受向外的轴向力。因此,在差速器行星锥齿轮轴的中部设置有浮套止推块 1,可防止车轮受到向内的侧向力作用时半轴向内动。

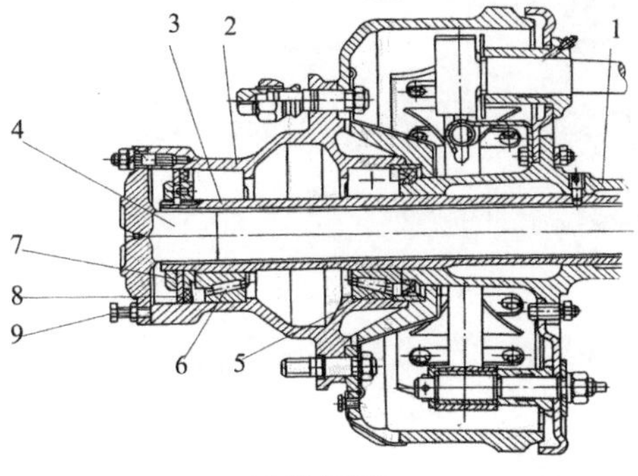


a)全浮式半轴

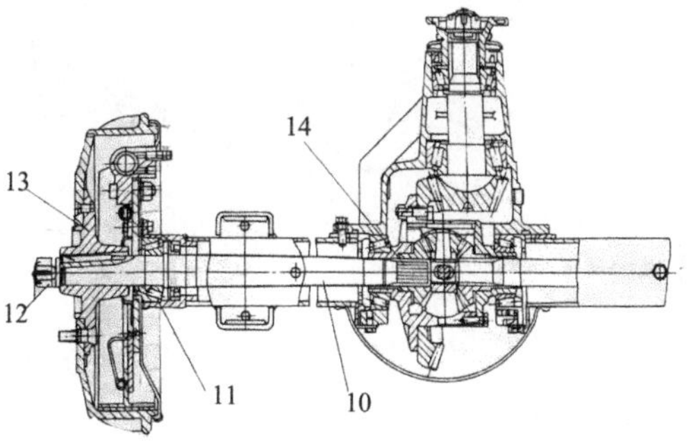


b)半浮式半轴

图 8-15　全浮式半轴和半浮式半轴

1-整体桥壳;2-轮毂;3-半轴套管;4-半轴;5-圆锥滚子轴承 A;6-圆锥滚子轴承 B;7-锁紧螺母;8-锁紧垫圈;9-轮毂螺栓;10-半轴;11-圆锥滚子轴承;12-锁紧螺母;13-轮毂;14-花键

(3)3/4 浮式半轴。

3/4 浮式半轴最突出的结构特点是半轴外端仅有一个轴承,轴承支承着车轮轮毂。由于一个轴承的支承刚度较差,因此,这种半轴除承受转矩外,还要承受因车轮与路面间的垂直力、驱动力和侧向力所引发的弯矩作用。3/4 浮式半轴较少在汽车上应用。

## 二 半轴的检修

半轴应进行隐伤检查,不得有任何形式的裂纹存在;半轴花键应无明显的扭转变形;以半轴轴线为基准,半轴中段未加工圆柱体的径向圆跳动误差不得大于 1.3mm;花键外圆柱面的径向圆跳动误差不得大于 0.25mm;半轴凸缘内侧的端面圆跳动误差不得大于 0.15mm。径向圆跳动超限,应进行冷压校正;端面圆跳动超限,可通过车削端面进行修正;半轴花键的侧隙增大量较原厂规定不得大于 0.15mm;对前轮驱动汽车的半轴总成(带两侧等角速万向节)还应进行以下作业:

①外端球笼式等角速万向节用手感检查应无径向间隙,否则应更换;

②内侧万向节可沿轴向滑动,但应无明显的径向间隙感,否则应更换;

③检查防尘套是否有老化破裂,卡箍是否有效可靠。如失效,应更换。

## 三 桥壳的作用及分类

1. 作用

桥壳既是传动系统的组成部分,同时也是行驶系统的组成部分。作为传动系统的组成部分,其功用是安装并保护主减速器、差速器和半轴。作为行驶系统的组成部分,其功用是安装悬架或轮毂,和从动桥一起支承汽车悬架以上各部分,承受驱动轮传来的反力和力矩,并在驱动轮与悬架之间传力。其组成及结构如图 8-16 所示。

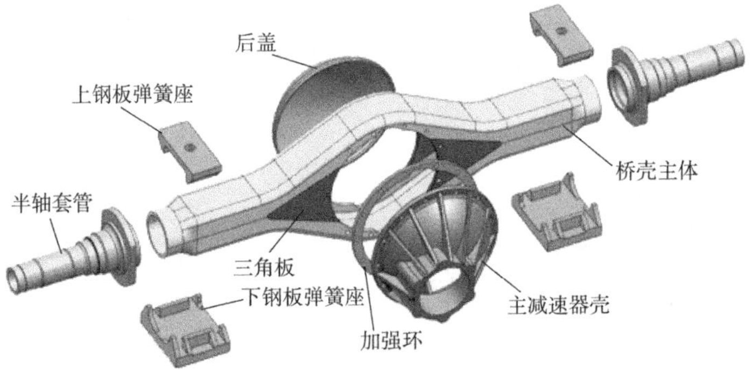


图 8-16　桥壳的组成及结构

2. 类型

桥壳可分为整体式桥壳和分段式桥壳两种类型。

## 四 桥壳的检修

桥壳和半轴套管不允许有裂纹存在,半轴套管应进行探伤处理。各部螺纹损伤不得超过 2 牙;钢板弹簧座定位孔的磨损不得大于 1.5mm,超限时先进行补焊,然后按原位置重新钻孔；整体式桥壳以半轴套管的两内轴颈的公共轴线为基准，两外轴颈的径向圆跳动误差超过0.30mm时应进行校正，校正后的径向圆跳动误差不得大于0.08mm；分段式桥壳以桥壳的结合圆柱面、结合平面及另一端内锥面为基准，轮毂的内外轴颈的径向圆跳动误差超过0.25mm时应进行校正。校正后的径向圆跳动误差不得大于0.08mm；桥壳承孔与半轴套管的配合及伸出长度应符合原厂规定，如半轴套管承孔的磨损严重，可将座孔镗至修理尺寸，更换相应的修理尺寸的半轴套管；滚动轴承与桥壳的配合应符合原厂规定。

## 任务实施

1. 任务描述

一辆汽车出现驱动桥过热现象，对该车辆进行检修，由相关检测找出故障点，并能够参照维修手册和相关资料，在对主减速器、差速器进行必要的拆解检修后，继续检查半轴及桥壳；检修完毕装车，车辆应能正常运行，且无异响、漏油等现象，工作完成后注意工单的填制和试车。

2. 准备工作

(1)配备多媒体的一体化教室；

(2)小型货车或后驱轿车1台/组；

(3)举升机1台/组，常用工具及专用工具4套；

(4)相关资料、维修手册1套。

3. 技术要求与注意事项

(1)根据维修工单，对半轴及桥壳进行检修；

(2)能够根据维修手册的步骤，对半轴、桥壳进行拆解和装配；

(3)在操作开始前，要求穿着实训服、工作鞋，禁止佩戴饰物进行作业；

(4)操作完成后，需将工具设备、资料等放回原位，并正确处理废旧零件、辅料、废液等，注意现场6S规范。

4. 实施步骤

(1)小组讨论消化知识积累部分讲解的知识；

(2)借助各种相关资料，收集对应车型的基本参数、结构特点等相关信息；

(3)充分利用收集到的资料，制订合理的工作计划；

(4)教师对计划的安全性、可行性进行审核并指导学生做好准备工作；

(5)组织学生按计划步骤实施半轴及桥壳的检查及维修任务；

(6)小组在实施过程中进行展示，并由教师进行点评；

(7)对任务的实施进行总结和评价；

(8)完成任务工单的填制。

## 学习测试

### 一、填空题

1. 驱动桥由________、________、________和________等组成。其功用是将万向传动装

置传来的发动机转矩传递给驱动车轮,实现降速以增大转矩。

2. 驱动桥的类型有________驱动桥和________驱动桥两种。

3. 齿轮啮合的调整是指________和________的调整。

4. 齿轮啮合的正确印迹应位于________,并占齿面宽度的________以上。

5. 贯通式主减速器多用于________上。

6. 两侧输出转矩相等的差速器,称为________,也称________。

7. 对称式差速器用作________差速器或由平衡悬架联系的两驱动桥之间的________差速器。

8. 半轴是在________与________之间传递动力的实心轴。

9. 半轴的支承型式有________和________两种。

10. 主减速器在结构上可分为单级主减速器和双级主减速器。通常单级主减速器是由一对________组成;双级主减速器由一对________和一对________组成。

## 二、选择题

1. 行星齿轮差速器起作用的时刻为(　　)。

A. 汽车转弯　　B. 直线行驶

C. A、B 情况下都起作用　　D. A、B 情况下都不起作用。

2. 设对称式锥齿轮差速器壳的转速为 $n_0$,左、右两侧半轴齿轮的转速分别为 $n_1$ 和 $n_2$,则有(　　)。

A. $n_1+n_2=n_0$　　B. $n_1+n_2=2n_0$

C. $n_1+n_2=1/2n_0$　　D. $n_1=n_2=n_0$

3. 设对称式锥齿轮差速器壳所得到转矩为 $M_0$,左右两半轴的转矩分别为 $M_1$、$M_2$,则有(　　)

A. $M_1=M_2=M_0$　　B. $M_1=M_2=2M_0$

C. $M_1=M_2=1/2M_0$　　D. $M_1+M_2=2M_0$

4. 全浮半轴承受(　　)的作用。

A. 转矩　　B. 弯矩　　C. 反力　　D. 以上都是

## 三、判断题

1. 一般说来,当传动轴的叉形凸缘位于驱动桥壳中剖面的下部时,驱动桥内的主减速器是螺旋锥齿轮式主减速器。(　　)

2. 双速主减速器就是具有两对齿轮传动副的主减速器。(　　)

3. 当汽车在一般条件下行驶时,应选用双速主减速器中的高速挡,而在行驶条件较差时,则采用低速挡。(　　)

4. 对于对称式锥齿轮差速器来说,当两侧驱动轮的转速不等速时,行星齿轮仅自转不公转。(　　)

5. 对称式锥齿轮差速器当行星齿轮没有自转时,总是将转矩 $M$ 平均分配给左、右两半轴齿轮。(　　)

6. 当采用半浮式半轴支承时，半轴与桥壳没有直接联系。（　　）

7. 半浮式支承的半轴易于拆装，不需拆卸车轮就可将半轴抽下。（　　）

8. 解放 CA1091 型汽车和东风 EQ1090 型汽车均采用全浮式支承的半轴，这种半轴除承受转矩外，还承受弯矩的作用。（　　）

## 四、简答题

1. 驱动桥的功用是什么？每个功用主要由驱动桥的哪个部分实现和承担？

2. 主减速器的功用是什么？

3. 准双曲面齿轮主减速器有何优缺点？使用时应注意什么？

4. 为什么主减速器中的锥齿轮多采用螺旋锥齿轮而不用直齿锥齿轮？

5. 什么是轮边减速器？有何优缺点？

6. 什么是双速主减速器？它和双级主减速器有何区别？采用双速主减速器的目的是什么？

7. 差速器有几种类型？各起何作用？

8. 请说明对称式锥齿轮差速器的结构和差速原理。

9. 对称式锥齿轮差速器对两侧驱动轮的转矩是如何分配的？

10. 半浮式半轴与桥壳之间通常只装一个轴承，那么侧向力是如何承受和平衡的？

11. 驱动桥壳的作用是什么？有哪些类型？各有何优缺点？

12. 请说明对驱动桥壳的要求。

# 参 考 文 献


[1] 任晓农,张生强. 汽车传动系统维修[M]. 北京:人民交通出版社,2012.
[2] 于志伟. 汽车传动系统检修[M]. 北京:机械工业出版社,2020.
[3] 韩东. 汽车传动系统检修[M]. 北京:北京理工大学出版社,2010.
[4] 张红伟,阚萍. 汽车底盘机械系统检修[M]. 北京:清华大学出版社,2010.
[5] 杨智勇. 汽车拆装与维护[M]. 北京:中国人民大学出版社,2009.

附录

# Qiche Chuandong Xitong Jianxiu
# 汽车传动系统检修
# Renwu Gongdan
# 任务工单

于　慧　狄　勇　主　编
朱　良　裴宝浩　聂义凤　副主编

人民交通出版社股份有限公司
北　京

# 项目一 汽车传动系统维护

## 任务1 汽车传动系统认知

| 学生姓名 | | 班级 | | 学号 | |
|---|---|---|---|---|---|
| 实训场地 | | 学时 | 2 | 日期 | |

**知识巩固**

(1)学习汽车传动系统的布置形式,完成附表1-1的填写。

传动布置形式 附表1-1

| 英文缩写 | 传动系统布置形式 | 应　用 |
|---|---|---|
| FF | | |
| FR | | |
| MR | | |
| RR | | |
| 4WD | | |

(2)发动机前置后轮驱动的传动系统如附图1-1所示,填写图中各标号部件的名称。

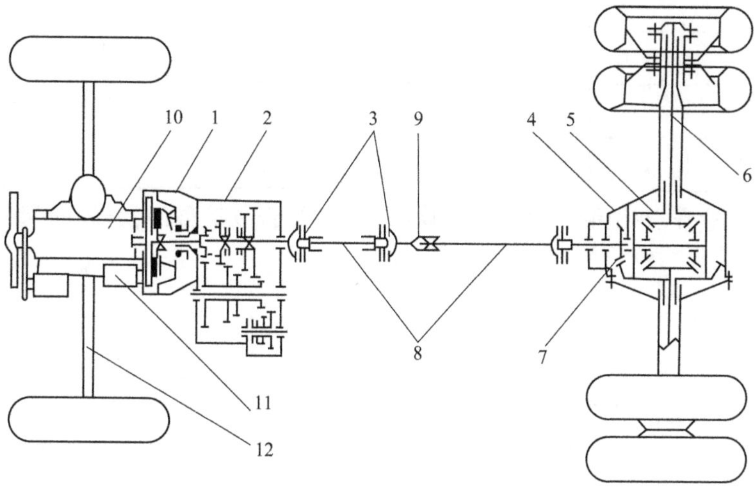


附图1-1 发动机前置后轮驱动的传动系统简图

1 ______
2 ______
3 ______
4 ______
5 ______
6 ______
7 ______
8 ______
9 ______
10 ______
11 ______
12 ______

**计划决策**

(1)所需技术资料:________________________________________________。

(2)在附表1-2中填写本次工作任务所需要的检测仪器、常用工具,并准备。

工作任务所需设备与资料　　附表1-2

| 检测仪器及常用工具名称 | 型　号 | 使用注意事项 |
|---|---|---|
| | | |
| | | |
| | | |

(3)说明完成本次任务的安全注意事项有哪些。

________________________________________________

________________________________________________

________________________________________________

________________________________________________

**实施检查**

根据制定的计划实施,完成以下任务并记录。

(1)搜集实训车辆基本信息。

①填写你所介绍的车辆基本信息及传动系统主要信息。车辆型号为__________,车辆识别号为__________________,该车发动机的位置为__________,该车采用的驱动形式为__________。

②在附表1-3中填写该车传动系统的组成部件,并解释其主要作用。

传动系统主要部件及其作用　　附表1-3

| 组成部件 | 实车位置 | 作　用 |
|---|---|---|
| | | |
| | | |
| | | |
| | | |

(2)介绍完毕后,进行检查,并说明举升机是否降下,场地是否收拾整洁,遇到的问题及解决方法。

________________________________________________

________________________________________________

________________________________________________

________________________________________________

**评价总结**

对于在操作中的表现,进行学生自评、小组互评,教师评价,填写过程评价表(附

表1-4)。

过程评价表

附表1-4

| 考核项目 | 评分标准 | 分数 | 学生自评 | 小组互评 | 教师评价 | 小计 |
|---|---|---|---|---|---|---|
| 团队合作 | 和谐 | 5 | | | | |
| 信息咨询 | 效果良好 | 5 | | | | |
| 安全生产 | 无安全隐患 | 10 | | | | |
| 现场6S | 做到 | 10 | | | | |
| 操作过程 | 任务完成 | 60 | | | | |
| 劳动纪律 | 严格遵守 | 10 | | | | |
| 总分 | | 100 | | | 得分 | |
| 教师签字: | | | | | 年　月　日 | |

## 任务2　汽车传动系统二级维护

| 学生姓名 | | 班级 | | 学号 | |
|---|---|---|---|---|---|
| 实训场地 | | 学时 | 4 | 日期 | |

**知识巩固**

(1)根据《汽车维护、检测、诊断技术规范》(GB/T 18344—2016)的内容完成二级维护基本作业项目表(附表1-5)。

二级维护基本作业项目

附表1-5

| 序号 | 维护项目 | 作业内容 | 技术要求 |
|---|---|---|---|
| 1 | 离合器 | 检查离合器踏板自由行程 | |
| 2 | 变速器、差速器 | 检查密封状况 | |
| | | 检查操纵机构 | |
| | | 清洁通气孔 | |
| | | 检查油面 | |
| | | 检查油质 | |
| 3 | 传动轴、传动轴承支架、中间轴承 | 检查防尘罩 | |
| | | 检查传动轴万向节工作状态 | |
| | | 检查传动轴承支架 | |
| | | 检查中间轴承间隙 | |

(2)结合附图1-2,简述离合器自由行程的含义及测量方法。

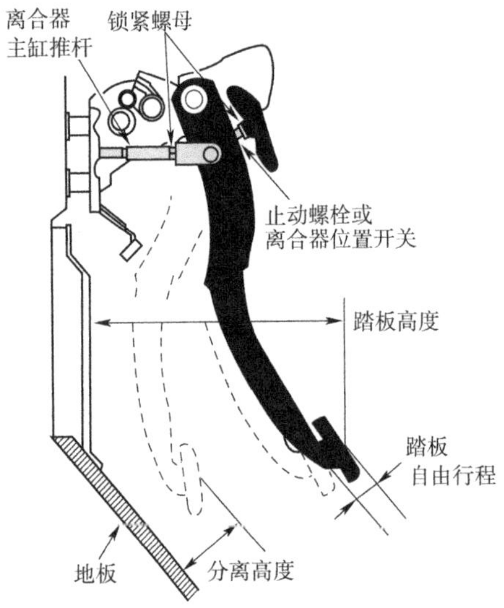


附图 1-2　离合器自由行程

含义：______________________________

______________________________

______________________________

______________________________

______________________________

测量：______________________________

______________________________

______________________________

______________________________

______________________________

**计划决策**

(1)所需技术资料：______________________________。

(2)在附表 1-6 中填写本次工作任务所需要的检测仪器、常用工具，并准备。

**工作任务所需设备与资料**　　附表 1-6

| 检测仪器及常用工具名称 | 型　号 | 使用注意事项 |
|---|---|---|
| | | |
| | | |
| | | |

(3)说明完成本次任务的安全注意事项有哪些。

______________________________

______________________________

______________________________

______________________________

**实施检查**

根据制定的计划实施，完成以下任务并记录。

(1)查询实训车辆信息。

车辆型号为______________，车辆识别号为______________________，该车发动机的位置为________________，该车采用的驱动形式为____________。

(2)检查离合器自由行程。

确定离合器踏板自由行程。用手轻压离合器踏板并在感到有阻力时测量踏板下降距离为____________，维修手册要求数值为__________，□是□否需要调整。

调整离合器踏板自由行程。松开锁止螺母并转动推杆。离合器踏板自由行程应在 6 ~ 12mm(0.2 ~0.5 英寸)。调整后紧固锁止螺母，调整后的离合器自由行程为________。

(3)检查变速器。

步骤1:目视检查变速器壳周围是否有________,若有,说明变速器有漏油现象,需要________;若无,进入步骤2

步骤2:< MT >踩下离合器踏板,分别挂1、2、______ 等前进挡位和____ 挡,感觉是否流畅____ ,若某挡挂挡困难而其他正常则说明______________________________;若所有挡位都挂挡困难,则说明____________________________ 。

步骤3:< AT >将换挡手柄置于________或______位,起动发动机,踩下制动踏板,分别挂向____ 、____ 、____挡位,感觉挂挡是否流畅______ 。若某挡挂挡困难其他正常,则说明______________________ ;若所有挡位都挂挡困难,则说明________________________________。

(4)< AT >检查自动变速器油面及油质(具体见项目三)。

(5)检查传动轴。

将车辆举升,目视车底,检查传动轴防尘套□是□否有裂纹,固定卡箍□是□否固定良好,□是□否有渗油或漏油现象发生________,若有,需要____________________ 。

检查万向节工作情况为______________ 。检查各轴承工作情况为______________。

(6)在附表1-7中填写你所维护的传动系统各部件维护前后技术状态。

**传动系统维护作业记录表** 附表1-7

| 序号 | 维护项目 | 作业内容 | 维护前 | 维护后 | 是否达标 |
|---|---|---|---|---|---|
| 1 | 离合器 | 检查离合器踏板自由行程 | | | |
| 2 | 变速器、差速器 | 检查密封状况 | | | |
| | | 检查操纵机构 | | | |
| | | 清洁通气孔 | | | |
| | | 检查油面 | | | |
| | | 检查油质 | | | |
| 3 | 传动轴、传动轴承支架、中间轴承 | 检查防尘罩 | | | |
| | | 检查传动轴万向节工作状态 | | | |
| | | 检查传动轴承支架 | | | |
| | | 检查中间轴承间隙 | | | |

## 评价总结

对于在操作中的表现,进行学生自评、小组互评,教师评价,填写过程评价表风(附表1-8)。

**过程评价表** 附表1-8

| 考核项目 | 评分标准 | 分数 | 学生自评 | 小组互评 | 教师评价 | 小计 |
|---|---|---|---|---|---|---|
| 团队合作 | 和谐 | 5 | | | | |
| 信息咨询 | 效果良好 | 5 | | | | |
| 安全生产 | 无安全隐患 | 10 | | | | |
| 现场6S | 做到 | 10 | | | | |
| 操作过程 | 任务完成 | 60 | | | | |
| 劳动纪律 | 严格遵守 | 10 | | | | |
| 总分 | | 100 | | | 得分 | |
| 教师签字: | | | | | | 年 月 日 |

# 项目二　离合器打滑故障检修

## 任务1　检修调整离合器

| 学生姓名 | | 班级 | | 学号 | |
|---|---|---|---|---|---|
| 实训场地 | | 学时 | 2 | 日期 | |

**知识巩固**

(1)学习离合器组成部件,完成附表2-1的填写。

离合器组成部件　附表2-1

| 组 成 部 分 | 包 含 部 件 | 主 要 作 用 |
|---|---|---|
| 主动部分 | | |
| 从动部分 | | |
| 压紧机构 | | |
| 分离操纵机构 | | |

(2)根据从动盘数量不同,离合器可为________、________、________;根据压紧弹簧结构不同,离合器可分为________、________;根据操纵机构不同,离合器可分为________、________、________。

**计划决策**

(1)所需技术资料:________________________________。

(2)在附表2-2中填写本次工作任务所需要的检测仪器、常用工具,并准备。

工作任务所需设备与资料　附表2-2

| 检测仪器及常用工具名称 | 型　　号 | 使用注意事项 |
|---|---|---|
| | | |
| | | |
| | | |

(3)说明完成本次任务的安全注意事项有哪些。

________________________________________________

________________________________________________

________________________________________________

________________________________________________

**实施检查**

(1)填写你所检修的车辆基本信息。车辆型号为________,该车发动机的位置为________,该车采用的驱动形式为________。

(2)拆卸程序:断开蓄电池负极电缆;从车上拆卸变速驱动桥;拆卸压盘螺栓和压盘;从飞轮上拆卸离合器片。

(3)检查程序:填写附表2-3。

**离合器各部件的技术状态** 附表2-3

| 检修对象 | 检修内容 | 检修结果 | 检修意见 |
|---|---|---|---|
| 飞轮 | 目视 | | |
| | 平面度 | | |
| | 沟槽 | | |
| 从动盘(摩擦片) | 目视 | | |
| | 厚度 | | |
| | 铆钉深度 | | |
| 压盘 | 目视 | | |
| | 平面度 | | |
| | 静平衡 | | |
| 膜片弹簧 | 目视 | | |
| | 磨损深度 | | |
| | 磨损宽度 | | |
| | 内端高度差 | | |

(4)安装程序。

①将离合器片花键涂上通用润滑脂;

②用离合器心轴J-42474将压盘和离合器片对准并装到飞轮上;

③安装压盘螺栓。紧固螺栓至15N·m(11磅·英尺);

④拆卸离合器心轴J-42474;

⑤将变速驱动桥装到车上;

⑥连接蓄电池负极电缆。

(5)说明检修过程中6S是否到位。

______________________________________________

______________________________________________

______________________________________________

______________________________________________

**评价总结**

对于在操作中的表现,进行学生自评、小组互评,教师评价,填写过程评价表(附表2-4)。

**过程评价表** 附表 2-4

| 考核项目 | 评分标准 | 分数 | 学生自评 | 小组互评 | 教师评价 | 小计 |
|---|---|---|---|---|---|---|
| 团队合作 | 和谐 | 5 | | | | |
| 信息咨询 | 效果良好 | 5 | | | | |
| 安全生产 | 无安全隐患 | 10 | | | | |
| 现场 6S | 做到 | 10 | | | | |
| 操作过程 | 任务完成 | 60 | | | | |
| 劳动纪律 | 严格遵守 | 10 | | | | |
| 总分 | | 100 | | | 得分 | |
| 教师签字: | | | | | 年 月 日 | |

## 任务 2 检修调整离合器操纵机构

| 学生姓名 | | 班级 | | 学号 | |
|---|---|---|---|---|---|
| 实训场地 | | 学时 | 2 | 日期 | |

### 知识巩固

(1)液压式离合器操纵机构使用的油液为________________________________。

(2)离合器摩擦片和传动机构长期工作后,磨损变形会影响离合器踏板的参数,因此需要定期调整离合器踏板的________和________。在检修离合器液压操纵系统后,管路内可能进入空气,导致离合器________故障,因此需要进行________。

### 计划决策

(1)所需技术资料:________________________________。

(2)在附表 2-5 中填写本次工作任务所需要的检测仪器、常用工具,并准备。

**工作任务所需设备与资料** 附表 2-5

| 检测仪器及常用工具名称 | 型号 | 使用注意事项 |
|---|---|---|
| | | |
| | | |
| | | |

(3)说明完成本次任务的安全注意事项有哪些。

________________________________

________________________________

________________________________

________________________________

### 实施检查

(1)参照附图 2-1,确定离合器踏板自由行程。用手轻压离合器踏板,并在感到有阻力时测量踏板下降距离为________,维修手册要求数值为________,□是□否需要调整(若需要调整进行下一步)。

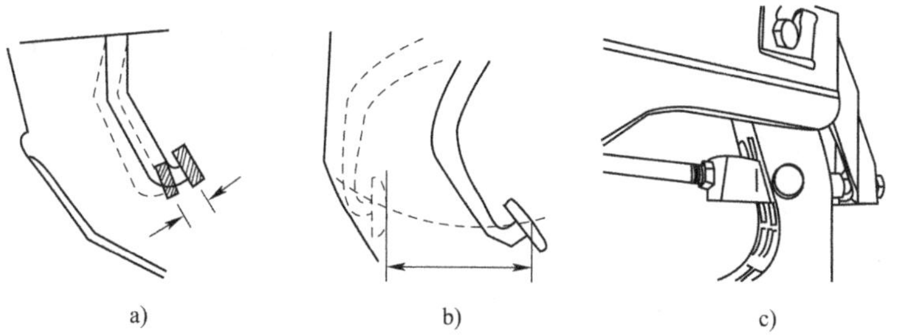


附图 2-1 离合器踏板的测量及调整

(2)调整离合器踏板自由行程。松开锁止螺母并转动推杆,离合器踏板自由行程应在 6 ~ 12mm(0.2 ~ 0.5 英寸)。调整后紧固锁止螺母,调整后的离合器自由行程为________。

(3)测量离合器踏板行程。将离合器踏板踩到底。测量起止位置之间的距离为________,维修手册要求数值为________,□是□否需要调整(若需要调整进入下一步)。

(4)调整离合器踏板行程。松开锁止螺母并转动螺栓,离合器踏板行程应在 130 ~ 140mm(5.1 ~ 5.5 英寸),调整后紧固锁止螺母。调整后的离合器踏板行程为________。

(5)参照附图 2-2,结合维修手册进行离合器液压系统排气,并简述你进行排气的基本步骤。

________________________________________
________________________________________
________________________________________
________________________________________
________________________________________
________________________________________
________________________________________

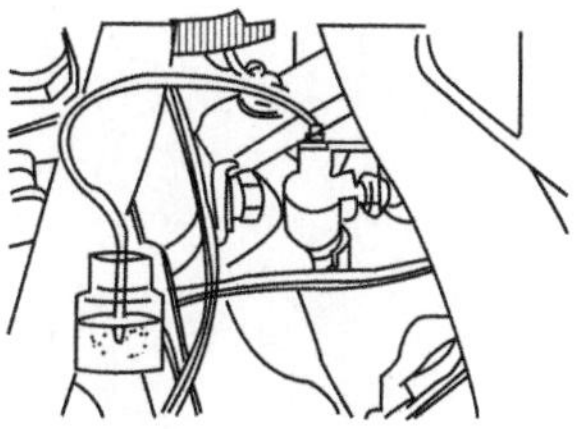

附图 2-2 离合器液压系统排气

(6)检查离合器操纵系统检修前、后的技术状态,填写附表 2-6。

**离合器操纵系统检修**

附表 2-6

| 对 象 | 检 修 前 | 检 修 后 | 是 否 达 标 |
|---|---|---|---|
| 离合器自由行程 | | | |
| 液压系统排气 | | | |
| 其他 | | | |

(7)说明检修过程中 6S 是否到位。

________________________________________
________________________________________
________________________________________
________________________________________

**评价总结**

对于在操作中的表现,进行学生自评、小组互评,教师评价,填写过程评价表(附表 2-7)。

**过 程 评 价 表**

附表 2-7

| 考 核 项 目 | 评 分 标 准 | 分数 | 学生自评 | 小组互评 | 教师评价 | 小计 |
|---|---|---|---|---|---|---|
| 团队合作 | 和谐 | 5 | | | | |
| 信息咨询 | 效果良好 | 5 | | | | |
| 安全生产 | 无安全隐患 | 10 | | | | |
| 现场 6S | 做到 | 10 | | | | |
| 操作过程 | 任务完成 | 60 | | | | |
| 劳动纪律 | 严格遵守 | 10 | | | | |
| 总分 | | 100 | | | 得分 | |
| 教师签字： | | | | | 年　　月　　日 | |

# 项目三　手动变速器挂挡困难故障检修

## 任务1　检修变速传动机构

| 学生姓名 | | 班级 | | 学号 | |
|---|---|---|---|---|---|
| 实训场地 | | 学时 | 2 | 日期 | |

**知识巩固**

(1)按照传动比的变化方式不同,手动变速器分为________、________和________。完成附表3-1的填写。

传动比计算　　附表3-1

| 齿轮级数 | 前提条件 | 传动比 |
|---|---|---|
| 1级 | $z_1, n_1$ 为主动齿轮的参数 | |
| | $z_2, n_2$ 为从动齿轮的参数 | |
| 2级 | $z_1, n_1$ 为一级主动齿轮的参数 | |
| | $z_2, n_2$ 为一级从动齿轮的参数 | |
| | $z_3, n_3$ 为二级主动齿轮的参数 | |
| | $z_4, n_4$ 为二级从动齿轮的参数 | |
| $n$级 | $z_1, n_1$ 为一级主动齿轮的参数 | |
| | $z_2, n_2$ 为一级从动齿轮的参数 | |
| | $z_3, n_3$ 为二级主动齿轮的参数 | |
| | $z_4, n_4$ 为二级从动齿轮的参数 | |
| | …… | |

(2)分析捷达轿车02KA型变速器各挡传动路线,在图中(附图3-1)用不同的线型画出各挡动力传递路线。

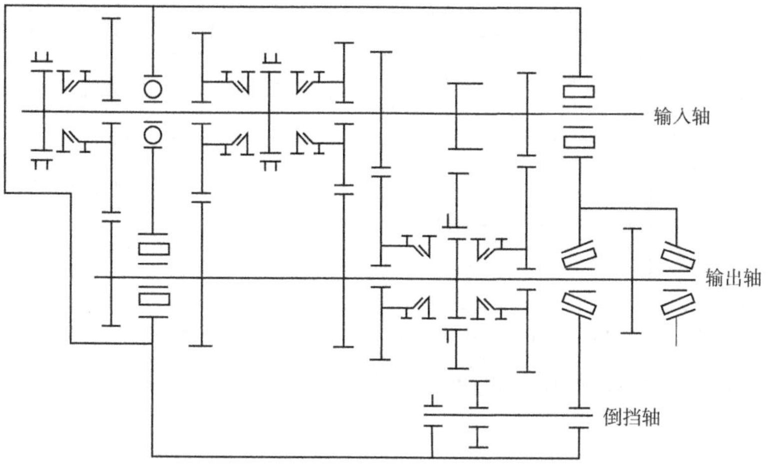


附图3-1　捷达轿车02KA型变速器各挡传动路线

**计划决策**

(1)所需技术资料：______________________________________________。

(2)本次工作任务所需要的检测仪器、常用工具,并准备,填写附表3-2。

工作任务所需设备与资料 附表3-2

| 检测仪器及常用工具名称 | 型　号 | 使用注意事项 |
|---|---|---|
| | | |
| | | |
| | | |

(3)说明完成本次任务的安全注意事项有哪些。

____________________________________________________________

____________________________________________________________

____________________________________________________________

____________________________________________________________

**实施检查**

(1)填写两轴式手动变速器的拆解步骤。

①拆卸变速器后盖及换挡传动轴；

②______________________________________________；

③______________________________________________；

④______________________________________________；

⑤______________________________________________；

⑥______________________________________________；

⑦______________________________________________。

记录两轴式变速器变速传动机构的主要零部件并进行编号：

(2)检修两轴式变速器变速传动机构主要部件,完成附表3-3的填写。

变速传动机构主要部件 附表3-3

| 零部件编号 | 零部件名称 | 检 测 参 数 | 检 修 意 见 |
|---|---|---|---|
| | | | |
| | | | |
| | | | |
| | | | |
| | | | |
| | | | |

(3)装配齿轮变速传动机构并绘制该变速器传力简图,计算速比。

①绘制该两轴式手动变速器变速传动机构的传力简图：

②各挡速比计算：

1 挡:________;2 挡:________;3 挡:________;4 挡:________;倒挡:________;

(4)说明变速器是否安装完全,是否有漏件、缺件,变速器是否能够正常换挡,是否漏油。

________________________________________________________________________

________________________________________________________________________

________________________________________________________________________

________________________________________________________________________

(5)说明检修过程中 6S 是否到位。

________________________________________________________________________

________________________________________________________________________

________________________________________________________________________

________________________________________________________________________

**评价总结**

对于在操作中的表现,进行学生自评、小组互评,教师评价,填写过程评价表(附表 3-4)。

**过程评价表** 附表 3-4

| 考核项目 | 评分标准 | 分数 | 学生自评 | 小组互评 | 教师评价 | 小计 |
|---|---|---|---|---|---|---|
| 团队合作 | 和谐 | 5 | | | | |
| 信息咨询 | 效果良好 | 5 | | | | |
| 安全生产 | 无安全隐患 | 10 | | | | |
| 现场 6S | 做到 | 10 | | | | |
| 操作过程 | 任务完成 | 60 | | | | |
| 劳动纪律 | 严格遵守 | 10 | | | | |
| 总分 | | 100 | | | 得分 | |
| 教师签字: | | | | 年 | 月 | 日 |

## 任务 2 检修同步器

| 学生姓名 | | 班级 | | 学号 | |
|---|---|---|---|---|---|
| 实训场地 | | 学时 | 2 | 日期 | |

**知识巩固**

(1)在换挡过程中,同步器使______________和______________迅速同步,缩短换挡时间,保证____________________________。

(2)同步器有__________、____________和____________。目前广泛采用的摩擦惯性式同步器是依靠______________作用实现同步的,按结构又分为________和________。

(3)若锁环端面已与锥盘接触、有擦痕、同步过程失效,允许将锥盘端面车削修复,一般最大车削量为____________。一般锁环斜面上的螺纹油槽的深度应大于等于________,锁环前端面与锥盘的间隙小于等于__________,超过限度应____________。更换新同步器总成后原锥盘可用,但要检查锁环端面,其不得与锥盘端面接触,新锥盘与新锁环端面间隙一般为________。

**计划决策**

(1)所需技术资料:________________________________________________。

(2)本次工作任务所需要的检测仪器、常用工具,并准备,填写附表3-5。

工作任务所需设备与资料 附表3-5

| 检测仪器及常用工具名称 | 型　号 | 使用注意事项 |
|---|---|---|
| | | |
| | | |
| | | |

(3)说明完成本次任务安全注意事项有哪些。

________________________________________________

________________________________________________

________________________________________________

________________________________________________

**实施检查**

(1)填写两轴式手动变速器的拆解步骤分解。

①拆卸变速器后盖及换挡传动轴;

②________________________________________________;

③________________________________________________。

(2)检修同步器,完成下表(附表3-6)。

检修同步器 附表3-6

| 零部件编号 | 零部件名称 | 检测参数 | 检修意见 |
|---|---|---|---|
| | | | |
| | | | |
| | | | |
| | | | |

(3)检查变速器,并说明其是否安装完全,是否有漏件、缺件,是否能够正常换挡,是否漏油。

________________________________________________

________________________________________________

________________________________________________

________________________________________________

(4)说明检修过程中6S是否到位。

________________________________________________

________________________________________________

### 评价总结

对于在操作中的表现，进行学生自评、小组互评，教师评价，填写过程评价表（附表3-7）。

过 程 评 价 表

附表3-7

| 考 核 项 目 | 评 分 标 准 | 分数 | 学生自评 | 小组互评 | 教师评价 | 小计 |
|---|---|---|---|---|---|---|
| 团队合作 | 和谐 | 5 | | | | |
| 信息咨询 | 效果良好 | 5 | | | | |
| 安全生产 | 无安全隐患 | 10 | | | | |
| 现场6S | 做到 | 10 | | | | |
| 操作过程 | 任务完成 | 60 | | | | |
| 劳动纪律 | 严格遵守 | 10 | | | | |
| 总分 | | 100 | | | 得分 | |
| 教师签字： | | | | | | 年 月 日 |

## 任务3 检修变速操纵机构

| 学生姓名 | | 班级 | | 学号 | |
|---|---|---|---|---|---|
| 实训场地 | | 学时 | 2 | 日期 | |

### 知识巩固

结合附图3-2介绍变速操纵机构的工作原理。

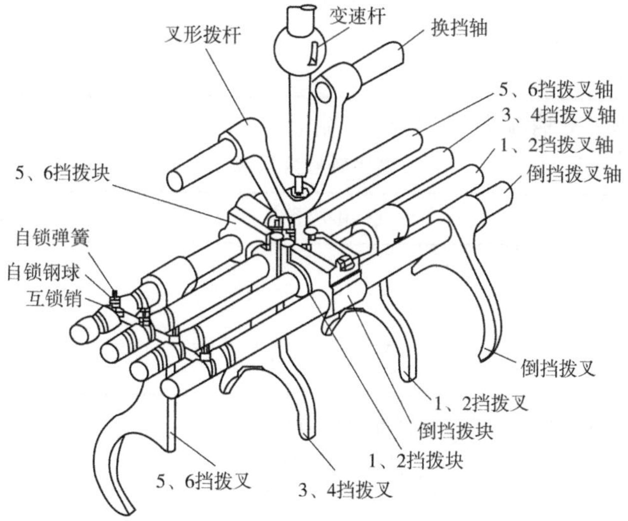


附图3-2 变速操纵机构工作原理

挡位越多换挡操纵机构越复杂。

对变速器操纵机构设置________，防止变速器自动脱挡，并保证介入挡位的啮合齿轮圈齿宽接触；设置________，避免同时挂入两个挡位；设置________，避免误挂入倒挡。每一根拨叉轴最多实现________个挡位。

**计划决策**

(1)所需技术资料:________________________________________。

(2)本次工作任务所需要的检测仪器、常用工具,并准备,填写附表3-8。

工作任务所需设备与资料 附表3-8

| 检测仪器及常用工具名称 | 型　号 | 使用注意事项 |
|---|---|---|
| | | |
| | | |
| | | |

(3)请说明完成本次任务的安全注意事项有哪些。

________________________________________

________________________________________

________________________________________

________________________________________

**实施检查**

(1)变速杆磨损情况检查,完成下表(附表3-9)。

变速杆磨损情况 附表3-9

| 具体部位 | 磨损情况 | 检修意见 |
|---|---|---|
| 上球关节 | | |
| 定位槽 | | |
| 下部端面球头 | | |

(2)进行变速器拨叉轴检修,完成下表(附表3-10)。

拨叉轴检查情况 附表3-10

| 具体部位 | 磨损情况 | 检修意见 |
|---|---|---|
| 1、2挡拨叉轴 | | |
| 3、4挡拨叉轴 | | |
| 倒挡拨叉轴 | | |

(3)进行锁止装置检修,完成下表(附表3-11)。

锁止装置检查情况 附表3-11

| 具体部位 | 磨损情况 | 检修意见 |
|---|---|---|
| 各挡自锁装置 | | |
| 两拨叉轴互锁装置 | | |
| 倒挡锁装置 | | |

(4)说明检修过程中6S是否到位。

______________________________________________

______________________________________________

______________________________________________

______________________________________________

**评价总结**

对于在操作中的表现，进行学生自评、小组互评，教师评价，填写过程评价表（附表3-12）。

过程评价表　　附表3-12

| 考核项目 | 评分标准 | 分数 | 学生自评 | 小组互评 | 教师评价 | 小计 |
|---|---|---|---|---|---|---|
| 团队合作 | 和谐 | 5 | | | | |
| 信息咨询 | 效果良好 | 5 | | | | |
| 安全生产 | 无安全隐患 | 10 | | | | |
| 现场6S | 做到 | 10 | | | | |
| 操作过程 | 任务完成 | 60 | | | | |
| 劳动纪律 | 严格遵守 | 10 | | | | |
| 总分 | | 100 | | | 得分 | |
| 教师签字： | | | | | | 年　月　日 |

# 项目四　自动挡汽车无法正常换挡故障检修

## 任务1　检修自动变速器齿轮变速机构

| 学生姓名 | | 班级 | | 学号 | |
|---|---|---|---|---|---|
| 实训场地 | | 学时 | 2 | 日期 | |

**知识巩固**

(1)标出附图4-1中各部件的名称：

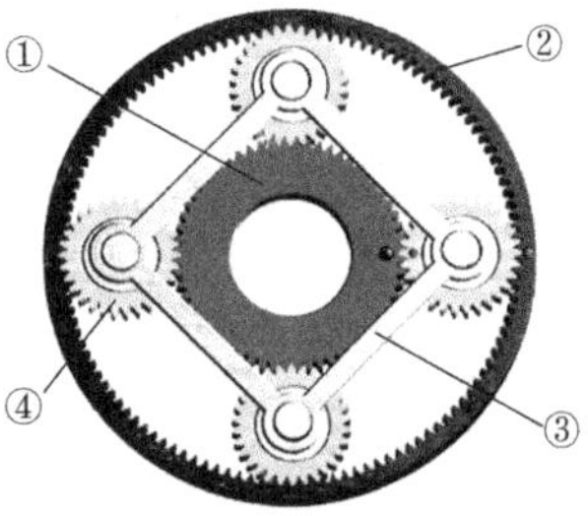


附图4-1　单排行星齿轮组成

①________________________；

②________________________；

③________________________；

④________________________；

(2)按照齿数多少依次排列为：________________。

(3)行星排的运动规律可以总结为：行星架主动为________挡；行星架从动为________挡；行星架固定为________挡；两件固连为________挡；全自由为________挡。

**计划决策**

(1)所需技术资料：________________________。

(2)在附表4-1中填写本次工作任务所需要的检测仪器、常用工具，并准备。

工作任务所需设备与资料　　附表4-1

| 检测仪器及常用工具名称 | 型　号 | 使用注意事项 |
|---|---|---|
| | | |
| | | |
| | | |

(3)说明完成本次任务的安全注意事项有哪些。

________________________________________

________________________________________

________________________________________

________________________________________

**实施检查**

(1)画出变速器动力传递简图(不带换挡执行机构)：

（2）检修行星齿轮变速机构，并填写附表4-2。

**行星齿轮变速机构检修**

附表4-2

| 检修部件 | 技术状态 | 检修意见 |
|---|---|---|
| 太阳轮 | | |
| 行星轮 | | |
| 行星架 | | |
| 齿圈 | | |
| 轴承 | | |
| 轴 | | |

（3）说明行星齿轮变速机构的拆解及装配顺序。

（4）检查各行星排齿是否运转灵活，是否清洁、润滑良好，所有卡环、轴承装配是否到位。

（5）说明检修过程中6S是否到位。

## 评价总结

对于在操作中的表现，进行学生自评、小组互评，教师评价，填写过程评价表（附表4-3）。

**过程评价表**

附表4-3

| 考核项目 | 评分标准 | 分数 | 学生自评 | 小组互评 | 教师评价 | 小计 |
|---|---|---|---|---|---|---|
| 团队合作 | 和谐 | 5 | | | | |
| 信息咨询 | 效果良好 | 5 | | | | |
| 安全生产 | 无安全隐患 | 10 | | | | |
| 现场6S | 做到 | 10 | | | | |
| 操作过程 | 任务完成 | 60 | | | | |
| 劳动纪律 | 严格遵守 | 10 | | | | |
| 总分 | | 100 | | | 得分 | |
| 教师签字： | | | | | | 年　月　日 |

## 任务 2　检修自动变速器执行元件

| 学生姓名 | | 班级 | | 学号 | |
|---|---|---|---|---|---|
| 实训场地 | | 学时 | 2 | 日期 | |

**知识巩固**

(1)结合附图 4-2 说明离合器的工作原理：

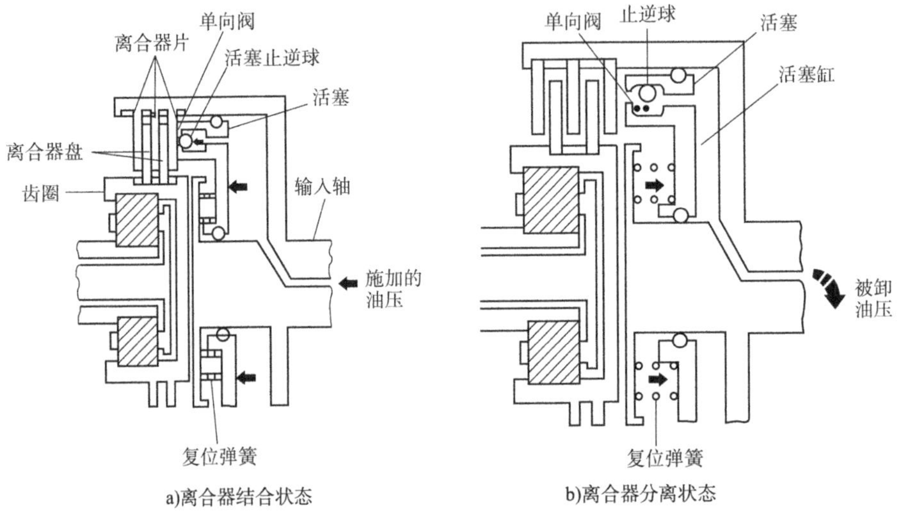


附图 4-2　离合器工作原理

________________________________

________________________________

________________________________

________________________________

________________________________

________________________________

________________________________

________________________________

(2)结合附图 4-3 说明带式制动器如何制动行星齿轮变速器机构中的元件。

________________________________

________________________________

________________________________

________________________________

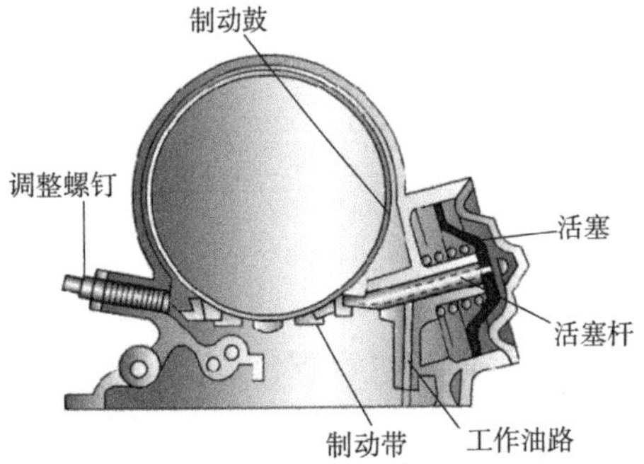


附图 4-3　带式制动器结构

(3)单向离合器的作用：限制一些运动元件只能做____________的转动；或者限制两个元件在某一方向______________转动，相反的方向相互__________。附图 4-4 为____________式单向离合器。

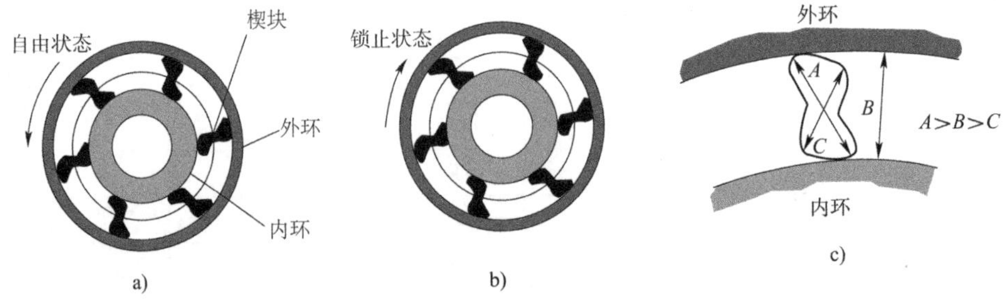


附图 4-4　单向离合器

**计划决策**

(1)所需技术资料：________________________________________。

(2)在附表4-4中填写本次工作任务所需要的检测仪器、常用工具,并准备。

工作任务所需设备与资料　　附表4-4

| 检测仪器及常用工具名称 | 型　　号 | 使用注意事项 |
|---|---|---|
| | | |
| | | |
| | | |

(3)说明完成本次任务的安全注意事项有哪些。

________________________________________

________________________________________

________________________________________

________________________________________

**实施检查**

(1)简述换挡执行机构拆解的步骤。

________________________________________

________________________________________

________________________________________

________________________________________

(2)画出变速器动力传递简图(带换挡执行机构)。

________________________________________

________________________________________

________________________________________

________________________________________

(3)完成附表4-5的填写。

换挡执行机构检修　　附表4-5

| 部件名称 | | 检修结果(技术状态) | 检修意见 |
|---|---|---|---|
| 离合器 | | | |
| | | | |
| | | | |
| 制动器 | | | |
| | | | |
| | | | |
| 单向离合器 | | | |
| 其他 | | | |

(4)检查各个离合器是否运转灵活、清洁且润滑良好,各制动器是否制动良好,单向离合器是否锁止正常,所有卡环、轴承是否装配到位。

## 评价总结

对于在操作中的表现,进行学生自评、小组互评,教师评价,填写过程评价表(附表4-6)。

过 程 评 价 表　　附表4-6

| 考核项目 | 评分标准 | 分数 | 学生自评 | 小组互评 | 教师评价 | 小计 |
|---|---|---|---|---|---|---|
| 团队合作 | 和谐 | 5 | | | | |
| 信息咨询 | 效果良好 | 5 | | | | |
| 安全生产 | 无安全隐患 | 10 | | | | |
| 现场6S | 做到 | 10 | | | | |
| 操作过程 | 任务完成 | 60 | | | | |
| 劳动纪律 | 严格遵守 | 10 | | | | |
| 总分 | | 100 | | | 得分 | |
| 教师签字: | | | | | 年　月　日 | |

# 任务3　检修自动变速器液压控制系统

| 学生姓名 | | 班级 | | 学号 | |
|---|---|---|---|---|---|
| 实训场地 | | 学时 | 2 | 日期 | |

## 知识巩固

(1)结合附图4-5,阐述齿轮泵的工作原理。

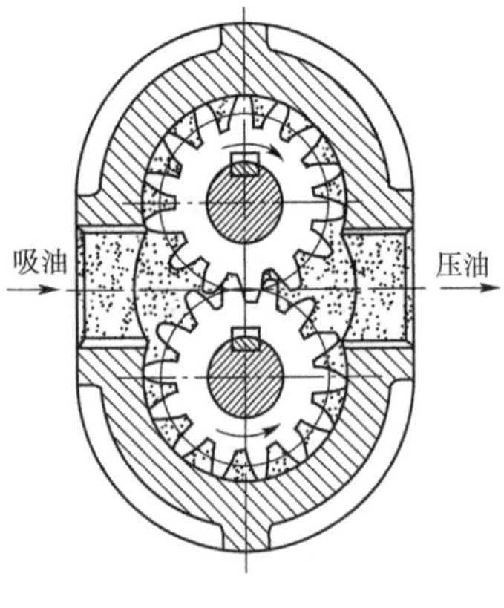


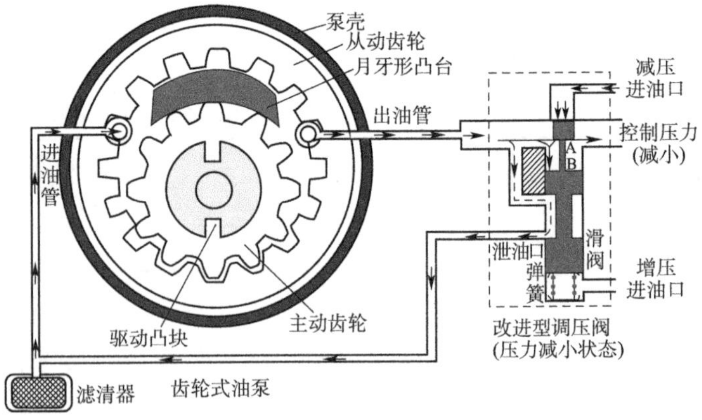


附图4-5　外啮合齿轮泵与内啮合齿轮泵

（2）结合附图 4-6，主滑阀受四个力作用：管路油压作用于______面——调压；反压弹簧的张力——基本压力；节气门压力作用于______面——根据节气门开度调节油压；手控阀“R”油压作用于______面——倒挡增压；油泵运转，其压力油进入主调压阀，经调压后的油路压力便可根据需要稳定在某一数值。

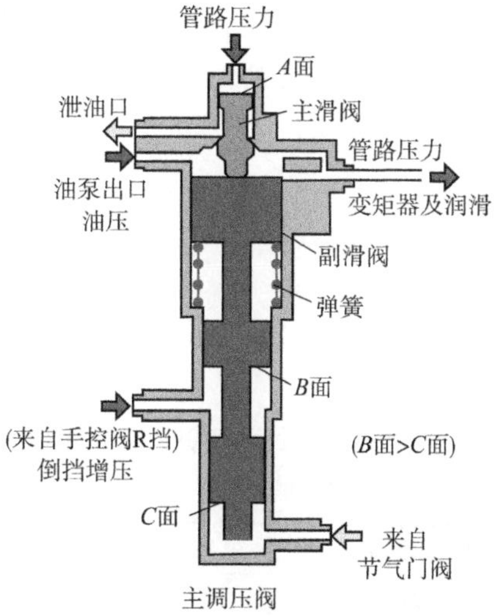


附图 4-6　主调压阀

**计划决策**

（1）所需技术资料：______。

（2）在附表 4-7 中填写本次工作任务所需要的检测仪器、常用工具，并准备。

工作任务所需设备与资料　　附表 4-7

| 检测仪器及常用工具名称 | 型　号 | 使用注意事项 |
|---|---|---|
| | | |
| | | |
| | | |

（3）说明完成本次任务的安全注意事项有哪些。

______

**实施检查**

（1）简述拆解自动变速器油泵及油底壳的步骤。

______

(2)检修油泵,并填写附表4-8。

**油泵的检测** 附表4-8

| 检修内容 | 标准范围 | 更换(维修)极限范围 | 实测数值 | 检修意见 |
|---|---|---|---|---|
| 齿轮与泵体之间的间隙 | 0.08 ~ 0.15mm | 超过0.25mm | | |
| 油泵内齿和月牙形隔板之间的间隙 | 0.08 ~ 0.15mm | 超过0.25mm | | |
| 齿轮和泵壳之间的间隙 | 0.02 ~ 0.04mm | 0.08mm | | |

(3)说明检修过程中6S是否到位。

______________________________________________

______________________________________________

______________________________________________

______________________________________________

**评价总结**

对于在操作中的表现,进行学生自评、小组互评,教师评价,填写过程评价表(附表4-9)。

**过程评价表** 附表4-9

| 考核项目 | 评分标准 | 分数 | 学生自评 | 小组互评 | 教师评价 | 小计 |
|---|---|---|---|---|---|---|
| 团队合作 | 和谐 | 5 | | | | |
| 信息咨询 | 效果良好 | 5 | | | | |
| 安全生产 | 无安全隐患 | 10 | | | | |
| 现场6S | 做到 | 10 | | | | |
| 操作过程 | 任务完成 | 60 | | | | |
| 劳动纪律 | 严格遵守 | 10 | | | | |
| 总分 | | 100 | | | 得分 | |
| 教师签字: | | | | | | 年 月 日 |

## 任务4 检修自动变速器电控系统

| 学生姓名 | | 班级 | | 学号 | |
|---|---|---|---|---|---|
| 实训场地 | | 学时 | 2 | 日期 | |

**知识巩固**

(1)根据自动变速器常用的传感器类型及作用,完成附表4-10的填写。

**变速器电控系统常用传感器** 附表4-10

| 传感器名称 | 作用 |
|---|---|
| | |
| | |
| | |
| | |
| | |

(2)自动变速器电子控制系统的执行器主要是指电磁阀，包括________、________、________等和一些继电器、指示灯等。

**计划决策**

(1)所需技术资料：________________________________________________。

(2)在附表4-11中填写本次工作任务所需要的检测仪器、常用工具，并准备。

**工作任务所需设备与资料** 附表4-11

| 检测仪器及常用工具名称 | 型　号 | 使用注意事项 |
|---|---|---|
| | | |
| | | |
| | | |

(3)说明完成本次任务的安全注意事项有哪些。

________________________________________________________________

________________________________________________________________

________________________________________________________________

________________________________________________________________

**实施检查**

(1)利用故障诊断仪，对自动变速器电子控制系统进行诊断。

故障代码：________________________________________________

含义：________________________________________________

数据流：________________________________________________

(2)检修主要传感器，并填写附表4-12。

**主要传感器的检修** 附表4-12

| 检 修 内 容 | 技 术 状 态 | 检 修 意 见 |
|---|---|---|
| | | |
| | | |
| | | |
| | | |
| | | |

(3)检测阀体上各个位置的电磁阀，并填写附表4-13。

**电 磁 阀 的 检 测** 附表4-13

| 检 修 内 容 | 技 术 状 态 | 检 修 意 见 |
|---|---|---|
| | | |
| | | |
| | | |
| | | |
| | | |

(4)请说明故障代码清除情况及各电子元件安装与工作情况。

________________________________________________

________________________________________________

________________________________________________

________________________________________________

**评价总结**

对于在操作中的表现,进行学生自评、小组互评,教师评价,填写过程评价表(附表4-14)。

**过程评价表** 附表4-14

| 考核项目 | 评分标准 | 分数 | 学生自评 | 小组互评 | 教师评价 | 小计 |
|---|---|---|---|---|---|---|
| 团队合作 | 和谐 | 5 | | | | |
| 信息咨询 | 效果良好 | 5 | | | | |
| 安全生产 | 无安全隐患 | 10 | | | | |
| 现场6S | 做到 | 10 | | | | |
| 操作过程 | 任务完成 | 60 | | | | |
| 劳动纪律 | 严格遵守 | 10 | | | | |
| 总分 | | 100 | | | 得分 | |
| 教师签字: | | | | | | 年 月 日 |

# 项目五　无级变速器加速冲击故障检修

## 任务 1　检修无级变速器机械系统

| 学生姓名 | | 班级 | | 学号 | |
|---|---|---|---|---|---|
| 实训场地 | | 学时 | 2 | 日期 | |

**知识巩固**

(1)标出附图 5-1 中主要部件的名称。

(2)说明无级变速的原理。

1 ______________________

2 ______________________

3 ______________________

4 ______________________

5 ______________________

6 ______________________

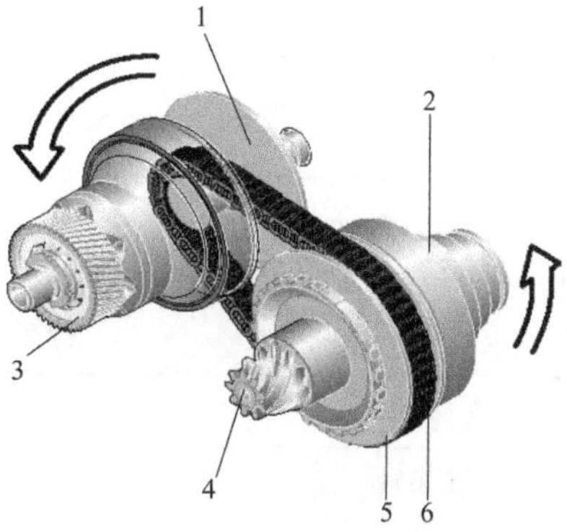


附图 5-1　无级变速原理

(3)比较各类变速器并填写附表 5-1。

各类变速器的比较　　附表 5-1

| 项　　目 | 换挡控制方式 | 变速比挡位数 |
|---|---|---|
| 手动变速器 | | 有级 |
| 自动变速器 | | 有级 |
| CVT 自动变速器 | | |

**计划决策**

(1)所需技术资料:______________________。

(2)在附表 5-2 中填写本次工作任务所需要的检测仪器、常用工具,并准备。

工作任务所需设备与资料　　附表 5-2

| 检测仪器及常用工具名称 | 型　　号 | 使用注意事项 |
|---|---|---|
| | | |
| | | |
| | | |

(3)说明完成本次任务安全注意事项有哪些。

________________________________________

________________________________________

________________________________________

________________________________________

**实施检查**

(1)简述拆解行星齿轮变速机构的步骤。

________________________________________

________________________________________

________________________________________

________________________________________

(2)画出行星齿轮变速机构的动力传递简图。

________________________________________

________________________________________

________________________________________

________________________________________

(3)检修行星齿轮变速机构,并填写附表5-3。

**行星齿轮变速机构检修** 附表5-3

| 检修部件 | 技术状态 | 检修意见 |
|---|---|---|
| 太阳轮 | | |
| 行星轮 | | |
| 行星架 | | |
| 齿圈 | | |
| 轴承 | | |
| 轴 | | |

(4)阐述行星齿轮变速机构的装配顺序。

________________________________________

________________________________________

________________________________________

________________________________________

(5)说明各个行星排齿轮是否运转灵活、清洁、润滑良好,所有卡环、轴承是否装配到位。

________________________________________

________________________________________

________________________________________

________________________________________

## 评价总结

对于在操作中的表现，进行学生自评、小组互评，教师评价，填写过程评价表（附表5-4）。

**过 程 评 价 表** 附表5-4

| 考核项目 | 评分标准 | 分数 | 学生自评 | 小组互评 | 教师评价 | 小计 |
|---|---|---|---|---|---|---|
| 团队合作 | 和谐 | 5 | | | | |
| 信息咨询 | 效果良好 | 5 | | | | |
| 安全生产 | 无安全隐患 | 10 | | | | |
| 现场6S | 做到 | 10 | | | | |
| 操作过程 | 任务完成 | 60 | | | | |
| 劳动纪律 | 严格遵守 | 10 | | | | |
| 总分 | | 100 | | | 得分 | |
| 教师签字： | | | | | | 年 月 日 |

## 任务2 检修无级变速器液压控制系统

| 学生姓名 | | 班级 | | 学号 | |
|---|---|---|---|---|---|
| 实训场地 | | 学时 | 2 | 日期 | |

### 知识巩固

（1）无级变速器液压控制系统主要由__________、__________和__________三部分组成。

（2）结合附图5-2，说明各部件的名称。

1 __________；2 __________ 3 __________。

（3）分析齿轮泵的工作原理。

________________________________________。

（4）图中齿轮应该□顺时针□逆时针旋转。

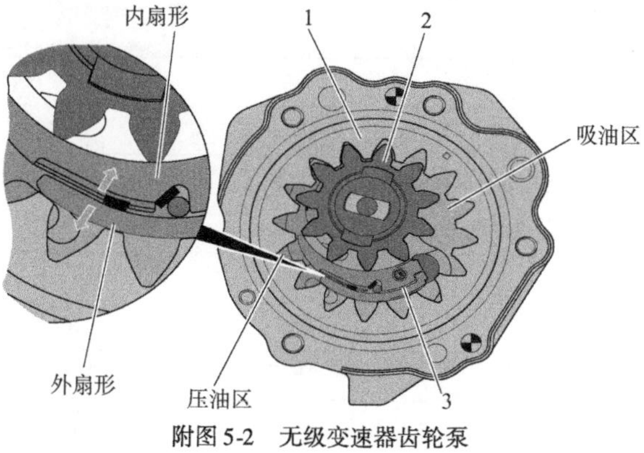


附图5-2 无级变速器齿轮泵

### 计划决策

（1）所需技术资料：____________________________________。

(2)在附表5-5中填写本次工作任务所需要的检测仪器、常用工具,并准备。

**工作任务所需设备与资料**　　附表5-5

| 检测仪器及常用工具名称 | 型　　号 | 使用注意事项 |
|---|---|---|
| | | |
| | | |
| | | |

(3)说明完成本次任务的安全注意事项有哪些。

______

______

______

______

**实施检查**

(1)简述拆解变速器油泵及油底壳的步骤。

______

______

______

______

(2)简述检修阀体的内容。

______

______

______

______

(3)简述装配液压控制系统的步骤。

______

______

______

______

(4)检查并说明液压缸、活塞、阀体是否工作良好,是否可以正常变速。

______

______

______

______

**评价总结**

对于在操作中的表现,进行学生自评、小组互评,教师评价,填写过程评价表(附表5-6)。

**过 程 评 价 表** 附表 5-6

| 考 核 项 目 | 评 分 标 准 | 分数 | 学生自评 | 小组互评 | 教师评价 | 小计 |
|---|---|---|---|---|---|---|
| 团队合作 | 和谐 | 5 | | | | |
| 信息咨询 | 效果良好 | 5 | | | | |
| 安全生产 | 无安全隐患 | 10 | | | | |
| 现场 6S | 做到 | 10 | | | | |
| 操作过程 | 任务完成 | 60 | | | | |
| 劳动纪律 | 严格遵守 | 10 | | | | |
| 总分 | | 100 | | | 得分 | |
| 教师签字： | | | | | | 年 月 日 |

# 任务 3 检修无级变速器电子控制系统

| 学生姓名 | | 班级 | | 学号 | |
|---|---|---|---|---|---|
| 实训场地 | | 学时 | 2 | 日期 | |

## 知识巩固

(1)电子控制系统的作用是通过____________检测车辆运行参数的信号，由电脑计算和传送后，向____________发出控制指令，实现对无级变速器的各项控制。电子控制系统主要由________、________和________三部分组成。

(2)说明无级变速器常用传感器的类型与作用，并完成附表 5-7 的填写。

**CVT 常 用 传 感 器** 附表 5-7

| 传感器名称 | 作 用 |
|---|---|
| | |
| | |
| | |
| | |
| | |

(3)无级变速器电子控制系统的执行器主要是指电磁阀，包括____________、____________、____________等，以及一些继电器、指示灯等。

## 计划决策

(1)所需技术资料：________________________。

(2)在附表 5-8 中填写本次工作任务所需要的检测仪器、常用工具，并准备。

**工作任务所需设备与资料** 附表 5-8

| 检测仪器及常用工具名称 | 型 号 | 使用注意事项 |
|---|---|---|
| | | |
| | | |
| | | |

(3)说明完成本次任务的安全注意事项有哪些。

______________________________________________

______________________________________________

______________________________________________

______________________________________________

**实施检查**

(1)利用故障诊断仪,对无级变速器电子控制系统进行诊断。

故障代码:______________________________________

含义:__________________________________________

数据流:________________________________________

(2)检修主要传感器,并填写附表5-9。

传感器检修 附表5-9

| 检修内容 | 技术状态 | 检修意见 |
| --- | --- | --- |
| | | |
| | | |
| | | |
| | | |
| | | |
| | | |
| | | |
| | | |

(3)检测阀体上各个位置的电磁阀,并填写附表5-10。

电磁阀检修 附表5-10

| 检修内容 | 技术状态 | 检修意见 |
| --- | --- | --- |
| | | |
| | | |
| | | |
| | | |
| | | |

(4)检查故障代码清除情况及各传感器工作状态,查看电磁阀是否安装到位且正常工作。

______________________________________________

______________________________________________

______________________________________________

______________________________________________

(5)说明检修过程中6S是否到位。

______________________________________________

评价总结

对于在操作中的表现,进行学生自评、小组互评,教师评价,填写过程评价表(附表5-11)。

过 程 评 价 表　　附表5-11

| 考 核 项 目 | 评 分 标 准 | 分数 | 学生自评 | 小组互评 | 教师评价 | 小计 |
|---|---|---|---|---|---|---|
| 团队合作 | 和谐 | 5 | | | | |
| 信息咨询 | 效果良好 | 5 | | | | |
| 安全生产 | 无安全隐患 | 10 | | | | |
| 现场 6S | 做到 | 10 | | | | |
| 操作过程 | 任务完成 | 60 | | | | |
| 劳动纪律 | 严格遵守 | 10 | | | | |
| 总分 | | 100 | | | 得分 | |
| 教师签字: | | | | 年 | 月 | 日 |

# 项目六　双离合自动变速器跳挡故障检修

## 任务1　检修双离合自动变速器机械系统

| 学生姓名 | | 班级 | | 学号 | |
|---|---|---|---|---|---|
| 实训场地 | | 学时 | 2 | 日期 | |

**知识巩固**

(1)根据附图6-1,说明双离合自动变速器的换挡方式,换挡系统主要组成有K1、K2两个湿式离合器,以及按________、________数挡位分别与两个离合器布置连接的变速器齿轮组。________挡、________挡、________挡、________位与离合器K1连接在一起,________挡、________挡、________挡连接在离合器K2上。

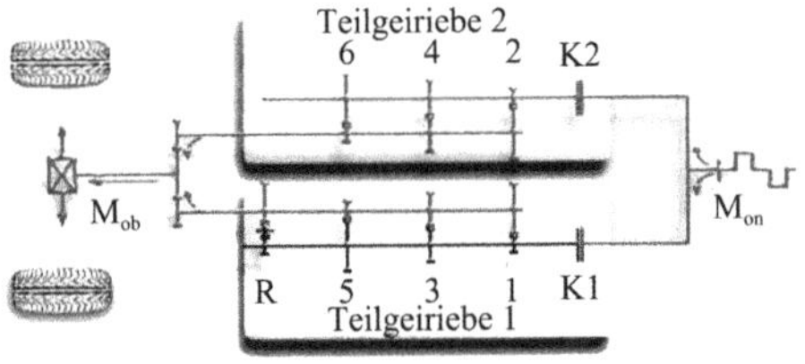


附图6-1　双离合自动变速器传力简图

(2)结合附图6-2,DSG换挡操纵机构主要由:________、________、________、________活塞、液压缸组成。

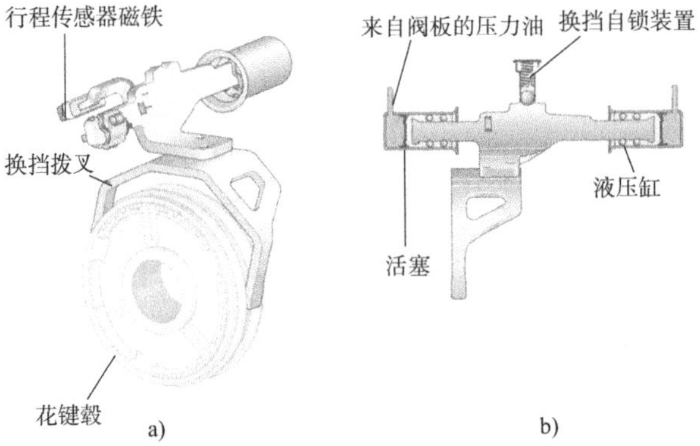


附图6-2　DSG换挡操纵机构

**计划决策**

(1)所需技术资料:________________________________________________。

(2)在附表6-1中填写本次工作任务所需要的检测仪器、常用工具,并准备。

**工作任务所需设备与资料** 附表 6-1

| 检测仪器及常用工具名称 | 型　号 | 使用注意事项 |
|---|---|---|
| | | |
| | | |
| | | |

(3)说明完成本次任务的安全注意事项有哪些。

______________________________________________

______________________________________________

______________________________________________

______________________________________________

## 实施检查

(1)请画出 DSG 齿轮变速机构的动力传递简图。

______________________________________________

______________________________________________

______________________________________________

______________________________________________

(2)检修齿轮变速机构,并填写附表 6-2。

**齿轮变速机构各部件检修** 附表 6-2

| 检 修 部 件 | 技 术 状 态 | 检 修 意 见 |
|---|---|---|
| | | |
| | | |
| | | |
| | | |
| | | |
| | | |

(3)说明检修过程中 6S 是否到位。

______________________________________________

______________________________________________

______________________________________________

______________________________________________

## 评价总结

对于在操作中的表现,进行学生自评、小组互评,教师评价,填写过程评价表(附表 6-3)。

**过 程 评 价 表** 附表 6-3

| 考 核 项 目 | 评 分 标 准 | 分数 | 学生自评 | 小组互评 | 教师评价 | 小计 |
|---|---|---|---|---|---|---|
| 团队合作 | 和谐 | 5 | | | | |
| 信息咨询 | 效果良好 | 5 | | | | |

续上表

| 考 核 项 目 | 评 分 标 准 | 分数 | 学生自评 | 小组互评 | 教师评价 | 小计 |
|---|---|---|---|---|---|---|
| 安全生产 | 无安全隐患 | 10 | | | | |
| 现场 6S | 做到 | 10 | | | | |
| 操作过程 | 任务完成 | 60 | | | | |
| 劳动纪律 | 严格遵守 | 10 | | | | |
| 总分 | | 100 | | | 得分 | |
| 教师签字： | | | | | | 年　月　日 |

## 任务 2　检修双离合自动变速器液压控制系统

| 学生姓名 | | 班级 | | 学号 | |
|---|---|---|---|---|---|
| 实训场地 | | 学时 | 2 | 日期 | |

**知识巩固**

(1)阐述双离合自动变速器液压控制系统作用。

________________________________________

________________________________________

________________________________________

________________________________________

(2)液压控制系统主要由________、________和________三部分组成。在 DSG 中,为实现换挡过程的自动化,需要增加自动换挡机构来完成换挡任务,通常使用一个拨叉和________个油缸来控制。每挡有一个同步器。

(3)双离合自动变速器的冷却系统与自动变速器一致,都是由________来实现的。

**计划决策**

(1)所需技术资料:________________________________________。

(2)在附表 6-4 中填写本次工作任务所需要的检测仪器、常用工具,并准备。

工作任务所需设备与资料　　附表 6-4

| 检测仪器及常用工具名称 | 型　号 | 使用注意事项 |
|---|---|---|
| | | |
| | | |
| | | |

(3)说明完成本次任务的安全注意事项有哪些。

________________________________________

________________________________________

________________________________________

________________________________________

**实施检查**

(1)请简述拆解变速器油泵及油底壳的步骤。

(2)请简述检修油泵、阀体、换挡拨叉液压缸、活塞的方法。

(3)请简述装配液压控制系统的方法。

(4)检查并说明液压缸、活塞、阀体是否工作良好,变速器是否可以正常变速。

**评价总结**

对于在操作中的表现,进行学生自评、小组互评,教师评价,填写过程评价表(附表6-5)。

过程评价表　　附表6-5

| 考核项目 | 评分标准 | 分数 | 学生自评 | 小组互评 | 教师评价 | 小计 |
|---|---|---|---|---|---|---|
| 团队合作 | 和谐 | 5 | | | | |
| 信息咨询 | 效果良好 | 5 | | | | |
| 安全生产 | 无安全隐患 | 10 | | | | |
| 现场6S | 做到 | 10 | | | | |
| 操作过程 | 任务完成 | 60 | | | | |
| 劳动纪律 | 严格遵守 | 10 | | | | |
| 总分 | | 100 | | | 得分 | |
| 教师签字: | | | | | | 年　月　日 |

## 任务3　检修双离合自动变速器电子控制系统

| 学生姓名 | | 班级 | | 学号 | |
|---|---|---|---|---|---|
| 实训场地 | | 学时 | 2 | 日期 | |

**知识巩固**

(1)阐述双离合自动变速器电子控制系统作用:

____________________________________________________________________________

____________________________________________________________________________

____________________________________________________________________________

____________________________________________________________________________

(2)电子控制系统主要由________________、________________和________________三部分组成。

(3)双离合自动变速器电子控制系统的执行器主要是指电子阀,包括________________、________________、________________等,还包括一些继电器、指示灯等。

**计划决策**

(1)所需技术资料:________________________________________________。

(2)在附表6-6中填写本次工作任务所需要的检测仪器、常用工具,并准备。

工作任务所需设备与资料　　附表6-6

| 检测仪器及常用工具名称 | 型号 | 使用注意事项 |
| --- | --- | --- |
| | | |
| | | |
| | | |

(3)说明完成本次任务的安全注意事项。

____________________________________________________________________________

____________________________________________________________________________

____________________________________________________________________________

____________________________________________________________________________

**实施检查**

(1)利用故障诊断仪,对双离合自动变速器电子控制系统进行诊断。

____________________________________________________________________________

____________________________________________________________________________

____________________________________________________________________________

____________________________________________________________________________

(2)检修主要传感器,记录技术状态及维修意见。

____________________________________________________________________________

____________________________________________________________________________

____________________________________________________________________________

____________________________________________________________________________

(3)检测阀体上各个位置的电磁阀,记录技术状态和维修意见。

____________________________________________________________________________

____________________________________________________________________________

____________________________________________________________________________

____________________________________________________________________________

(4)检查并说明故障代码是否清除,各传感器是否工作良好,电磁阀是否安装到位且正常工作。

______________________________________________

______________________________________________

______________________________________________

______________________________________________

**评价总结**

对于在操作中的表现,进行学生自评、小组互评,教师评价,填写过程评价表(附表6-7)。

**过 程 评 价 表** 附表6-7

| 考 核 项 目 | 评 分 标 准 | 分数 | 学生自评 | 小组互评 | 教师评价 | 小计 |
|---|---|---|---|---|---|---|
| 团队合作 | 和谐 | 5 | | | | |
| 信息咨询 | 效果良好 | 5 | | | | |
| 安全生产 | 无安全隐患 | 10 | | | | |
| 现场6S | 做到 | 10 | | | | |
| 操作过程 | 任务完成 | 60 | | | | |
| 劳动纪律 | 严格遵守 | 10 | | | | |
| 总分 | | 100 | | | 得分 | |
| 教师签字: | | | | | 年 月 日 | |

# 项目七　万向传动装置异响故障检修

## 任务1　检修万向节

| 学生姓名 | | 班级 | | 学号 | |
|---|---|---|---|---|---|
| 实训场地 | | 学时 | 2 | 日期 | |

**知识巩固**

(1)结合实物或模型,指出十字轴式万向节的主要组成部件。

(2)根据速度特性不同,万向节可分为________、________、________。

(3)根据刚度大小不同,万向节可分为________、________。

**计划决策**

(1)所需技术资料:______________________________________________。

(2)在附表7-1中填写本次工作任务所需要的检测仪器、常用工具,并准备。

工作任务所需设备与资料　　附表7-1

| 检测仪器及常用工具名称 | 型　　号 | 使用注意事项 |
|---|---|---|
| | | |
| | | |
| | | |

(3)说明完成本次任务的安全注意事项有哪些。

______________________________________________

______________________________________________

______________________________________________

______________________________________________

**实施检查**

(1)请记录将传动轴整体从车上拆下的拆解步骤。

______________________________________________

______________________________________________

______________________________________________

______________________________________________

(2)记录分解传动轴,检修万向节的检修意见。

①以十字轴式万向节为例,填写附表7-2。

**十字轴万向节各部件的检修** 附表 7-2

| 检修对象 | 检修内容 | 检修意见 |
|---|---|---|
| | | |
| | | |
| | | |
| | | |
| | | |
| | | |

②以球笼式万向节为例，填写附表 7-3。

**球笼式万向节各部件的检修** 附表 7-3

| 检修对象 | 检修内容 | 检修意见 |
|---|---|---|
| | | |
| | | |
| | | |
| | | |
| | | |
| | | |

(3)说明检修过程中 6S 是否到位。

______________________________________________

______________________________________________

______________________________________________

______________________________________________

______________________________________________

## 评价总结

对于在操作中的表现，进行学生自评、小组互评，教师评价，填写过程评价表（附表 7-4）。

**过程评价表** 附表 7-4

| 考核项目 | 评分标准 | 分数 | 学生自评 | 小组互评 | 教师评价 | 小计 |
|---|---|---|---|---|---|---|
| 团队合作 | 和谐 | 5 | | | | |
| 信息咨询 | 效果良好 | 5 | | | | |
| 安全生产 | 无安全隐患 | 10 | | | | |
| 现场 6S | 做到 | 10 | | | | |
| 操作过程 | 任务完成 | 60 | | | | |
| 劳动纪律 | 严格遵守 | 10 | | | | |
| 总分 | | 100 | | | 得分 | |
| 教师签字： | | | | | | 年 月 日 |

## 任务2 检修传动轴和中间支承

| 学生姓名 | | 班级 | | 学号 | |
|---|---|---|---|---|---|
| 实训场地 | | 学时 | 2 | 日期 | |

**知识巩固**

(1)传动轴是万向传动装置中的主要传力部件。通常用来连接________和驱动桥,在转向驱动桥和断开式驱动桥中,则用来连接________和驱动桥。

(2)中间支承的功用是防止产生________;传动轴过________时,自振频率低易产生共振;补偿传动轴的轴向角度方向的安装误差,以及行驶时的轴窜动和________变形引起的位移变化。

(3)结合实物或模型,指出传动轴及中间支承的主要组成部件,填写附表7-5。

传动轴及中间支承组成部件　　附表7-5

| 名　称 | 包含部件 | 主要作用 |
|---|---|---|
| 传动轴 | | |
| 中间支承 | | |

**计划决策**

(1)所需技术资料:________________________________________________。

(2)在附表7-6中填写本次工作任务所需要的检测仪器、常用工具,并准备。

工作任务所需设备与资料　　附表7-6

| 检测仪器及常用工具名称 | 型　号 | 使用注意事项 |
|---|---|---|
| | | |
| | | |
| | | |

(3)说明完成本次任务的安全注意事项有哪些。

________________________________________________

________________________________________________

________________________________________________

________________________________________________

**实施检查**

(1)你所检修的传动轴所在车辆的型号为________,该车发动机的位置为________,该车采用的驱动形式为________。

(2)在附表7-7中填写你所检修的传动轴的技术状态。

**传动轴技术状态** 附表 7-7

| 检修对象 | 检修内容 | 检修结果 | 检修意见 |
|---|---|---|---|
| 传动轴 | 弯曲程度 | | |
| | 花键与滑动叉侧隙 | | |
| 中间支承 | 轴向间隙 | | |
| | 径向间隙 | | |

(3)进行最终质量检验,说明维修后的万向传动装置是否满足使用要求,技术状态是否合格。

______________________________

______________________________

______________________________

______________________________

(4)说明检修过程中6S是否到位。

______________________________

______________________________

______________________________

______________________________

**评价总结**

对于在操作中的表现,进行学生自评、小组互评,教师评价,填写过程评价表(附表7-8)。

**过 程 评 价 表** 附表 7-8

| 考核项目 | 评分标准 | 分数 | 学生自评 | 小组互评 | 教师评价 | 小计 |
|---|---|---|---|---|---|---|
| 团队合作 | 和谐 | 5 | | | | |
| 信息咨询 | 效果良好 | 5 | | | | |
| 安全生产 | 无安全隐患 | 10 | | | | |
| 现场 6S | 做到 | 10 | | | | |
| 操作过程 | 任务完成 | 60 | | | | |
| 劳动纪律 | 严格遵守 | 10 | | | | |
| 总分 | | 100 | | | 得分 | |
| 教师签字: | | | | | | 年 月 日 |

# 项目八　驱动桥过热故障检修

## 任务1　检修主减速器、差速器

| 学生姓名 | | 班级 | | 学号 | |
|---|---|---|---|---|---|
| 实训场地 | | 学时 | 2 | 日期 | |

**知识巩固**

(1)主减速器的功用是将输入的________增大并降低相应________,以及当发动机纵置时改变________。主减速器在结构上可分为单级主减速器和双级主减速器。通常单级主减速器是由一对________组成;双级主减速器由一对________和一对________组成。

(2)差速器的功用是使左右车轮可以不同的车速进行________或直线行驶。将主减速器传来的转矩平均分给________,使两侧的车轮驱动力相等。

(3)结合实物或模型,指出主减速器差速器的主要组成部件,填写附表8-1。

主减速器差速器组成部件　　附表8-1

| 名　称 | 包含部件 | 主要作用 |
|---|---|---|
| 主减速器 | | |
| 差速器 | | |

**计划决策**

(1)所需技术资料:________________________________________________。

(2)在附表8-2中填写本次工作任务所需要的检测仪器、常用工具,并准备。

工作任务所需设备与资料　　附表8-2

| 检测仪器及常用工具名称 | 型　号 | 使用注意事项 |
|---|---|---|
| | | |
| | | |
| | | |

(3)说明完成本次任务的安全注意事项有哪些。

________________________________________________

________________________________________________

________________________________________________

________________________________________________

**实施检查**

(1)车辆型号为______________________,该车发动机的位置为________,该车采用的驱动形式为________。

(2)在附表 8-3 中填写检修的主减速器、差速器的技术状态。

**主减速器、差速器各部件的技术状态** 附表 8-3

| 检修对象 | 检修内容 | 检修结果 | 检修意见 |
|---|---|---|---|
| | | | |
| | | | |
| | | | |
| | | | |
| | | | |
| | | | |
| | | | |
| | | | |
| | | | |
| | | | |
| | | | |
| | | | |

(3)请说明检查维修后的主减速器、差速器是否满足使用要求。

______________________________________________

______________________________________________

______________________________________________

______________________________________________

(4)说明检修过程中 6S 是否到位。

______________________________________________

______________________________________________

______________________________________________

______________________________________________

**评价总结**

对于在操作中的表现,进行学生自评、小组互评,教师评价,填写过程评价表(附表 8-4)。

**过程评价表** 附表 8-4

| 考核项目 | 评分标准 | 分数 | 学生自评 | 小组互评 | 教师评价 | 小计 |
|---|---|---|---|---|---|---|
| 团队合作 | 和谐 | 5 | | | | |
| 信息咨询 | 效果良好 | 5 | | | | |
| 安全生产 | 无安全隐患 | 10 | | | | |
| 现场 6S | 做到 | 10 | | | | |

续上表

| 考核项目 | 评分标准 | 分数 | 学生自评 | 小组互评 | 教师评价 | 小计 |
| --- | --- | --- | --- | --- | --- | --- |
| 操作过程 | 任务完成 | 60 | | | | |
| 劳动纪律 | 严格遵守 | 10 | | | | |
| 总分 | | 100 | | | 得分 | |
| 教师签字： | | | | | | 年　月　日 |

## 任务2　检修半轴及桥壳

| 学生姓名 | | 班级 | | 学号 | |
| --- | --- | --- | --- | --- | --- |
| 实训场地 | | 学时 | 2 | 日期 | |

### 知识巩固

(1)半轴是在________与________之间传递动力的实心轴，半轴的支承型式有________和________两种。

(2)半轴是用来安装________、________、________、________等部件的基础体。根据半轴与驱动轮的轮毂在桥壳上的支承型式，可分为________和________两种。

(3)检修半轴与桥壳，并填写附表8-5。

半轴与桥壳的检修　　附表8-5

| 检修对象 | 检修内容 | 评价标准 |
| --- | --- | --- |
| 半轴 | | |
| | | |
| | | |
| | | |
| 桥壳 | | |
| | | |
| | | |
| | | |

### 计划决策

(1)所需技术资料：________________________________。

(2)在附表8-6中填写本次工作任务所需要的检测仪器、常用工具，并准备。

工作任务所需设备与资料　　附表8-6

| 检测仪器及常用工具名称 | 型　号 | 使用注意事项 |
| --- | --- | --- |
| | | |
| | | |
| | | |

(3)说明完成本次任务的安全注意事项有哪些。

## 实施检查

(1)车辆型号为____________________,该车发动机的位置为________________,该车采用的驱动形式为____________________。

(2)说明半轴与桥壳的技术状态,并填写附表 8-7。

半轴与桥壳的技术状态　　附表 8-7

| 检修对象 | 检修结果 | 检修意见 |
|---|---|---|
| 半轴 | | |
| | | |
| | | |
| | | |
| 桥壳 | | |
| | | |
| | | |
| | | |

(3)进行最终质量检验,说明维修后的半轴与桥壳否满足使用要求,及其技术状态。

(4)说明检修过程中 6S 是否到位。

## 评价总结

对于在操作中的表现,进行学生自评、小组互评,教师评价,填写过程评价表(附表 8-8)。

过程评价表　　附表 8-8

| 考核项目 | 评分标准 | 分数 | 学生自评 | 小组互评 | 教师评价 | 小计 |
|---|---|---|---|---|---|---|
| 团队合作 | 和谐 | 5 | | | | |
| 信息咨询 | 效果良好 | 5 | | | | |
| 安全生产 | 无安全隐患 | 10 | | | | |
| 现场 6S | 做到 | 10 | | | | |

续上表

| 考核项目 | 评分标准 | 分数 | 学生自评 | 小组互评 | 教师评价 | 小计 |
|---|---|---|---|---|---|---|
| 操作过程 | 任务完成 | 60 | | | | |
| 劳动纪律 | 严格遵守 | 10 | | | | |
| 总分 | | 100 | | | 得分 | |
| 教师签字： | | | | | | 年　月　日 |